宁夏文化和旅游厅资助项目

北方民族大学校级科研平台非遗创新团队项目

项目主持人：武宇林

宁夏非物质文化遗产保护与研究系列丛书
宁夏文化和旅游厅资助项目

宁夏非物质文化遗产代表性传承人
口述实录

中卫卷

李　勇　著

黄河出版传媒集团
宁夏人民出版社

图书在版编目（CIP）数据

宁夏非物质文化遗产代表性传承人口述实录．中卫卷 / 李勇著．-- 银川：宁夏人民出版社，2024.9 -- ISBN 978-7-227-08032-9

Ⅰ．G127.43

中国国家版本馆 CIP 数据核字第 2024SX3268 号

宁夏非物质文化遗产代表性传承人口述实录·中卫卷　　李勇　著

责任编辑　闫金萍
责任校对　杨敏媛
封面设计　石　磊
责任印制　侯　俊

黄河出版传媒集团
宁夏人民出版社　出版发行

出 版 人　薛文斌
地　　址　宁夏银川市北京东路 139 号出版大厦（750001）
网　　址　http://www.yrpubm.com
网上书店　http://www.hh-book.com
电子信箱　nxrmcbs@126.com
邮购电话　0951-5052104　5052106
经　　销　全国新华书店
印刷装订　宁夏银报智能印刷科技有限公司
印刷委托书号　（宁）0031066

开本　880 mm × 1230 mm　1/16
印张　30
字数　377 千字
版次　2024 年 9 月第 1 版
印次　2024 年 9 月第 1 次印刷
书号　ISBN 978-7-227-08032-9
定价　108.00 元

前　言

2006年以来，在全国范围内启动了轰轰烈烈的非物质文化遗产保护工程，开始国家级、省级非物质文化遗产项目及传承人的评定工作。2006年至2022年，宁夏评定六批自治区级非物质文化遗产项目，共计224项，列入国家级非物质文化遗产项目22项；评定六批自治区级非物质文化遗产代表性传承人，共计376名，列入国家级非物质文化遗产代表性传承人22人。这些非物质文化遗产传承人是宁夏宝贵的民俗文化财富，很多是宁夏各地民间艺人中的佼佼者。该群体的人生经历反映着近百年来宁夏地区民俗文化的发展脉络和历史，他们各自掌握的非物质文化遗产技艺及其传承现状十分值得记录、研究。故此，对宁夏代表性非物质文化遗产传承人进行人类学、社会学、民俗学等意义上的真实记录和梳理，不仅能够填补宁夏民俗历史研究领域的空白，丰富宁夏非物质文化遗产研究内容，也有助于联合国人类非物质文化遗产代表作“花儿”等世界级、国家级和省级非物质文化遗产项目的保护与传承。这也是我们宁夏非物质文化遗产工作者义不容辞的历史使命。

宁夏的国家级、自治区级非物质文化遗产代表性传承人是中华民族民间文化的宝贵财富，其中年事已高者为数不少，其独门绝技面临失传危机，已有十多人离世，这无疑是极大的遗憾。据统计（2018年），宁夏非物质文化遗产代表性传承人之中，60岁以上的有90多人，约占总数的1/3。可以说，首先对宁夏前四批176名非物质文化遗产代表性传承人展开调查研究，进行访谈、文字记录、图像拍摄等抢救性系统性保护，建立永久性历史资料档案，迫在眉睫、势在必行。为此，北方民族大学非物质文化遗产研究所与宁夏文化馆整合资源，共同成立课题组，于2018年合作展开对自治区级（前四批）176名非物质文化遗产代表性传承人的系统研究。该研究计划得到宁夏文化和旅游厅的大力支持，认为这是促进宁夏非物质文化遗产事业发展、保护宁夏非物质文化遗产代表性传承人的一项重要工程，也是首次对宁夏国家级及自治区级非物质文化遗产代表性传承人的系统性、抢救性记录，利在当代，功在千秋。经自治区文化和旅游厅党组研究，决定支持该课题立项，并给予科研经费资助。

该项目主持人为北方民族大学民族学学院非物质文化遗产研究所负责人武宇林。她曾在日本留学10年，获日本广岛大学文学博士学位，二级教授，国家一级美术师，长期从事中国花儿民歌、民间剪纸、民间刺绣、民间习俗、民间美术等非物质文化遗产领域的研究，发表60多篇学术论文，出版20多部著作，如《丝绸之路口传民歌“花儿”研究》（日文版）、《中国花儿通论》、《中国节日志·春节（宁夏卷）》、《中国花儿传承人口述实录》、《宁夏回族剪纸》、《宁夏回族刺绣》等。其学术论著获得国家级“山花奖”、宁夏社科评奖一等奖等多项奖励。以武宇林教授为首的科研团队由北方民族大学非遗研究所和宁夏文化馆及各市县文化馆多名科研人员组成，共分为五个子课题组，分别承担对宁夏五个地级市非物质文化遗产代表性传承人的实地调研、文本撰写等工作。该课题研究成果为《宁夏非物质文化遗产代表性传承人口述实录》系列丛书五卷：银川卷、吴忠卷、中卫卷、石嘴山卷、固原卷。银川卷负责人为武宇林、张洁、马慧玲，吴忠卷负责人为吴昕，中卫卷负责人为李勇，石嘴山卷和固原卷负责人为武宇林。本研究团队的子课题组负责人及其成员，大多具有正高级或副高级职称，均为长期从事非物质文化遗产保护和研究的文化及科研工作者，他们有着多年的基层文化工作经验，熟悉宁夏各地各类非物质文化遗产传承人的基本情况，并热爱非物质文化遗产的抢救与保护工作。

2018年9月，北方民族大学与宁夏文化馆正式签订了项目合同。同年10月，该项目正式启动。各课题组成员以饱满的工作热情和保护抢救非物质文化遗产的责任担当，几年来不辞劳苦，奔赴全区五市山川各地，深入开展非物质文化遗产代表性传承人的实地调研。各县区文化馆工作人员也给予大力协助，共同走村入户，同心协力，对各级各类非物质文化遗产代表性传承人逐一进行认真访谈、图像记录等。每位传承人的文本均以综述、访谈实录及若干幅彩色图片组成，图文并茂，生动鲜活。研究成果以口述实录的形式，真实而生动地反映了宁夏各级各类非物质文化遗产代表性传承人的成长经历、艺术成就、艺术特色和传承方式，以及丰富多彩的非物质文化遗产的艺术形态，具有真实性、可靠性、科学性和鲜活性，并具有永久保存的史料价值。有些传承人访谈实录的内容，追溯清代、民国以来祖传民间技艺世代传承的轨迹与脉络，反映了宁夏地区几个世纪的民间文化的发展历程，具有珍贵的学术价值。

该项目研究成果《宁夏非物质文化遗产代表性传承人口述实录》系列丛书陆续出版问世之际，课题组衷心期待这套丛书能够留住宁夏各位非物质文化遗产代表性传承人熠熠生辉的艺术成就，让他们不凡的民间艺术经历及独特技艺在中华文明的历史长河中留下些许印记。期望这套丛书成为宁夏非物质文化遗产代表性传承人及民间文化研究的典籍，无愧于我们的时代，无愧于我们非物质文化遗产工作者的历史使命。

课题组

2022年10月

目录

山花儿代表性传承人 *马生林 006
山花儿代表性传承人 *马汉东 026
剪纸代表性传承人 *伏兆娥 044
中宁枸杞传统栽植技术代表性传承人 张伟中 072
羊皮筏制作技艺代表性传承人 高勇 086
剪纸代表性传承人 伏兆凤 100

剪纸代表性传承人
伏兆苗 118

古建筑彩绘技艺代表性传承人
陈进德 134

泥塑代表性传承人
侯思荣 154

中宁蒿子面制作技艺代表性传承人
于振玲 174

黄羊钱鞭代表性传承人
刘秉国 198

舞狮代表性传承人
张正洪 214

236 李丰春 舞狮代表性传承人
256 蒋汉清 传统舞蹈隋唐秧歌代表性传承人
278 刘家祥 黄羊钱鞭代表性传承人
294 张正国 山花儿代表性传承人
310 冶春英 山花儿代表性传承人
320 何生兰 口弦代表性传承人

打梭代表性传承人 李成林 330
刺绣代表性传承人 卢惠琴 342
砖雕代表性传承人 田义仁 354
山花儿代表性传承人 妥　燕 366
皮影戏代表性传承人 魏善义 378
山花儿代表性传承人 杨生财 392
山花儿代表性传承人 杨生旺 402

砖雕代表性传承人
杨世雄 412

擀毡代表性传承人
杨志堂 422

舞龙代表性传承人
霍继良 440

香山水会代表性传承人
张万宝 458

中卫市非物质文化遗产代表性传承人一览表 470

后　记 471

注『*』为国家级非物质文化遗产代表性传承人

山花儿代表性传承人

马生林

马生林，回族，1942—2009年，享年67岁，东乡族，宁夏海原县海城镇人。2008年被认定为国家级非物质文化遗产项目（山花儿）代表性传承人。

综 述

马生林祖籍为甘肃省东乡县，父辈早年流落到宁夏南部山区海原县。他从小跟随父亲马明山上山放羊、下地务农，自然而然从父亲那里学会了唱花儿等民间小调。他一生酷爱花儿，视花儿为生命，一唱就是五十多年。他的家乡海原县海城镇堡子行政村下庙沟自然村位于山区，这里山坡陡峭，干旱缺水，自然环境恶劣，农耕艰辛。马生林的家境十分贫寒，人生历经磨难，但他始终舍不下花儿，心中充满了对花儿的热爱，放羊时唱，干农活时唱，心思全用在了花儿上。用他的话说："不吃饭能成哩，花儿先唱着。我太爱花儿了！"他很早就是当地有名的花儿歌手，也是人们拥戴的乡土明星。马生林作为一位朴实的农民，在长年的农耕生活中，用发自内心的花儿民歌打发着寂寞的光阴，也为周围的群众带来欢乐。当年，在生产队劳动的时候，社员们都盼望马生林能分到自己的组里，为的是在劳动累了时，能够享受到他的花儿歌声，减缓身心疲劳，还因为他的花儿要远比其他人唱得更好、更动听。

马生林爱花儿爱到骨子里，如痴如醉，无论是县文化馆还是自治区文化馆，只要有花儿演唱活动，但凡找到他，他都会立刻放下手中的活计，不顾劳累，欣然前往。几十年来，他曾多次参加宁夏区内外的花儿歌会及各种比赛活动，曾三次去北京，在首都的舞台上演唱花儿。

1969年在父亲的陪伴下，马生林参加了在延安举办的民歌比赛，获得第一名；1980年以来，连续三次在宁夏举办的民歌（花儿）演唱会上被评为优秀歌

⊥ 马生林在舞台上演唱花儿（海原县文化馆供图）

手。1981年，参加“海原县首届花儿民歌大赛”，荣获一等奖；同年，赴北京参加民歌演唱，赢得了“花儿王子”的美誉。在20世纪80年代采编《中国民间歌曲集成·宁夏卷》的过程中，由他演唱的几十首花儿被选入，是宁夏地区对该卷书贡献最大的歌手之一。1984年，他被推选参加了西北音乐周《塞上音乐会》。1987年参加了黄河九省区民歌大赛，荣获优秀奖；同年，获宁夏全区民间文学艺术“金凤凰”奖。1998年参加中国西部十二省区民歌花儿邀请赛荣获特别奖；同年，获固原地区第二届“民族团结杯”文艺会演一等奖。2000年获第二届中国西部“沙湖杯”民歌邀请赛特别奖。2002年获宁夏（海原）花儿艺术节金奖。2004年作为宁夏山花儿的知名演唱家，赴京参加了“宁夏文化周·花儿美艺术讲座”活动，走进北京大学、清华大学、中央音乐学院的课堂，配合专家讲座，为师生现场示范演唱传统的宁夏花儿民歌，深受好评。他曾为纪录片《走进海原》、电视剧《苦泉纪事》等演唱片头曲及插曲。在海原县文工团编排的花儿歌舞剧《海风吹绿黄土地》中，马生林参与演唱并扮演角色。2008年被评定为国家级非遗传承人以来，认真履行其职责，应邀到海原县中小学给学生们教唱花儿，并热心为前来求教的花儿爱好者传授花儿演唱方法。

马生林的嗓音高亢洪亮，苍劲有力，苍凉、委婉、凄美，真假声转换流畅自如，演唱风格朴实而独特，乡土气息浓郁，十分具有感染力。几十年的歌唱生涯，让他练就了即兴创编歌词的本领。一生中，他演唱的花儿及民歌无数，是宁夏最有影响力的民间花儿歌手。其代表性花儿民歌演唱曲目主要有《黑猫卧在锅台上》《拔了麦子拔胡麻》《三间的瓦房没柱子》《心宽者漫上了少年》《尕妹的兜兜我背上》《吆骡子》《哥是阳沟妹是水》《花儿本是心上话》《出去大门往树上看》等。他的花儿演唱曾得到西部歌王王洛宾等名家的赞赏。享誉西北的宁夏花儿歌坛的一些名歌手也都曾得益于他的引导与教诲，如海原县知名花儿歌手马汉东、银川市回民中学音乐教师唐祥等，都从他感人动听的原生态花儿中汲取了养分，受益匪浅。

笔者是在1999年7月与马生林老师相识的。当时笔者正在日本留学，并确定了以“中国西部花儿民歌研究”为博士论文的研究方向，于是利用暑假回国前往宁夏海原县进行首次花儿田野调查。与笔者同行的还有日本岛根县松江市的石井美已、石井静慧夫妇和丰田睦常先生。海原县文化馆的同志首先向笔者推荐了本县最有名望的东乡族花儿歌手马生林，他家在离县城二十多公里的农村。那天傍晚，马生林在结束了一天的农活之后，被县教育局派去的专车匆匆

⊥ 马生林给小学生们示范花儿（宁夏非物质文化保护中心供图）

张正国、武宇林和马生林合影留念（1999 年）

接进了县城，在县招待所用过晚餐后，就被安排到县文化馆歌舞厅，与另一位女歌手张正国共同进行花儿观摩演唱活动。他穿一身极其普通的农民服装，头戴小白帽，脚上穿着手工缝制的黑条绒布鞋，俨然是一位地地道道的农民。轮到马生林演唱时，他从容地来到前台，接过工作人员递上的麦克风，十分投入地清唱了起来："政策还家人开颜，胜过那活命的仙丹；白胡子老汉把羊赶，心宽者漫上了少年①。"他的这首花儿显然是有感而发、自编自创的，真切地描述了新时代的幸福生活美景。他那时虽已年过半百，但声音听起来犹如年轻女子般的甜美而清脆响亮，让在场的人们为之一惊。和笔者一起观摩的几位日本友人也连声称赞，对他独特的尖细嗓音感到耳目一新和不可思议，对中国西北民歌的特殊发音方法颇感好奇。在满场观众的掌声邀请下，马生林又为大家演唱了一首传统花儿："白猫卧在锅台上，尾巴儿搭在碗上；尕妹子站在大门上，手帕儿搭在脸上。"马生林老师精彩的花儿演唱为笔者一行留下了深刻的印象。然而不承想，那竟然是和马生林老师的最后一面。

① 少年，花儿民歌的别名。此处"漫上了少年"，指"唱起了花儿"。

2009年7月，这位满载盛誉的宁夏花儿歌王与世长辞了。马生林是宁夏最具代表性的民间花儿歌手之一，他的一生是歌唱花儿的一生。就在他临终前，还挣扎着从病榻上坐起来，为看望他的领导和友人深情吟唱花儿，令在场者感动不已。人们至今深深缅怀他的音容笑貌、优美的歌声及高尚的情操，并为他的早逝而深感痛心。正如此次接受我们访谈的海原县文化馆馆长王新林所言："马生林作为宁夏少有的国家级花儿传承人，乡土明星，可惜刚评上一年就病逝了。各级部门都很关心他，还帮他家盖了三间新房。在他病重的时候，宁夏文化厅副厅长陶雨芳等领导，宁夏文化馆的安宇歌老师、雷侃老师等人都去看望他。他是特别朴实的一个人。现在想起来，还是让人特别怀念。可惜他去世了，去世得太早了。"为了记录马生林的花儿艺术生涯，我们来到海原县，寻访了他的三位生前友人：海原县文化馆馆长王新林，海原县花儿歌手马汉东，海原县原民间刺绣剪纸开发研究协会会长及海原县摄影家协会主席王恒德，就马生林的往事进行了追忆访谈。

宁夏文化馆安宇歌老师探视病中的马生林老师（海原县文化馆供图）

访谈（一）

被访谈者：马生林（自治区级非物质文化遗产代表性传承人）

王新林（海原县文化馆馆长）

马汉东（海原县文化馆三级歌唱演员）

王恒德（海原县摄影家协会主席）

访 谈 者：武宇林、王瑞

访谈时间：2014年5月4日、5日

访谈地点：宁夏海原县文化馆、海原县宾馆

武：王新林馆长，马生林老师已经去世了，我们只能访谈你们几位知情者了。马生林老师是2008年被评为国家级花儿传承人的吧？

王：是的。马生林是2008年被评为国家级花儿传承人的，那年3月，他还在宁夏非物质文化遗产保护中心工作人员的陪同下到北京参加了第二批国家级非遗传承人证书颁发仪式呢。

武：请王馆长给我们介绍一下马生林老师的基本情况好吗？

王：好的。他是海原县海城镇堡子行政村的人，那里离县城二十多公里。他从小跟着父亲学会了唱花儿。他是2009年8月去世的。

武：马生林老师是哪一年出生的？原籍是甘肃东乡县吧？

王：嗯。他是1942年出生的。他就是东乡族，他家是从甘肃那边过来的，但具体情况不太清楚。他从小跟着父亲放羊的时候就开始唱花儿。他家比较贫穷，我们下乡调研时发现，很多会唱花儿的人的家庭条件都不太好。曾经有人说过，唱花儿其实就是对痛苦生活的一种倾诉。

武：馆长说的有道理。也有学者认为，过去的花儿是哭着唱出来的。歌者正因为生活的艰辛，心里有很多苦需要倾诉。通过花儿这样的民歌，把内心的苦楚、生活的压抑和苦难都唱出来，也是一种减压和情感宣泄吧。

王：就是的。他们在山上牧羊时，一个人很寂寞，所以就唱一唱花儿解闷。放羊人都在不同的山坡放羊，相互离得远，说话听不见，也只能靠唱花儿交流，这边山上唱一句，那边山上应一句。有时候，你听他的花儿时，就有一种想哭的感觉，他自己唱的时候也特别动情。我听过他所有的花儿，感觉像是一个老者在诉说他的曲折和艰苦的生活历程。

武：那你们县文化馆里录制他的花儿光碟了吗？

王：我们录制过，只是存在自治区文化馆那里，我们还没有拿过来。

武：那你们整理过他的花儿歌词吗？

王：嗯。歌词我们整理过，就收录在我们县的非遗系列图书里面。

武：那挺好的。请把您印象中的马生林再给我们多说一点好吗？

王：我觉得他的家庭贫穷，是他唱花儿的一个重要因素。再就是他从小就特别喜欢唱。他曾经给我们讲过，原来在生产队集体劳动的时候，要把社员都分成小组，好多组都喜欢要他。因为在劳动中人们累了的时候，他会唱花儿给大家解乏。其实，那时会唱花儿的人比较多，可是他唱得好，所以大家抢着要他。

武：就是说，他唱花儿很早就有名气，得到了村里人的认可。

王：对！前些年，海原县文工团拍过几部花儿剧，也请他去唱。后来，他的名气也越来越大了，采访他的记者也多了，比如中央电视台，宁夏电视台……但是，他的儿子特别反对。

武：哦，他儿子反对？

王：对。他儿子特别反对，认为家里生活条件不好，父亲出去唱花儿，顶不了吃、顶不了穿，谁叫他都去，儿子觉得很丢脸。尽管如此，只要我们搞花儿演唱活动，邀请了他，每次他都去参加。有一次，我带他吃饭时还问过他："你儿子那么反对，家庭经济条件又那么差，那你还喜欢唱？"他回答："馆长你不知道啊，我太爱花儿了！"

武：哦，是因为对花儿的热爱，才不弃不离。

王：嗯。他特别喜欢花儿，从小就特别爱。他和马汉东的花儿有一点不一样的感觉，马汉东的花儿调式和表达方式比较多，马生林就基本一个调，比较原生态。其他人一般学不来马生林的调式，比较特殊。他唱花儿很委婉、很凄凉，这和他的生活阅历有关系。马生林的花儿独特就独特在这个地方。

武：他本身是东乡族，父辈离乡背井来到宁夏，可能和曲折的身世也有一定关系吧。

王：嗯，我们海原县的东乡族特别少，基本都是回族。

武：那么，他平时还说过什么？还有哪些关于他的故事？

王：还有一个就是，我们原来拍过一个花儿歌舞剧《花儿故乡》，到福建演出时，又改成了《海风吹绿黄土地》，马生林也在其中演唱。他扮演的角色是一个念不起书的孩子，通过唱花儿表达他要上学的那种渴望的心情。他唱完以后下来观剧，当时他自己都哭了。我问他："为啥哭？"他说，他想起自己没有念书觉得特别遗憾，也特别难过。因为他经常到外面演出，逐渐认识到没有文化是不行的。本来，他的花儿还有发展的空间，要是自己有文化就可以继续发展花儿，就是没有文化限制了他。所以他参加那个剧演出后特别伤心。

武：马生林老师通过扮演剧中人物，勾起了自己的心事，感受到了没有文化的悲伤。那么请介绍一下《海风吹绿黄土地》的大概剧情好吗？

王：就说的是海原的荒地在福建的帮助下变绿了，孩子们也上得起学了。

武：体现了福建省对宁夏的帮扶。那么福建对海原的帮扶是从啥时候开始的呢？

王：好像比较早了，前后已经有十多年了。

武：对啊！记得前几年自治区领导还带队去福建访问，还跟随有演出团体。是不是马生林和马汉东也都跟着去过？

王：就是。先是演花儿歌舞剧《花儿故乡》，在《花儿故乡》的基础上改为《海风吹绿黄土地》这部剧，然后又编排了《大山的女儿》。

武：馆长说《海风吹绿黄土地》之前是《花儿故乡》，这也是讲海原的事吗？同一个内容吗？

王：不是的。《花儿故乡》剧中，通过一个神话讲述了海原的由来。说海原当时是一片大海，特别富裕。后来，海里的一个魔王出来之后，把这个地方弄得特别贫穷。

武：哦。就是叙述海原的历史。那么，在这些剧里马生林都参与演出吗？

王：都参与了。不过，《大山的女儿》没有参加。

武：马生林老师在《回乡婚礼》剧中也唱过吗？

王：《回乡婚礼》剧中好像是马汉东唱的。那时，他的病情已经比较重了，2008年被评为国家级花儿传承人，2009年就去世了。

武：太遗憾了。刚评上一年就去世了。那当地的老百姓对马生林老师又是怎么评价的呢？

王：在这个地方，马生林就是乡土花儿明星。只要说到唱花儿，县上谁都知道马生林，他的名气要比马汉东大许多。因为经常唱，电视台也经常来采访，所以周围的人都知道他。尤其是1979年，那个时候，海原唱花儿的人特别多，县上还搞了海原县首届花儿歌会，时间长达一个月。只是，当时的录音资料都丢失了。那时，基本在乡镇政府唱，当时，马生林就特别有名气，唱得特别好。后来，在海原县九彩乡进行了总决赛，现在，那里是花儿传承基地之一。过去，那里唱花儿的人特别多。不过，现在唱的人已经很少了。马生林去世那年，刚给他家盖好了三间新砖房，是县文化局给拨的款，对他很关照，他就是在那个新房子里去世的。

武：马生林作为宁夏少有的国家级花儿传承人，乡土明星，在他病重的时候，各级部门关心他，帮他解决住房，尽到了责任，体现了政府对民间艺人的关怀，真是不错。

王：就是。很多领导都去看过他，宁夏文化厅的副厅长陶雨芳看望了他，还有和他握手的相片，都发在了宁夏非遗网上。宁夏文化馆的安宇歌老师、雷侃老师等也都来过。马生林去世时，宁夏文化厅的同志还去送别。

武：那马生林老师作为国家级花儿传承人，带学生吗？

王：当时，他家在农村，离城里也比较远一些，没有刻意带学生。有主动跟着他学的，像马汉东都是跟着他交流学习的。当时，爱好花儿的人都会带着米、面和马生林爱吃的，去他家跟他学习。还有几个宁夏自治区级传承人也去找他，没有专门组织去学习，只是唱的时候，大家一起去。他也应一些学校的邀请，到课堂上给学生娃娃演示花儿。他还去过延安唱花儿，获得一等奖。

武：就是说，马生林作为民间花儿歌手，得到了大家的拥戴，爱好花儿的人，都是自觉自愿地给他一些力所能及的资助，跟他学花儿。

王：嗯。宁夏各级文化部门组织演出活动时都是有偿的，会给他一些补助。就是马生林几个儿子的家庭条件不好，所以都反对他唱花儿，这对他也是一种阻碍。

武：我们采访甘肃、青海的花儿歌手时发现，由于传统观念的影响，有些家庭也都难免会有一些阻碍。难能可贵的是，即使有些阻碍，歌手们都能坚持唱下去，真是很不容易。

王：就是。他是特别朴实的一个人。现在想起来，还是让人特别怀念。可惜他去世了，去世得太早了。

武：的确，太可惜了。

访谈（二）

武：马汉东老师，您和马生林老师都是海原县数一数二的花儿知名歌手，经常在一起参加花儿歌会，你们应该比较熟悉。只可惜他已经去世了，所以想请您回忆一下和马生林老师的交往情况。你们是哪一年认识的？

马：是1981年。就是那次我们一起参加海原县首届花儿比赛认识的。那次他得了一等奖，我得了二等奖。他那个时候也就三十多岁，还不到四十岁。我不到二十岁。

武：就是说，你们相差二十岁。那您觉得马生林老师唱花儿主要有什么特点？

马：他唱歌就是一种凄凉的感觉。

武：那他的家庭生活怎么样？

马：他家住的房子是几间平房，很破旧，感觉到处都是漏风的。生活上，应该算是弱势群体，家里特别穷，客人来了，都拿不出一点招待的东西，就算想要做点好吃的也都不能。

武：那他家里现在都有谁？有几个孩子？

马：现在有儿子、儿媳妇、孙子。他有五个孩子，三个儿子、两个女儿。

武：哦。也算是多子女家庭。那马生林老师平时都唱什么？

马：他主要是唱花儿，有时候是即兴唱，会编歌词。比如“马莲花开在马路边，什么什么花儿水涟涟……”我也记得不太清楚了，反正就是边唱边随口编词。还有一首《黑猫卧在锅台上》：“黑猫卧在锅台上，尾巴儿搭在个碗上，阿哥的胳膊妹枕了，巧嘴嘴贴在个脸上。”还有《拔了麦子拔胡麻》：

“拔了麦子拔胡麻，手疼着我帮你拔下；有心给妹妹接两把，又怕外旁人笑话。”他唱的都是河湟花儿。还有《吆骡子》，不是后来改编的那首民歌，他唱的是原生态的：“骡子儿拴在转槽上呀，鞭子挂在了南墙上……”现在，大家唱的《吆骡子》都已经是改编的第五版的唱词及曲调了。

武：那马生林老师唱的这些花儿，文化馆都有吗？

马：都有呢！宁夏文化馆都给他录制和保存了。

武：那太好了！请马老师再给我们介绍一下马生林老师的为人好吗？

马：他给我印象最深刻的就是太质朴、太憨厚，对别人从没有架子。他见了人就用花儿表达，比如：“不见的武老师我今见了，浑身的骨卯都散了；武老师你今儿把我接见了，我给你把花儿漫了。”这一首花儿，他见了谁都会唱的。

武：他很善于即兴演唱，自编歌词。从20世纪80年代你们就一起参加花儿比赛，您与马生林老师接触的过程中，有哪些启发？

马：当时马生林唱花儿，对我的启发很大。我感觉马生林唱得很凄凉、很细腻，他唱的花儿调子别人都学不来。人家（指马生林）嗓子特别亮，还带有一点儿嘶哑的声音，很有自己的特点。

武：马生林老师生前是文化馆的工作人员吗？

马：不是，他一直是农民。那次比赛获奖以后，和我一起都曾经被县文化馆临时聘用过，但最后没有给他解决工作。他家孩子反对他唱花儿，也有这方面的原因，觉得他唱花儿顶不上吃、顶不上穿的，没啥用。武老师，我跟你说实话，现在真的不想提马生林，因为一提起来心里头难过呀……

武：那好吧。咱们就先谈到这里。谢谢！

访谈（三）

武：王恒德主席您好。您作为海原县的当地人，请您介绍一下马生林老师的情况。你们很早就认识了吧？

王：对！我跟马生林的接触是1987年，我那个时候主要是想收集些马生林的相关资料，拍些片子。我是和另一个朋友一起收集的，然后提供给记者进行报道。

武：对了，您曾经在县广播电台做过记者工作，还擅长摄影，现在是中卫市摄影家协会副主席、海原县摄影家协会主席吧？

王：嗯。我也算是工作之便才和马生林接触的。1987年，我弄到一部傻瓜照相机，听说是可以挣钱，我还买了一台好摩托车，到他们家去拍照、搜集资料。结果，谁知道路都是土路，路上全是泥，我的摩托车都没法骑了。老汉人好，还给我洗摩托车。我看到他的家庭情况不好，回来后，让我媳妇买了三十斤米、三十斤面，还有一大捆韭菜，我又送去他家，然后放下二三十块钱给老汉。现在想想，不仅是因为老汉家条件不好，怎么说呢，而是一种惜人的情感，他是一个很质朴的人。

武：那王主席前后去马生林老师家里一共几次呢？

王：有时候，一年最多要去一二十次呢！后来，宁夏旅游局的人来开会，要找会唱花儿的人，我就给他们介绍马生林。把他叫来后，唱了几首花儿。大家一人给他二百元钱，那个时候，二百元还是很值钱的，一共一千二百元。他就拿着这些钱修补房子，贴补家用。老汉说："这辈子还没有挣过这么多钱。”以后有人找，他就开始出去唱歌了。我到他家去，他媳妇给端上茶水，现在都觉得那个水很甘甜。

武：马生林老师的媳妇是回民吗？

王：对。他是东乡族，媳妇是回民。他说过：“我活着唱的花儿，别人别想和我唱的一样。”因为，他都是随口编唱，走到哪儿唱到哪儿。当时，有人给西部歌王王洛宾说了马生林的事，人家还给老汉回信：“你是整个中国最自由、最有个人想法的花儿歌手。”“歌手”这是个很高的称呼啊！当时，也有外国歌手说过：“我要听西北花儿民歌手马生林师傅的一首花儿。”有一次，领导们坐在下面听马生林唱花儿，我们听得都很感动。马生林唱的歌声十分响亮，给人一种紧张的感觉，听到之后，就要立马行动起来似的。

武：是让人心动的感觉吗？

王：对，对！是心动。有位名人就是这么说：“听王洛宾的歌让人心动。”我认为，听马生林的花儿也会让人心动。中国这么多歌手，很少能让人心动起来，主要是歌词听不懂。解放军兰州军区的领导来了，也跟县政府的人说想听马生林的花儿。马生林一家生活在农村，家庭比较困难，他唱的花儿都是最真实的感受。比如那个时候他唱的花儿《哥是阳沟妹是水》，我听之后，那半个月，我的心情都是很低落的，好长一段时间都调整不过来。我就想，在家庭条件那么困难的条件下，老汉对花儿还是那么执着。他没了以后，有那么多人都去送葬。就在人没的前几天，我们都去看了他。我是和当时的宁夏农垦事业管理局党委书记、局长，宁夏农垦集团有限公司董事长一起去的。

武：那位董事长也认识马生林老师吗？

王：是的。那位领导当时负责中卫沙坡头的旅游事业，搞了“花儿的故乡”，把旅游和花儿演唱结合在一起，打通从银川到海原的旅游热线，给固原人民带来好处，给海原人民带来好处。就是在这个过程中认识马生林的。

武：当时你们去看马生林老师，他都说了哪些话？

王：当时，他在床上起不来，硬是挣扎着起来，唱了一首花儿，把我们都感动了，我永远都忘不了他。

武：马生林老师爱花儿一直爱到生命尽头，的确太感人了。你们做这些太有意义了，在老人临终前给予关怀和温暖。谢谢！

附录

宁夏山花儿：质朴到极致的绚烂

（中广网2008年7月27日 来源：宁夏网、《新消息报》）

说到宁夏的花儿，很多生活在宁夏的人似乎觉得陌生，但说到《花儿与少年》，那轻快、明媚的曲调就会响彻在耳边。花儿是流传于西部地区的民歌，是广大劳动人民表达思想情感的口头文学形式。宁夏地道的花儿叫山花儿，俗称干花儿、山曲子、野花儿。《诗经·豳风》《汉魏南北朝乐府》中的《陇山歌》《陇板歌》《陇原歌》即其先声。

流传在宁夏六盘山地区的花儿更是别具特色。上世纪三十年代，西部歌王王洛宾先生改变了远赴欧洲的计划，留在中国，情定西部，就是缘于被宁夏六盘山的山花儿迷住，陶醉于这些优美的山间野曲，优美的山花儿引领他进入中国西部民歌的浩瀚海洋，成就了他一生的音乐梦想和艺术追求。

“男儿有愁唱一唱，女儿有愁哭一哭。”过去，在生产、生活中有了惆怅、烦恼，宁夏的回族群众爱用花儿在山间喊出来，这样心里就舒服了。海原县的马生林是宁夏山花儿目前唯一的国家级传承人，也是最具代表性的花儿歌手。在银川举办的“第六届中国西部民歌（花儿）歌会”上，记者见到了西部“花儿王”马生林，他以自己对花儿的理解和认识，让我们领略了山花儿的美和质朴到极致的绚烂。

花儿比命金贵

马生林今年六十六岁，是海原县海城镇下庙沟村人，因为父亲的影响和遗传，他从十二三岁起就已经能把花儿唱得高亢嘹亮了。这一唱竟然就是一辈子，且获奖无数，成为宁夏的花儿歌王。问他为什么这么喜欢唱花儿？马生林老人说：就是喜欢唱，用土话说，是觉得好听才爱唱。记者了解到，因为唱花儿，他的家里一贫如洗，去年，他患了胃病，无钱医治，只好提前出院。宁夏非物质文化遗产保护中心的工作人员把他送到银川的大医院检查身体，一边帮助他治病，一边做抢救性录音、录像，建立了宝贵的录像档案资料。他住院期间，保护中心为他付了医药费，临回海原时，还为他带上够吃三个月的药。文化厅领导安排专项经费为他改造破旧的住房，还争取到了民政厅的支持，专门将他家作为特例列入农村危房改造计划，解决了马生林的生活窘况，他现在住上了政府为他盖的三间新房。他在很多场合用一句花儿唱词这样表达他从未后悔唱花儿的心情：“花儿本是心上的话，不唱是由不得自家（己）；刀子拿上头割下，不死嘛就这个唱法”。

他说：“宁夏人唱的花儿叫干花儿，与青海、甘肃一带传唱的河湟花儿、洮岷花儿是有区别的。我唱一首干花儿《出去了大门往树上看》，你们听一下。”这个在民间得奖无数的花儿歌王，清清嗓子，扬扬头，歌声勃发而出：

“出去个大门，我往树上看呀，喜鹊儿盘窝呀（着哩），我把我的大眼睛哈想着，哎我把我的大呀身材们哈想着。掀起个门帘往里边看呀，我就轻轻地走呦，白牡丹睡着呀（者哩），我把大呀身材们（哟）想着……”

唱罢，房间里还回响着马生林那时而高亢清亮、时而委婉细腻的嗓音，粗犷中饱含深情，似乎又有一丝悲凉，真假声切换自如。有人形容他的歌声“像一碗酽苦的砖茶。高音抖涩着直走上去，哽住了，堵在人的心上，许久不能平息。”如马生林老人所说，花儿的唱调是固定的，但唱词不受约束，即景生情，即兴创作，见啥唱啥。马生林说，唱花儿，一般是四句唱词，必须加上衬词，如“啊”“呀”“嘿”，它们并没有实际意义，但没有了它们，唱出来的花儿就没有味道了。而这些衬词，也是歌者随便加的。“总之，花儿唱的时候是没有约束的，怎么舒服怎么唱。”马生林说。

即兴编词张口就来

花儿表现的内容包罗万象，有爱情、自然景色、天文气候、神话传说、历史故事、宣传党的政策、鞭挞社会丑恶现象等。在农村，有“家里有三辈人，花儿唱不成”的说法。因为很多花儿表现的是年轻人谈情说爱的内容，爷孙俩没法一起唱，老年人不适合在儿子、女儿面前唱。花儿的特色是叙事性强，即兴编词，张口就来。马生林的演唱，诠释了花儿的这一独特魅力。他说，祖上流传下来的花儿才是那么几句，自编自唱是花儿最大的特色。唱花儿不只要嗓子好，还能要有见啥唱啥的本事。比如说到房子，可以这样唱：“三间的瓦房没柱子，当中你担空着哩。你没有老子（的）我没有娘，咱两个谁疼惜着哩。”比如你的手提包：“尕妹的个兜兜我背上，你给阿哥空手手个走。娘老子把你咋生了，模样咋这么俊哩……”最原始、最土的语言，可以拿来随便编、随便唱，花儿没有啥束缚。马生林说自己没有文化，但他编起词来，却张口即来，花儿歌王，真是名不虚传！

北大课堂里唱花儿

马生林是我区健在的原生态花儿演唱的歌手之一。他一生演唱了百余首花儿及民间小调。在演唱形式上，形成了宁夏山花儿的自身风格，唱出了与青海、甘肃花儿不同的味道。他演唱的花儿号子《牛佬佬调》《黑猫卧在锅台上》融入了《古兰经》里的赞声，具有阿拉伯音乐风格，其中的颤音常让听者动容，唱得人“心间儿颤颤，眼泪儿汪汪”。因为唱花儿，马生林曾三次去北京，在首都的舞台上演唱花儿。1981年，马生林和王明新、李凤莲等赴北京参加花儿演唱表演，赢得了“花儿王”的美誉；几年前，他赴北京参加“宁夏文化周”巡回表演，走上了北大的课堂，为首都的学子讲述花儿的来历、唱法，并现场演唱了传统的宁夏花儿。此前，曾有人对宁夏花儿提出质疑，认为宁夏的花儿比起甘肃、青海的花儿，不够正规和地道，都是些“二转子花儿”。等到马生林几曲唱完后，观众变得鸦雀无声。待他在北大唱过两场之后，观众真正叹服了，一对七八十岁的老人对他竖起大拇指，激动地说：这是地地道道的宁夏花儿！今年3月，宁夏非物质文化遗产保护中心把他从海原接出来去北京参加了文化部举办的国家级非物质文化遗产项目代表性传承人的颁证仪式，他得到了国家级非物质文化遗产传承人的称号。

传承

马生林越唱名气越大，人称西北花儿王。他的脑海里似乎有数不尽的花儿，登门求教的人也越来越多，他几乎是来者不拒，只要想学花儿，他都倾囊相授。他教过的比较有代表性的弟子有：马汉东、妥燕、罗建华等。他说："我一辈子唱花儿，也没唱出啥结果，我因为唱花儿，家里的事也没怎么管。是国家重视非物质文化遗产，我成了花儿的国家级传承人，也成了名人了，又觉得很值得，这辈子没有白唱。"海原县有个高台乡中学，校长请马生林去学校给学生教唱花儿，他很高兴地去了；很多花儿的爱好者到他家里求教，其中包括北京来的小张和小王，他很乐意地让她们在家里住了七八天，天天给她们唱花儿，说花儿；周末，在政府刚给他盖好的三间新房里，经常会来一些对花儿有兴趣的学生娃娃，来了他就给讲。他说："别让花儿失传了，现在，这些花儿在我肚子里装着呢，如果传不下去，人人不知道，这样的宝贝丢在我手里，就可惜了。不管谁来跟我学，只要他是真心喜欢花儿，我就愿意给他讲。"他的话，如他所唱的花儿一样，散发出泥土一般的质朴与实在。（马伟／文）

山花儿代表性传承人

马汉东

马汉东，1962—2018年，回族，宁夏海原县蒿川乡人，初中文化程度。2018年被认定为国家级非物质文化遗产项目（山花儿）代表性传承人。（王恒德摄于2015年）

综 述

马汉东是一位土生土长的花儿歌手，花儿演唱生涯长达三十多年，在宁夏乃至西北地区颇有声誉，2000年被海原县文化馆正式录用为歌唱演员。养育马汉东成长的宁夏海原县山村，自古以来有着唱山歌的传统。早年，农人们普遍会唱花儿民歌，犁地耕作时唱，拔麦子时唱，上山放羊时也唱。在如此的环境熏陶下，马汉东在十三四岁时，就自然而然接触到了乡土歌谣，并深深喜爱上了家乡的花儿民歌。他自小酷爱歌唱，中学时期就是文艺骨干。初中毕业回乡务农后，又在村中老一辈歌手的指导下，勤学苦练，很快就掌握了唱花儿的本领。

马汉东和李凤莲对唱花儿
（武宇林摄于2008年）

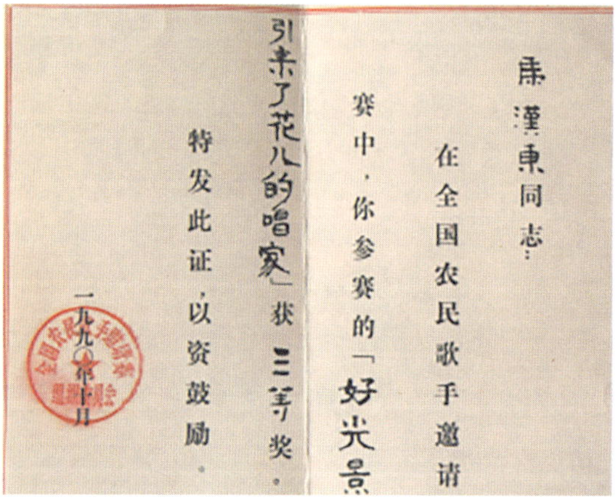
馬漢東同志：
在全国农民歌手邀请赛中，你参赛的「好光景引来了花儿的唱家」获三等奖。
特发此证，以资鼓励。
一九九〇年十月

1990年马汉东参加“全国农民歌手邀请赛”奖状（本人供图）

在乡文化站的推荐下，于1981年参加了在固原地区举办的“宁夏第一届农民花儿演唱会”，以一首《绿韭菜》花儿民歌，一举获得比赛第二名，是年十九岁。马汉东自此脱颖而出登上花儿舞台，并一直活跃在宁夏及全国各地的民歌演唱歌坛上，把花儿唱遍了全国各地。他多次参加各种演唱活动并屡次获奖。1990年，在全国农民歌手邀请赛上，马汉东参赛的《好光景引来了花儿的唱家》荣获三等奖；1993年，马汉东等民间歌手随同宁夏政府访问团出访日本演出，受到日本民众的好评；1995年应邀参加宁夏电视台春节联欢晚会演出；1995年参加宁夏国际黄河艺术节演出获三等奖；1998年在文化部主办的中国“沙湖杯”花儿歌手大赛中荣获三等奖；2000年在第二届中国西部“沙湖杯”花儿（民歌）邀请赛中荣获三等奖；2000年应邀到中央电视台参加春节联欢晚会的录制；2002年所演唱的《抓羊绒》，在宁夏第二届群众文化专业岗位技能大赛中获声乐类银奖；2002年参加首届中国南北民歌擂台赛获最佳音色奖；2003年在第四届中国西部“河洲杯”花儿大赛获银奖；2004年在中央电视台主办的“2004清逸·佳雪杯 CCTV 民歌大赛”中获优秀民歌手奖；2007年参加文化部主办的中国原生民歌大赛获优秀传承奖；2009年演唱的《美美的花儿调子》荣获中国西部原生态山歌（民歌）“金嗓子”柳州赛歌会“最佳金嗓子”组合演唱奖等。马汉东还应邀在一些影视剧中担任角色并演唱。如在电影《驴嘎上电视》、电视连续剧《王振举》《苦泉纪事》《法官李金瑞》《黄河渡》中担任角色并演唱具有地方特色的花儿[①]。近十年来，马汉东还在宁夏西吉县、海原县创编的《花儿四季》《花儿故乡》《海风吹绿黄土地》《大山的女儿》《回乡婚礼》等花儿歌舞剧中担任主唱，先后随歌舞团到北京、福建等地演出。2008年6月14日，我国第三个文化遗产日之际，宁夏举行首批非物质文化遗产传承人颁发证书仪式，马汉东跻身于宁夏自治区级非物质文化遗产（山花儿）传承人行列。2018年又被认定为国家级非物质文化遗产项目（山花儿）代表性传承人。

马汉东十分热爱花儿民歌的歌唱艺术，几十年如一日，全身心投入其演唱事业。在不断进取的过程中，他努力扶持花儿新人，培养了一批宁夏花儿新秀。近年来，根据县文化馆的安排，马汉东先后为海原二中、海原三中、海原回中、海原回小、海原一小、海原二小等学校的数百名中小学生教授花儿民歌，为宁夏山花儿的传承作出了突出贡献。

① 部分参考资料：海原县文化馆关于马汉东破格升为三级演员的资料。

访　谈

被访谈者：马汉东（国家级非物质文化遗产代表性传承人）

访 谈 者：武宇林、王瑞

访谈时间：2015年5月4日

访谈地点：宁夏海原县海原宾馆

武：马老师，好久不见。尽管我们认识时间长了，但只是在舞台上欣赏您的花儿演唱，一直没有机会坐下来细谈。今天，我们来到海原县专程拜访您，就是想好好聊聊，了解您的花儿人生。请问您是哪一年出生的？出生在什么地方？

马：我出生于1962年，海原县蒿川乡韩套村。

武：当时家里是什么情况？

马：那时候家里特别穷，我们那里山大沟深，现在都已经搬迁了。我们那个村子连根拔了，（喜悦地）全村搬迁到海原县兴仁镇了。

武：就是说，你们原来生活的地方，自然环境实在太差，不适合人类居住，所以才集体搬迁的？

马：就是的。过去，稍稍好一点的地方都能通路，上面的演出队下乡表演时，还能走得到。而我们村呢，在山里面，根本就没有路，连演出队都进不去。后来，慢慢地乡上给修了条路，但那条路离我们村子还有四公里远呢。可以说，自然环境特别恶劣。

武：海原县有些地方也太贫困了。那您父母当时都务农吧？家里都种点啥？

马：父母都是农民。那时候，家里种的有小麦、荞麦、胡麻等。

武：你们家兄弟姐妹几个？

马：（微笑）我们家兄弟姐妹八个呢！六个男孩，两个女孩。我是老二。

武：那你们家算是人丁兴旺啊。姊妹几个都上学了吗？

马：四个上学了，四个没有上。我和下面的老四、老五、老六都读过书，其他几个都没有念书。因为以前在农村都得劳动，要挣工分，要不然就吃不上饭呀。我上到初中毕业。

武：那您在村里可算是文化人了。

马：秀才算不上。不过，我确实识几个字，在村子里还算是有文化的。

武：那请给我们讲讲您唱花儿的经历吧。当时，你们村里唱花儿的人多吗？

马：（笑）多！我前面说了，那时候，我们村里没有路，演出队进不来，村子里又没什么娱乐活动，也就是唱花儿了。我们犁地的时候、割麦子的时候，干累了，伸伸懒腰就开始唱花儿了。大家都哼哼唧唧地唱，要是谁不服就来挑战，你唱一段，我唱一段，两边就对着唱。当时我还小，大人们唱的啥我也听不懂。尤其是歌词里加了那些附带虚词以后，干脆就听不懂。后来，有个姓石的老爷子，在地里拔麦子的时候，他唱了一首《拔了麦子拔胡麻》的花儿，歌词是："拔了麦子拔胡麻，手疼着我帮你拔下；有心给妹妹帮两把呀，又怕外旁人笑话。"

武：哦。真是触景生情，即兴演唱，唱的就是身边的事情，多生动啊。当时，你们村子里男的唱花儿，女的也唱吗？

马：男的唱花儿的多，女的唱花儿的少一些。女的一般唱小曲儿的多。

武：那您是不是听了姓石的老大爷在地里唱花儿以后，开始对花儿感兴趣的？

马：嗯。刚开始的时候，我觉得他唱得不怎么样。但是，感觉这个歌词特别有意思。后来，我还问了石大爷："歌词唱的什么意思呀？"他告诉了我，还给我解释。我问他："你是不是还有好歌词呢？"他回答说："那多着呢，你要多少我有多少！”结果，从那时候开始，我就慢慢对花儿感兴趣了。我跟着他学，连说带唱，等到麦子拔完的那阵子，我就已经学会好几首花儿了。（笑）

武：那时候多大啊？

马：也就是十三四岁吧。

武：就是说，您是小时候跟着大人在地里干农活的时候学会唱花儿的？

马：（微笑）对呀！那时候，我背上水壶，带上馍馍，到了地里，我把水倒上，递给石大爷说：“爷，你喝口水，吃些馍馍，给我唱上几首花儿吧？”就这样，我一首一首跟他学。有时候，他说：“今天不唱了，明天再唱。”后来，我还跟上其他大人到山里去放羊，一般都是些没有人烟的地方，赶上一群羊。

武：那你们赶的一群羊大概有多少只？

马：一群羊得有二百多只呢！

武：哦。那么多只羊！得有好几个放羊人吧？

马：过去是农业社嘛，各社都有那么多羊。一次去八九个人一起放，羊在山上吃草，我们就在山里唱花儿。

武：那可真是漫山遍野“漫花儿”呀！

马：对呀！那时候，漫花儿乏了就睡觉，睡醒了再接着唱。

武：那可真是漫美了。

马：（笑）可不是嘛！（陶醉地）那时候，确实是漫美了。

武：周围有那么多的人会唱花儿，您听过的花儿肯定特别多吧？

马：就是的，人人都唱。那时候，我感觉周围的人们唱直令的比较多。

武：那您小时候听到的《拔了麦子拔胡麻》是什么令？

马：好像就是用直令的引子唱的。那时，这首花儿我唱了很久，咱们宁夏南部山区现在很少有人能唱出这种味道了。

武：对啊。花儿民歌的味道不是谁都能唱出来的。前几年，咱们在银川也办过花儿学习班，就算是懂乐谱的中小学音乐老师们，也很难唱出这种特殊味

马汉东和海原县女歌手张正国对唱花儿（张正国供图）

道的。就像有人说的：这是一种长在骨头里面的味道，不是轻易能学会的。

马：对，没错！现在有很多人，直直的花儿调子还能学一点，那种特殊的味道是很难学出来的。

武：那么，您最早唱出名是啥时候？

马：当时，我们蒿川乡是海原县的，海原县那时属于固原地区，现在归属中卫市。我最早是在固原地区宁夏第一届农民花儿演唱会上唱花儿的。我记得很清楚，当时唱的就是李成科写的《绿韭菜》。

武：那是哪一年？

马：大概是1981年的时候，那时候，我还不到二十岁，周围的人都管我叫“女娃”。

武：为什么叫“女娃”呢？

马：（笑）因为那时候我的声音很亮，一张口唱花儿就像是女娃的声音，所以他们都这么叫我。后来我就想，可能是跟那些羊倌们一起在山里喊着唱山歌，把嗓子给喊开了。

武：对！很有可能。那您的父母会唱花儿吗？

马：我父亲平时也哼哼调子，但从不唱出来。

武：那就是说，您唱花儿跟家族传承没有太大关系，主要是跟周围的人学的？是善于学习型的吧？

马：（笑）对！是无意中听到石老爷子唱的歌词吸引了我，我也是出于好奇，就跟着学会了。

武：那您学花儿的歌词是用脑子记吗？

马：最开始的时候是用脑子记歌词。后来，我慢慢地开始把人家唱的歌词都记录下来。

武：哦。后来开始整理和记录歌词？您毕竟有文化嘛。

马：对呀！不过，我整理的那些歌词后来不知道让谁给偷走了。太可惜了！

武：那太遗憾了！您参加1981年宁夏首届农民花儿大赛的时候，是自己报名还是有人推荐的呢？

马：当时是蒿川乡政府文化站的人推荐的。

武：他们是咋发现的？

马：我在学校的时候就唱歌唱得好，他们都知道呢。

武：就是说，您在上初中的时候就喜欢唱歌，一直都喜欢文艺？

马：（笑）对呀！我在学校的时候就喜欢唱歌。

武：由于您在学校的时候歌就唱得好，有基础，文化站的人就推荐您去唱花儿了？

马：对！文化站的那个人和我在同一所中学上过学，比我高两级，所以知道我么。当时，他找到我说，想让我参加第一届农民花儿演唱会，我说我不太会唱花儿，咋去唱呢？他说那你学呀！

武：看来马老师的确善于学习，一学就会。那当时有多少人参加比赛？

马：那时候，参加比赛的有六十多个人。那次比赛中，马生林得了第一名，我得了第二名。

武：太厉害了！第一次参赛就获得第二名。获得第一名的马生林老师那会儿近四十岁，您还不到二十岁，算是初出茅庐。

马：（笑）对！当时我很年轻，声音也比较高。唱的调子太高了，手风琴伴奏的老师给我降了调之后我才演唱的。当时比赛的时候，我记得很清楚，安妮老师也去了。

武：安妮老师，可是宁夏音乐界的知名人士，她是宁夏歌舞团的歌唱家，最早是北京歌舞剧院的歌唱演员，演唱过歌剧《茶花女》呢。

马：哦？怪不得呢。听她唱歌，就觉得特别有味道。后来，宁夏文化厅组织过一次座谈会，我们还一起交流过呢。她问我："《哥是阳沟妹是水》这首花儿最后面那句，你是怎么控制的？"我说："轻轻地起来，这样唱……"她很快就学会了。

武：马老师曾经和安妮老师还一起交流过、切磋过花儿演唱技巧，说明那时候您已经脱颖而出，唱出名了，引起了宁夏音乐界名人的关注。当时，您应该是最年轻的花儿歌手吧？

马：嗯。那时候，在唱花儿的人里面，我年龄最小，大家都叫我"尕娃"，才十九岁么。

武：然后呢？

马：然后，宁夏文化厅组织了全区花儿巡回演唱，一共三个月左右，参加演出的有二十七个歌手。

武：其中唱花儿的有多少？

马：唱花儿的十三个呢！我、马生林、同心的王科德，不过他现在不唱了。还有苏昌黎、李凤莲等好多人呢。

武：当时，你们的花儿演出队里多少男的、多少女的？

马：男的多，女的只有五六个：李凤莲、王德勤，还有中卫的王荣娟，她又会唱歌又会跳舞。

武：这十三个唱花儿的人里面回民占多少？

马：回民有六个。

武：不少呢！当时你们下乡演出，群众的反响怎么样？

马：（笑）反响好啊！当时文化厅的几位领导带上我们这些农民到那么多地方去演出，全区各地都演了一遍。每到一个地方，老百姓就跟看大熊猫似的看我们。

武：就是说，群众觉得你们的演出很稀罕。你们都是土生土长的演员，演出的节目有地方特色，肯定特受老百姓的欢迎。

马：就是。我记得在泾源县演出时，人山人海，有个老头拄着拐杖，人多得不行，挤得他都差点掉进旁边的山沟里了。

武：你们那时候就开始把花儿的种子撒遍宁夏山川大地了。

马：对！从那时候开始，我的演出也就慢慢多了起来。

武：对了，您后来是因为花儿唱得好，所以被吸收到县文化馆工作了吧？进文化馆是哪一年？

马：就是的。1986年的时候进去的。不过，那会儿是临时工，一直都没有转正。我在文化馆先干了七八个月，一个月发二十三块钱。

武：那你们被招进文化馆就是专门唱花儿吗？

马：就是的。当时我、马生林、马永全等好几个农民歌手都被招进来了。最后，来来回回的就剩我一个人了。记得当时文化馆的馆长说："听花儿都听得烦透了。"因为一进文化馆的大门，铺天盖地都是花儿的声音。呵呵！

武：那1986年到文化馆以后呢？

马：到1987年3月份的时候，我又回家种地去了。因为是临时工嘛。在家种了两三年地，然后，西吉县文工团要拍一个《花儿四季》，把我又叫去参加排练了。

武：《花儿四季》是个花儿歌舞剧吧？

马：对！是张忠灿老师作的词，曲子都写好了，但是没人唱。他们刚开始打听到的人是马生林。但是，马生林在舞台上表演不了。所以，他们后来又找到我。我稍微识点谱，最后确定由我来主唱。为了排练和演出这部歌舞剧，我在西吉县待了两三年呢。

武：先在西吉文工团一直排练，然后就参加了正式演出？

马：对！先排练，后来我们还到北京去演出过。回来以后，大概是1993年9月，我还去了一趟日本呢。

武：对，听西吉县的花儿歌手李凤莲说过这件事，是因为宁夏和日本岛根县结成了友好城市，你们是随宁夏政府代表团出访的。而且，事先是日本方面来人把你们的花儿演唱节目挑选上的。那后来呢？

马：我们从日本演出回来以后，西吉县的县长想把我的工作解决了。但是结果没有办成，我就回家了。后来，海原县文化馆说我唱花儿唱得好，要把我留下，又去干了四年。有一年，我有十一个月都没有拿到工资，给文化馆看大门呢。家里老人特别着急，对我说："你那里有情况没情况？要是没情况就赶紧回来吧！"我刚要准备回家，我们县文化局写了个公文申请，打算解决我的工作。后来又过了一年半，终于有了下文，把我的工作给解决了。那时候都已经2000年了。

武：真是好事多磨啊！到2000年才正式成为县文化馆的工作人员。

马：就是。后来这几年，海原县又拍了几部花儿歌舞剧，我也参加演唱。比如《海风吹绿黄土地》。

武：演的什么内容？

马："海风"指福建，"黄土地"指我们海原。歌颂的是福建对口支援我们宁夏的事情。

武：对，福建省一直对口支援宁夏。那几年，宁夏党政代表团还去福建访问呢。那你们的剧组也跟去演出了吧？您是主唱吗？

马：对！我是主唱。我们去过福建演出，反响挺好的。

武：这是哪一年拍的？之后还有什么花儿剧？

马：那是2002年拍的。之后是马志英。

武：哦。那是花儿歌舞剧《大山的女儿》，马志英是原型，歌颂的是这位农村妇女资助女童上学的感人故事。记得2007年，我还跟着宁夏党委宣传部的一位领导，来到海原县剧院看了你们的首场演出呢。然后呢？

马：然后就是花儿歌舞剧《回乡婚礼》。这部剧后来归中卫市歌舞团了。最早是我们海原县开始排练的，我是主唱演员之一。

武：我记得首演是在银川市，2009年。一开场，就有马老师在幕后的花儿领唱，能听出您的声音，特别嘹亮。当时，演出结束后，还连夜开了座谈会呢。

马：就是的。之后，我们剧组又去了北京演出，在北京的宁夏大厦住了好多天呢。

武：哦，那里是宁夏驻京办事处。就是说，你们的《回乡婚礼》剧组在北京演了好多场吧？好像还到中央党校演出了呢，报纸上还刊登了剧照和报道。

马：（笑）是呀！演了很多场。我们当时都开玩笑说："在北京待腻了，都不想待下去了。"

武：好呀！你们把我们宁夏花儿都演到北京去了。请再给我们说一下您都获得过哪些奖项？

马：我带了一份我破格升为三级演员的资料，里面有我的主要业绩呢。

武：好的，我们随后仔细看。那您再说一说，从您唱花儿以来，都去过哪些地方演出？

马：（笑）说实话，全国我还有三个地方没有去：香港、澳门、台湾，其他地方我都去唱过花儿，都走过来了。

武：是吗？真好！唱花儿让您走遍了全国各地，可以这么说吧？

马：（笑）对！就是的。

武：那西藏也去过吗？

马：去过！而且，去西藏还是最早去的呢。当时还是坐卡车去的，后来还坐了马车呢！

武：行程那么艰苦啊！当时是什么比赛？

马：在西藏举办的一个民歌邀请赛。当时，有全国各地的歌手，湖南一人，宁夏一人，青海两人，新疆一人，还有其他省的，一共是九个人。我还记得当时我唱了《下四川》。挺有意思的，明明是上西藏，结果唱的《下四川》。呵呵！

武：那你们来自全国各地的歌手都是农民吗？在哪里集中进藏的呢？

马：不全是农民，湖南的歌手好像是有工作的。我们当时先在四川集中，本来要坐大巴去，结果没有找到车，就给我们找了一辆卡车。那一次去西藏，我就觉得光走了路了。结果去了以后，给我们举办了一台花儿民歌赛，从早上九点一直到晚上十一点才结束。中间还下了一场毛毛雨。

武：坐着卡车到西藏高原去唱花儿，路途遥远，印象一定比较深刻吧？

马：（笑）对！印象太深了。还有一次印象深的就是到青海贵德。当时，我不知道青海花儿是要打擂台的。我还纳闷：唱完为什么不让下台？后来才知道是打擂台呢。结果我在台上连唱带说，持续了一个多小时。哎呀！那次印象太深刻了。还有一次是在浙江，那个山高的，光坐那个缆车就得一分半钟。当时选出了中国的十大歌王，我就是那次被评为"花儿歌王"的。

武：那是哪一年？

马：1986年1987年吧。

武：青海、甘肃您也常去吧？我有时候在那些地方的花儿比赛会场都能碰见您。

马：（笑）去呀！经常去。咱们俩还在甘肃和政县松鸣岩花儿会的比赛现场见过面呢！

武：就是。对了，刚才说到国内除了港澳台，其他地方您都去演出过，国外还去过日本。那请您给我们讲讲去日本的经历吧！都有什么印象？

马：首先是语言不通，所以我很着急。印象最深刻的，还是人家的科技太发达。我们在台上唱的是中文，人家那边的大字幕上，就能翻译显示出日语，那些观众也不看我们，就盯着字幕看。

武：哦，应该是同声传译。

马：最后，等我们唱完，他们还拍手。我们一起来的歌手还开玩笑说："我们唱的是啥都不知道，还拍手着呢！”后来才知道，人家的屏幕上打出来日语歌词，观众都能看懂。那些日本人对我们糊涂[1]欢迎。我还想说，这些日本人对中国人还挺热情的呢。

武：真好！您唱花儿唱出名堂了，还唱出了国门。

马：就是，那次的日本之行也是很难忘的。

武：那请马老师再跟我们说说您的家庭情况吧！啥时候成的家？媳妇是怎么支持您唱花儿的？如果没有媳妇的支持，早就把您拉回家了，是不是？

马：（笑）我是1983年结婚的。成家时，我媳妇年龄太小，还傻着呢！呵呵！不知道啥是支持不支持，就知道我过几天出门了，过几天回来了。回家来，给她给些钱就沃焉[2]。

武：是吗？那你们有几个孩子？

马：四个。最小的都二十三岁了。等到我老婆子懂得支持不支持的时候，她是拍手支持我唱花儿的。呵呵！可是，不支持我的有一个人，那就是我老丈人。最后，老汉跟我说："为了点穷光阴，你想唱就唱。不过，不能往心里头去。"他还说："拉骆驼放羊，行行出状元。你这也是一行，就当成个行当干着就行，可不能往心里去哦。"

武：对呀，真是行行出状元。马老师唱花儿出了名，在宁夏、在西北都是名气很大的花儿歌手，也算是状元了。那么，您唱了几十年花儿，说说您的感受吧。为什么一唱就是这么多年？

马：说实话，唱花儿这么多年了，我真的对花儿有感情了。再一方面，这也是我们回民的一种娱乐、交流活动嘛，能给人带来乐趣。花儿确实是个好东西，不是说回民啥都不能唱，就看你咋唱了。

武：对于广大农村的很多农民来说，花儿也可以说是精神家园。

---

① 糊涂，宁夏方言，即“特别”之意。

② 沃焉，宁夏方言，意为“妥了”。

马：对呀！现在把花儿搬上舞台了，以前我们都是放羊的时候、犁地的时候偷偷地唱呢。我家老婆连我唱的完整的一首花儿都没有听全过。

武：那倒是，唱花儿是有禁忌的，在家里、村里是不能唱的。对了，刚才说到您家有四个孩子，小的二十三岁了，那其他的呢？

马：老大都三十多岁了，我孙子都已经十二岁了。我有两个儿子两个女儿，外孙子和家孙子一共有四个了，三个孙子、一个孙女。

武：马老师真是儿孙满堂，好幸福啊！那再说说您作为传承人，在花儿传承方面是什么情况？

马：我是2008年评定的宁夏第一批省级传承人，国家每年给我们发补助费，第一年、第二年一千元，第三年给了两千元，第四年开始就是三千元了。要说传承花儿，一是跟学生娃打交道，这是最好的传承。二是在社会上和有些人聊起来，也会给他们说说花儿是个啥，花儿咋唱，告诉唱花儿的方法。这也算是一种传承方式吧。第三，还有些人专门找我学唱花儿，这也是一种传承。

武：那马老师一共带过多少学生？前前后后给多少年轻人教过花儿？

马：（笑）哎呀，现在都说不上了。光海原县几所中小学的那些学生娃，有好多个班呢，加起来几百个都有了。

武：现在，马老师给哪些学校的学生娃教唱花儿？

马：海原二中、海原三中、海原回中、海原回小、海原一小、海原二小……

武：真够多的。说明海原县的“花儿进校园”活动搞得很不错嘛！您是定期给学生们上课吗？

马：每周去两次，基本上都是周四、周五下午两个小时，一个班、一个班地教。我们县上也推进“花儿进校园”活动，我们作为传承人，去无偿给学生们上课教花儿。我在街上经常碰见学生娃，好多我都不认识，他们主动跑过来打招呼，叫我“马老师”。我说：“你叫我马老师，是我给你教过花儿吗？”学生娃说：“就是的。”我说：“你现在会不会唱花儿？”学生娃说：“能唱一点，会唱呢。”

武：当您被学生们叫“马老师”时，心里一定很高兴吧？

马：咋说呢？也高兴也不是太高兴。为啥呢，因为我太惭愧，学生娃就学会了那么两句，我也不好意思。而且，现在的学生娃娃还要奔自己的前程，主要精力在学习上，也不能让这些学生娃娃专门学花儿。

武：是啊。那您进校园教花儿是学校邀请的吗？

马：对！各学校来邀请，然后，文化馆给安排，我们就去校园里教花儿。其实，给学生娃们教花儿我是有点压力的，你给那些小娃娃们不能唱我们大人唱的词，有时候还得改歌词，还要让娃娃们觉得幽默好玩，让他们感兴趣。

武：对。花儿进课堂确实存在一个需要改编歌词的问题。那马老师也有自己收的学生吗？一对一教的那种。

马：有啊！不过，我收学生有一个原则，就是不收费。

武：真好！像这样的徒弟收了有多少个？请介绍几位唱得好的，您的得意门生。

马：（笑）那有五十多个了。比如，李海军、马学军、撒丽娜……好多个呢！

武：真不错！其中的撒丽娜还上过春晚呢。马老师真是为我们宁夏花儿的传承作出了很大贡献。您的徒弟当中，男的多还是女的多？年龄多大？

马：男的多一些，大都三十岁左右。

武：今后，您对花儿还有什么愿望吗？

马：有！我真的很想找一个得意门生，把我唱的这一套全都传承下去。目前，还真没有找见这样的人。现在，好多学生一唱就唱洋（气）了，花儿还是土一点有味道。

武：说的是。那您的四个孩子都唱吗？

马：（笑）都唱，就是我大儿子嗓子不太好，有点左[①]。其他都是一个赛一个的唱得好。我的大孙女也唱得好，比我唱得还好呢。呵呵！在学校里都是数

① 左：方言，意为唱歌跑调。

一数二的好学生。

武：那太好了！您的儿孙们也都会唱花儿了。是马老师传授的吗？

马：我的儿女都不用我传授，他们自然地也就会唱了。

武：哦。受父亲的影响，儿女们无师自通，也是遗传吧。就是说，您打算在儿女之外，再找一个传承人把您的花儿都传承下去？

马：就是的。我很想把我的这些花儿传给别人。

武：祝愿您能早日找到理想的徒弟。今天就采访到这里，谢谢您！

剪纸代表性传承人

伏兆娥

伏兆娥，1960年出生，汉族，宁夏海原县兴仁乡人。2018年被认定为国家级非物质文化遗产项目（剪纸）代表性传承人。

综　述

伏兆娥出生于海原县兴仁乡郝家集村一个普通农民家庭，家中兄弟姐妹七人，她排行老三。伏兆娥小时候就听爷爷讲，伏家祖上是从甘肃搬到宁夏海原兴仁的，是伏羲后裔，到她这一辈，已经是第十七代了。

伏兆娥的幼年时期，恰逢国家遭遇三年困难时期，作为多子女家庭，日子过得十分艰难。但她感觉童年是幸福的，因为不乏父母的爱护，还有家中长辈民间艺术的滋养。她的父亲是一位手巧的人，会将羊毛捻成毛线，为儿女们编织毛袜子、背带裤、帽子等，也能用碎布块为上学的孩子拼接缝制有图案的花书包等。她的母亲更是心灵手巧，擅长剪纸、刺绣、裁缝，家中土窑洞的墙上，贴的全是妈妈剪的窗花。而母亲的剪纸是跟着姥姥学的，姥姥和母亲都是村里的剪纸高手，她们剪的《猴儿上树摘花椒》《驴踩高翘》《大公鸡》《孔雀戏牡丹》《蟾蜍抱砖砖》等作品，给童年的伏兆娥留下了深刻的印象。村里的很多妇女剪纸的花样都是姥姥和母亲提供的。在母亲的耳濡目染之下，伏兆娥觉得这些活计特别有意思，由此对剪刀产生了极大的兴趣。她想剪纸，可是苦于没有纸，她就把《毛主席语录》撕下来剪着玩。为此，时任生产大队队长的父亲受到了株连，被撤了职。尽管如此，父亲还是鼓励女儿伏兆娥学好剪纸，即使是剪出最简单的五角星也给予认可。而且，父亲还给她示范如何剪牡丹花，边剪边念叨："牡丹虽好，还需绿叶配。"那时候，她大哥爱看《水浒传》《西游记》等小人书，她也跟着看，这是她后来创作四大名著的最初启蒙。她家虽然很穷，但明智的父母想方设法让子女们读书受教育，有时会让孩子拿上家中仅有的几颗鸡蛋换回铅笔、本子等文具。“文化大革命”开始了，农村学校也停课了，还未走进校门的伏兆娥只好在家学习，跟着父亲及上初中的哥哥认识了很多字。直到十二岁，她才走进学校，一年中连升三级，后来还上了高中，三个妹妹也上了高中，弟弟还上了大学。

早年，宁夏南部山区曾有说“古今”的传统习俗，伏兆娥的母亲和当地许多老百姓一样，喜欢给孩子们讲“古今”，比如“扯锯锯，门上来了个老弟弟，不吃烟，不吃醋，光吃黄瓜水萝卜。”“一家老两口，养了两儿子，娶了个媳妇不洗锅，养个儿子不扫院。”年幼的伏兆娥并不是很理解这些“古今”，但牢牢地记在了脑海中，也成了她日后创作剪纸的一些画面素材。她近年来创作的《妈妈的故事》套色系列剪纸作品，大多来源于记忆中小时候妈妈做家务、忙农活的画面。

伏兆娥的剪纸之路充满了艰辛，但也有喜悦，小小的剪纸曾经为她的家人带来了大大的实惠。1981年，她高中毕业，那年粮食歉收，家中口粮紧缺，母亲只好拿着伏兆娥的一堆剪纸作品，去中宁一带换了七百多斤粮食，让全

⊥　伏兆娥剪纸作品《万象更新》（本人供图）

家人度过了那段艰难的岁月。从那以后，她的剪纸“拴连”着一家人的生活，家中大部分开销都依靠她的剪纸收入。1982年，经人引荐，一位记者来到她家参观了她的剪纸作品后，在报纸上刊登了一篇《巧手姑娘伏兆娥》的报道。因此，1983年，她和妹妹伏兆凤被吸收参加了海原县文化馆剪纸及美术培训班，她在培训学习期间的剪纸作品也被登上了《宁夏日报》。从此，伏兆娥的剪纸远近闻名，在当地越来越有名气。1983年底，经家人介绍，她和退伍军人李金善相识并结婚，夫妻二人同心协力，开始了创业之路。先是在镇上开了一家饭馆，伏兆娥一边忙生意，还一边进行剪纸作品的创作，如《严阵以待》《中华屹立》《饭馆春风》等。她将剪纸作品贴在饭馆的墙上，有客人喜欢的，就赠送给他们。

在伏兆娥几十年的剪纸生涯中，从海原县来到宁夏银川镇北堡影城开设剪纸工作室，可谓是人生的重要转折点。1997年，伏兆娥一心想在银川举办剪纸艺术个展，向县领导申请经费。可当时有领导说：海原县是贫困县，很多人连温饱都还没有解决，哪有钱给你办个展？但她不气馁，最终得到了一位副县长的支持。她和另一位农民画艺人共同在宁夏展览馆举办了二人展，展出了五百多幅作品。当时，她还为电影《这女人这辈子》剧组剪了上百幅作品。以此为契机，她有幸认识了宁夏银川镇北堡影城的创始人、著名作家张贤亮先生。张贤亮先生十分欣赏伏兆娥质朴而技艺娴熟的剪纸作品，诚邀她去镇北堡影城发展，在这之前，伏兆娥和丈夫为了抚养几个孩子，曾经在农村开过饭馆、卖过煤、跑过车拉过货等。经过艰苦奋斗，虽说生活改善了许多，但她想在更大的舞台施展才艺，也想让孩子们有更好的学习成长环境。于是，胆识过人的伏兆娥下决心背水一战，带着全家人毅然离开家乡海原县，来到银川镇北堡影城，开始了新的创业之路。影城为她提供了拍摄电影《大话西游》时牛魔王的宫殿“牛宫”作为剪纸工作室。没想到，她的剪纸工作室开张四天，就卖了四千多元钱，南来北往的游客都非常喜欢她创作的充满乡土气息的剪纸，纷纷前来购买，让她获得了第一桶金。在影城勤奋经营剪纸工作室二十多年的时间里，她不仅获得了可观的经济收益，其“西北第一剪”的剪纸名气也被游客们带到了全国各地。反之，游客们对剪制肖像的特殊要求，也促进了伏兆娥的剪纸技艺提升，让她从不会剪肖像，到几分钟就能剪出惟妙惟肖的人像。通过在影城为成千上万名游客剪制肖像，她练就了独门绝技，以至于把该技能展示到了上海世博会、中阿博览会等盛会，为很多国家元首剪制了头像，获得了中外朋友的一致赞誉。

伏兆娥好学上进，在剪纸人生中参加过无数次区内外的剪纸培训班。1986年，她从报纸上看到南京大学陈竟教授在宁波开办了一期剪纸培训班，立刻报名。可是没有路费，她就到海原县文化局，申请了六百元经费去宁波学习。1987年，伏兆娥听说陈竟教授在新疆又举办了为期一个月的全国民间剪纸培训班，便带着妹妹伏兆凤，不顾冬日的寒冷，千里迢迢到新疆学习。此次学习，通过和全国五十多名剪纸艺人相互交流，让她开阔了眼界，提高了技艺，作品还被登上了《新疆晚报》。她当时创作了一幅《永久和平》剪纸作品，得到了陈竟教授的关注。伏兆娥告诉陈教授,《永久和平》中的画面，来自父亲的讲述，牛在这幅画中代表的是中流砥柱。该作品还被陈竟教授制作成贺年卡，寄送给瑞士、新加坡等几十个国家的朋友。2008年，陈竟教授在浙江宁波市的一个古县城组织了全国剪纸高级研学班，伏兆娥正在外地参加非遗展示活动，活动刚一结束，她就乘飞机赶到宁波参加剪纸研学班，并且带着女儿一起学习，很早就着手培养下一代剪纸传承人。

功夫不负有心人。由于伏兆娥长年的刻苦钻研学习，加上其艺术天分，她的剪纸技艺日渐娴熟、炉火纯青，且掌握了脱稿剪纸的高超本领，她能将自己看到、听到、梦到的景象随心所欲地通过剪纸艺术出神入化地展现出来。如《西游记》中一百一十二个人物形象，她全凭记忆和想象创作完成。陈竟教授高度评价伏兆娥的艺术成就：“一是剪工技艺成熟。她的作品，一般都是脱稿剪出，这是她几十年的苦练实践而成。二是生活气息浓厚，具有地域特色。三是作品风格明显。她从小受传统民间剪纸和民俗文化的熏陶，作品中仍传承着民间剪

伏兆娥剪纸作品《永久和平》
（武宇林翻拍）

纸的语言，具有质朴的个人风格。四是勇于开拓创新。”[①] 这些年来，伏兆娥创作了大量的优秀剪纸作品，很多作品被报刊登载或入选各种展览，也获得了许许多多的荣誉。1983年《饭馆春风》入选全国农民画展，她因此随宁夏代表团赴北京参观学习。1987年记者李明今《剪刀唱出美丽的歌》的报道刊登于《中国青年报》，同时刊登了伏兆娥剪纸作品《春》。1988年，中央电视台《山里人家·黄河一日》栏目对伏兆娥进行了专题采访，在CCTV2播放数次。1993年，伏兆娥作为宁夏政府民间艺术代表团成员赴日本岛根县进行文化交流，展示剪纸作品《二龙戏珠》。1995年世界妇女大会期间，伏兆娥的剪纸专题片在大会上播放，并荣获“中华巧女”终身称号。1996年，宁夏电影制片厂与八一电影制片厂合拍电影《这女人这辈子》，其中的剪纸由伏兆娥设计并剪制了五百多幅作品，使该片获得“最佳美工奖”。1998年，由中国民协在中国美术馆举办的“世纪回顾展”中，伏兆娥的剪纸作品《虎年和平》荣获一等奖。1999年出版《伏兆娥剪纸集》（宁夏人民出版社），火花系列《西游记》《水浒传》由四

① 陈竟编著：《中国当代剪纸传承大师·伏兆娥卷》，凤凰美术出版社，2016年，代序二。

川龙泉火柴厂出品，并在南京参加了国际火花节，受到了专家的好评。2000年在电视剧《大漠豪情》《生死腾格里》、电影《黄河绝恋》中，担任剪纸美工设计。2001年，剪纸《老鼠偷油》获第二届中国民间文艺“山花奖·民间工艺”银奖。2004年，火花系列剪纸作品《西游记》荣获第六届中国民间文艺“山花奖·民间工艺”铜奖；同年，被联合国教科文组织授予中国民间“工艺美术家”称号。2005年，在纪念安徒生诞辰二百周年中国童话剪纸艺术大赛中荣获铜奖。2007年，剪纸作品《万事和谐》在中国民间文艺家协会举办的中国剪纸艺术精品博览会（扬州）荣获银奖。2008年，剪纸《宁夏风光》荣获中国剪纸艺术大展金奖；同年，剪纸作品《百米长卷》在第四届国际大展（宁夏）荣获特别奖。2009年，在第三届中国民间艺人节被评为“中国十佳民间艺人”；同年，伏兆娥和女儿李娟、李剑的剪纸作品《奔小康》，荣获第十三届中国人口文化奖（民间艺术品类）二等奖。2010年，伏兆娥创作的《农牧图》参加首届农民艺术节并被评为优秀作品；同年，剪纸作品《回汉人民奔小康》荣获中国第五届国际剪纸大展（浙江金坛）金奖，作品被国家博物馆永久收藏。2011年，中央电视台《我们有一套》栏目邀请伏兆娥在演播大厅进行现场才艺展示直播。2012年，伏兆娥赴毛里求斯的中国文化中心进行国际交流。2013年，伏兆娥应邀赴老挝中国文化中心进行交流；同年，伏兆娥的剪纸《回乡风情系列》荣获第十四届中国人口文化奖（民间艺术品类）优秀奖。2014年，伏兆娥的剪纸作品在西北五省非遗展演中荣获金奖。2015年，伏兆娥在西北五省非遗展演中荣获银奖；同年，剪纸作品《幸福美满》代表银川市参加了在以色列埃特拉特市举办的文化艺术作品展。2016年，伏兆娥的剪纸作品《伏羲女娲》入选《中国民间美术精品集》，并且被选入第四届中国非物质文化遗产博览会的中国传统工艺剪纸大赛作品成果集。2017年，伏兆娥应邀访问迪拜一周，现场为观众剪制肖像上千幅。伏兆娥多次参加文博会、世博会，并赴非洲、老挝、阿联酋等地区和国家进行文化交流。现为宁夏一级美术大师，中国民间文艺家协会会员，银川市文联副主席，宁夏美术家协会会员，宁夏民协副主席，宁夏民间剪纸文艺家协会副会长。

⊥ 伏兆娥在中央电视台《我们有一套》节目直播现场（本人供图）

伏兆娥不仅自身剪纸事业有成，在她和丈夫的言传身教下，还培育出了优秀的几个女儿。大女儿李娟毕业于宁夏大学美术系，主修国画，又进入中央美术学院进修，中国艺术研究院硕士研究生毕业，现定居北京。二女儿李剑毕业于陕西工程学院美术系，与学美术的丈夫于2008年开办了“宁夏艺盟礼益文化艺术品有限公司”，正在开拓文创事业。三女儿李婉，在日本岛根大学攻读博士。作为国家级传承人，这些年来，伏兆娥认真履行非遗传承人的职责，先后应邀到宁夏艺术学院、宁夏大学、南京大学、重庆师范学院、宁夏女子监狱、银川市幼儿园等，为区内外不同年龄的学员教授剪纸技艺，努力用自己的一技之长回报社会，为传承民间剪纸这一非遗作出了杰出的贡献。她还有个梦想，那就是在自己的有生之年，在海原县家乡建造一座“伏兆娥剪纸博物馆”，一来落叶归根，二来报答家乡人民的养育之恩，实现自己的梦想！

访 谈

被访谈者：伏兆娥（国家级非物质文化遗产代表性传承人）
访 谈 者：武宇林、徐娟梅、张万静、田静、税琳
访谈时间：2019年4月12日
访谈地点：宁夏艺盟礼益文化艺术品有限公司

武：伏老师好！我们认识好多年了，以前也有过简单的采访，但都比较匆忙。今天终于有机会、有时间好好做个访谈了。我们所在的这个地方是伏老师的女儿李剑和女婿郭海创办的"宁夏艺盟礼益文化艺术品有限公司"吧？真不错！展厅面积真大，布置得也很美！让我们先参观一下伏老师的系列剪纸作品吧。（一行人在展厅参观，伏兆娥进行解说）那现在咱们就开始访谈吧。主要是想请伏老师谈一下剪纸艺术经历、人生成长故事。首先请问您是什么时候出生的？

伏：1960年5月20日，我出生在海原县兴仁乡郝家集村，当时正是吃大食堂的时候。

武：那时候是国家三年困难时期，生活很困难吧？

伏：就是的。妈妈差点不要我了，因为家里孩子多，养不起，说是生下来也是养不活的。我还在妈妈肚子里的时候，连她自己都吃不饱饭嘛。

武：是啊。1960年正是全国人民饿肚子的时候。

伏：嗯。那个时候，我妈妈天天推磨，每天起早贪黑的，点着马灯磨草籽。当

时她肚子里正怀着我，有时候就偷偷抓上一把碾的草籽装在肚兜里，拿回家给我哥哥姐姐刷糊糊吃。

武：你们家是多子女家庭吧？

伏：对。我家有七个兄弟姐妹呢。那时候家家都是多子女家庭嘛。

武：您家姊妹七个，父母都在农村，生活肯定过得很不容易。

伏：嗯。那时候家家都不容易。我们村上什么都没有，物资也比较贫乏，家家都吃不饱饭。记得我拿上一个鸡蛋出去，换上一支铅笔和本子，就那样学习着呢。妈妈生了七个孩子，我排行老三。当时父亲在我们大队管理羊群，母亲一边劳动挣工分，一边照顾我们兄妹。记得爷爷说过，我们祖上是从甘肃天水秦安县魏店乡伏峡村搬到宁夏兴仁的，是伏羲后裔，当时伏家有弟兄四个，分别是"峡""湾""川""洼"，到我这一辈，已经是第十七代了。

武：还有这样的家史呢？那您上学读书的情况怎么样？

伏：我是十二岁的时候才进学校读书的。因为我六岁的时候赶上"文化大革命"，就只能在家学习。我进学校的时候就已经认识了很多字，毛主席的

⊥ 伏兆娥全家四代人研习剪纸（左起：大女儿李娟母子、伏兆娥、母亲、二女儿李剑母子）（本人供图）

"老三篇"，还有好多毛主席语录我都会背呢。上学后，一年就升了三级，也就是每个年级上了一半就跳级了。

武：是吗？那你们兄妹都是什么文化程度？

伏：大哥是初中毕业，大姐只读到二年级，因为家里其他孩子需要照顾，母亲就把大姐从学校拽回家帮忙。我和三个妹妹都是高中毕业，弟弟是宁夏大学中文系毕业。父亲说多读书才有出息。

武：那您是多大开始学剪纸的？是受了谁的影响？

伏：我从六岁就看着妈妈剪纸、刺绣、做衣服，就觉得很有意思。记得妈妈当时总是用泥土块，像砖一样的颜色，在布料上画出形状，然后照着剪下来做衣服。在好奇心的驱使下，我童年的时候就喜欢玩剪刀，经常趁妈妈不注意，拿起妈妈的剪刀"祸害"起来。

武：郝家集村的妇女都会剪纸吗？

伏：郝家集村是一个汉族村庄，有伏、薛两大户。家家女人基本上都会剪窗花，不过她们所剪的花样，大都是我姥姥和妈妈提供的。记得最清楚的有《猴儿上树摘花椒》《驴踩高跷》《大公鸡》《孔雀戏牡丹》《老婆爱老汉》《蟾蟾抱砖砖》等一些有趣的作品。呵呵！

武：姥姥和妈妈是剪纸高手，您从小就耳濡目染？

伏：嗯。那时候，妈妈怕我拿剪刀祸害，总是把剪刀藏在窑洞上面的窗口上。有一次我在炕上坐着玩，借着太阳的反光，看到窗口上好像有东西一闪一闪的发光，就叫来妹妹伏兆凤给我当人梯，自己踩上去一摸，原来是剪刀啊！可就在拿剪刀的时候，一不小心掉了下来，差点扎到妹妹的脚丫子上。现在想起来，自己都觉得有些后怕。

徐：看来您的童年有太多难忘的回忆。

伏：嗯。那时候窑洞里面贴的全是妈妈剪的窗花，有《大公鸡》、《沙老鼠》、《癞呱呱》（青蛙）、《扫把子》、《天牛》……后来我创作的作品也大都是实际生活中的实物。那时候胆子也很大，经常把小动物捉回家，一出门就捉一串沙老鼠，妈妈总是叫我用碱面子洗手，也相当于消毒了。童年记得最清楚的就是去爬碉堡墙，站得高高的，眺望外面的风景。

武：最早您的剪纸得到了谁的认可？

伏：最早得到的是父亲的认可，父亲夸我剪得好。因为父亲也是一位手艺人，他也会剪纸，经常拿着剪刀剪个牡丹花，边剪还边叨咕着："牡丹虽好，还需绿叶配。"那时候大哥爱看小人书，《水浒传》《西游记》等。大哥看完后，我会接着看，这对我以后创作四大名著剪纸给了很多启发。那时候生活条件特别差，父亲就用羊毛捻成线，一夜就拿钩针挑（编织）一双毛袜子。记得我四岁时没裤子穿，父亲亲手给我编织了一条背带裤，用那种青不青蓝不蓝的颜色染的羊毛线织的裤子。他还给我们姊妹织帽子，用碎布缝制拼图书包等。虽然家里经济条件不好，但是我感觉童年是特别幸福的。因为父亲和母亲在精神世界给了我们难以用金钱衡量的东西，比起那些没有父母的孩子，我们的精神生活很充实、很快乐、很幸福！

武：你们村里剪窗花的传统一直持续到哪一年？

伏：剪纸在"文化大革命"的时候也没有停，那时候就剪一些与"文化大革命"有关的东西，五角星啥的。有一个老师和我的关系好，他去我们家看到我的作品后，就对父亲说，你这个孩子将来有出息，好好培养。村里的父老乡亲都来看我剪的窗花，谁看了谁就夸我。

武：小时候剪的窗花就得到了乡亲们的夸赞。在宁夏南部山区各县有说"古今"的传统，您听过吗？

伏：（微笑）听过呢。那时候妈妈给我讲很多的"古今"。"扯锯锯，门上来了个老弟弟，不吃烟，不吃醋，光吃黄瓜水萝卜。""一家老两口，养了两儿子，娶了个媳妇不洗锅，养个儿子不扫院。""亲家亲家你坐下，我给你说个实在话，人家养下一个大花花狗，大姐进去咬一口。大姐大姐你莫哭，我给你扯个大红裤，撒到房上变成娘娘，撒到院里变成燕麦，撒到道里变成叫驴。"小时候，我听过很多的"古今"，对我的创作有很大的启发呢。这些"古

年轻时的伏兆娥（武宇林翻拍）

今”现在的人都忘得差不多了，我妈妈今年八十八岁了，还给她的重孙子说着玩呢。呵呵！

武：也正是有了妈妈讲的这些民间故事、民间歌谣，让您的剪纸有了很多的素材？母亲和父亲给了您很多有关剪纸创作的启发吧？

伏：嗯，就是的。这都是潜意识的影响。我觉得，家庭中老人对孩子的影响是很重要的，孩子的成长和家庭的氛围是分不开的。我们小时候，父母常常告诫我们：不要随便拿别人的东西，要学会吃亏，不要占人家的便宜，吃亏是福。让我们做个好人，教我们讲究卫生，做个懂事孝顺的孩子。

徐：您创作的系列作品《妈妈的故事》素材来源于什么？

伏：来源于小时候妈妈在生活中做家务、忙农活的一些事情，至今记忆深刻。像这张图（站起来，指着一幅《磨面》的套色剪纸作品解说）就是妈妈带着哥哥姐姐们在推磨、磨面。妈妈怀着我的时候，由于生产队用驴是要排队的，好几天都排不上，所以只能靠人工推磨了，要把麦子磨成面粉。大哥、大姐个头小，刚能够着磨棍的推手，一圈一圈地转着推磨。妈妈讲给我听，我就凭着记忆和想像剪出来，一个图案剪好几遍，反复剪，一直到自己看着舒服为止。这样别人看了也舒服嘛。

徐：这些画面，现在的孩子是没有经历过的。

伏兆娥剪纸作品《日进斗金》（本人供图）

伏：就是的。再看这一幅《做新衣》，反映的是过去农村过年时，妈妈给我们做新衣服的画面。记得那时候过年，能有一件新衣服穿是最高兴的事情了。

武：那时候剪窗花都剪一些什么题材？

伏：毛主席的肖像、五角星、十二生肖等一些作品。当时，脑子的路数还比较多，在小学经常“伙伙着”[①] 小伙伴一起剪纸玩。

武：我记得您讲过，很早的时候，好像就用剪纸的收入帮助家里渡难关？

伏：（兴奋地）就是的。1981年我高中毕业，那一年年景不好，地里颗粒无收，家里啥吃的都没有，妈妈就拿着我的剪纸作品去中宁、中卫一带换粮食。记得当时妈妈用我的作品换了七百多斤粮食，是我自己找车拉回家的。拉粮食还有个故事呢！那时候黄河还没有架桥，用羊皮筏子摆渡过黄河。我看到有辆汽车上写的是“中卫水电局”，我问他们去哪里，人家说去三眼井，那离我们家可近了。可人家说不认识我，不给带粮食。我就说了我表哥余生江是水电局的，人家开车的认识我表哥，就赶紧给拉上了。我跟着他们在路上转了七八天，他们跑到其他村子里办事，我就和村长的老婆住在一起，我还帮她家做做饭什么的，就这样才把粮食拉回家。也正是因为有了粮食，一家人才度过了那段艰难的岁月。从那以后家里大部分的开销，都

① 伙伙着，方言，意为“相约着”。

是我用剪纸换回来的，也是从那时候开始，自己的剪纸便拴连着一家人的生活了。

徐：当年还有记忆更为深刻的事情吗？

伏：有！记得我给妈妈换粮食的袋子上绣了个“争”字，希望争气，有抗争的意思。这个字有很多的意义。我家姊妹多，条件不是很好。我告诉妈妈要与生活抗争，不能向命运低头，不能轻易认输，要争取更好的生活。

徐：这个字不仅是对妈妈，也是对家里几个孩子的鼓励。

伏：是啊！我对妈妈说：“你要坚强，我们都要面对这艰难的生活。”妈妈提着袋子装着我的剪纸去换粮食，一去就是一个月。

武：您的剪纸被记者发现是哪一年？

伏：我还在娘家的时候，那时还没结婚，宁夏画报社的记者高云翔就来采访过我，那是1981年，《宁夏画报》做了专版介绍，《女社员伏兆娥和她的妹妹在一起》。当时，我和妹妹伏兆凤都参加了海原县文化馆在兴仁旅社办的美术培训班，一个月的培训时间，我创作的剪纸作品在文化馆的橱窗里贴得满满的，还把我的剪纸事迹写进县志了呢。

徐：听说那时候您就出书了？

伏：是的。培训结束后，我先后出了两本书《海原县剪纸》第一集和第二集。出第二集的时候我结婚了，后来身怀有孕，但一直坚持学习。在李中泰老师的指导下，他是海原县文化馆的工作人员，第二本书也出版了。美术班的老师就是李中泰，是个盐池人，我和妹妹伏兆南、伏兆凤都参加了培训，学习了绘画、素描、速写。我妹妹伏兆南、伏兆凤现在都是宁夏自治区级非遗传承人，都是宁夏一级工艺美术大师，现在在西夏陵和沙坡头工作室给游客现场献艺呢。

武：真不错！1981年，伏老师的剪纸作品上了《宁夏画报》，那上报纸又是哪一年？

伏：那是1983年，海原县有一个记者叫李发录。我的堂哥伏兆生当时是我们大队的宣传员，他带着李记者来我们家采访的。李记者说，先是在海原县文化馆橱窗看到了我的作品，后来找到我的堂哥引路到我家的。他写了一篇报道《巧手姑娘伏兆娥》，登在《宁夏日报》上。当年我被《宁夏日报》社评为优秀通讯员。

武：当时《宁夏日报》登载了您的哪些作品？

伏：那一年，报上登了四幅作品《严阵以待》《中华屹立》《草原放牧》《饭馆春风》。我特别高兴，拿着《宁夏日报》在大队上奔走相告："看！我的剪纸上了《宁夏日报》啦！"我妈妈也拿着报纸，又去中宁这一带换了一次粮食，记得当时换了五百多斤呢。

武：这一下伏老师的剪纸就更好卖了！

伏：呵呵！就是的，我的剪纸卖得越来越好了。

徐：这一下影响力就大了，对您的作品推广力度很大啊！

伏：对！通过这次宣传，我的剪纸开始远近闻名了。

武：那您是什么时候结婚的？

伏：1983年底，经过家人的介绍，认识了我家老公，他是一名退伍军人，复员回到农村了。当时还有一个小插曲：我的嫂子给我介绍了一位军官，人家在我家等着见我。结果我的老公来得早，把定情信物（一块手表）戴到我的手上。人家军官来了后，看见我戴着手表，掉头就走了。当时家里人都不理解，说我放着条件这么好的军官不找，非要找一个农民，说我是"跳过肉案吃豆腐"。可是我就觉得我家老公实诚。这些年，他在背后大力支持我，给我当司机，我走到哪里他就陪我到哪里。家里饭他都做，说实话，这些年我的手都没有放进过水里，都是我老公在做家务。他送我的第二件礼物是剪刀，当时那把剪刀是白色的，为了不让我的手受罪，他用光滑的塑料绳给我把剪刀把儿一圈一圈地全部缠好，我特别感动。多少年过去了，事实证明我当初的选择是对的。

徐：您生了几个孩子？和爱人是怎么创业的？

伏：我生了四个孩子，三个女孩、一个男孩。一个非常平淡又幸福的六口之家。有吵闹声，更有嬉笑声，还有美妙的歌声。我的爱人当兵退伍回来后和我一起创业，盖了一排房子，开了旅社和饭馆，就在小镇子的街头。那时候，他从部队上回来，会开解放牌的东风大卡车，还有点积蓄，我们就一起做起了生意。那条不宽的109国道连通兰州，有好多大货车司机路过我家饭馆来吃饭，我还送他们剪纸作品当作礼物，收到的人很开心，心里多了一份欢喜和祝福。20世纪90年代，中国正在万象更新，和平稳健地发展，人们的小日子也逐渐地好了起来，解决了温饱，朝着小康发展呢。我也忙得不亦乐乎，为了四个孩子的成长，我和我爱人不辞辛苦，起早贪黑维持着生计。那时候歌舞厅很流行，小孩子混进去瞎蹦跶。童年很纯粹、纯真，充满了欢声笑语。我这几个孩子要么奔跑在镇子的每个角落，和一帮小伙伴们玩耍，要么干干坏事，搞搞恶作剧，气得我一顿鞋底子教训他们。呵呵！在小镇上，饭馆开得红红火火，慢慢我家有了自行车、缝纫机、彩电、冰箱、洗衣机等。我们领着四个孩子过着踏实而舒心的日子。每当夜深人静的时候，我就搞剪纸创作，心里向往着更大的舞台和更远的风景，我从来都没有放弃追寻自己的梦想。哪怕只是用剪刀勾勒出来，充满了幻想和

上　伏兆娥剪纸作品《伏羲女娲》（本人供图）

憧憬。我在经营小饭馆的几千个日夜，我认真阅读了四大名著，构思出各种场景，用剪纸造型描绘出了四大名著中许许多多的人物形象，有各路神仙，也有英雄豪杰。我觉得这是一种灵感，不由自主，有那么一根神经牵引着我去创作，白天开饭馆，晚上搞创作。当时创作了四大名著将近五百个人物作品，根本感觉不到时间和辛苦，甚至剪到凌晨，只是小眯一会儿，就又开始了一天的营业。我在海原县老家开饭馆时，每天都给自己定目标，必须完成当天的剪纸作品，否则不休息。日子就这么过着，我从来没有放弃自己热爱的剪纸艺术。

武：伏老师太热爱剪纸了。据我所知，这些年伏老师一边在创业维持生计，一边刻苦钻研不断上进，但凡有学习的机会都不会放过。记得您说过，早年还去宁波参加过剪纸培训？

伏：（回忆）嗯。就是的。那是我刚生完大女儿李娟，1986年，南京大学的陈竟教授在宁波开办了一个面向全国的剪纸培训班，我从报纸上看到后，就立即报名了。当时条件特别艰苦，但我知道，如果不给自己充电的话，我是不会有进步空间的。就把女儿丢在家里，让家里人照看。可又没钱，就跑到海原县文化局，向一位领导申请了六百元的经费，就去宁波学习了。后来，陈竟教授在新疆又举办了剪纸培训班，那时候，二女儿李剑才九个月，孩子还没有断奶，我又带着妹妹伏兆凤去新疆学习。当时，我带着妹妹伏兆凤一起去新疆参加了培训，中央电视台一套节目新闻联播还做了报道呢。

武：对。曾经听您讲过去新疆参加剪纸培训班的感人故事呢。

伏：唉，当时也是为了提高自己的剪纸技艺嘛。那时候孩子还小，我妈帮我带着，我带着妹妹兆凤就去了新疆。11月的新疆太冷了，我们穿的也都不暖和。记得当时身上还披了一件大哥仅有的羊皮大衣，坐了几天几夜的火车才到了新疆乌鲁木齐。到了那儿是凌晨，寒风吹过来，脸上就像被针扎似的。经过几个小时的问询，才好不容易找到了陈竟先生。在那个培训班上，我根据父亲讲的故事，剪出了《永久和平》这幅寓意世界永远和平的剪纸作品。

武：我记得这幅作品，构图很饱满，画面中心有一个圆形的大公鸡，周围还有龙凤等装饰图案，基本上都是用传统的剪纸纹样表达主题的，很含蓄，但主题鲜明，是一幅很不错的作品。后来好像还得了大奖呢。

伏：（欣慰地）嗯。就是的。

徐：父亲对您有哪些影响？

伏：父亲经常给我讲故事，小时候所有的剪纸都是来源于我听到和看到的。什么是永久和平？像《永久和平》的作品，你们看：这个圆就代表我们的地球，龙和凤就代表太阳和月亮，牛就代表一个中流砥柱。我六岁的时候经历了海原大地震，我问父亲为什么地震了？父亲说地底下有牛呢，它的眼睛睁大的时候就地震了，眼睛闭着的时候，我们的地球就是稳稳当当的。当时地震的时候，父亲把我拉在怀里，我还一个劲地问："牛在哪里？我怎么没有看到？"父亲说："牛已经站起来了。"这幅作品还被陈竟老师做成了贺年卡发到了瑞士、新加坡等几十个国家呢。

武：这应该是三十多年前的事情了，也就是说，您的剪纸作品在很早就已经走向国际了？

伏：（笑）对！我刚一剪出来，陈竟老师就发现了，还问我这个故事是谁讲的，我就说是父亲讲的，他还提出要见见我的父亲。很可惜，直到我父亲去世，陈老师也没能见到。他说我父亲讲的故事太有意思了，父母就是孩子最好的老师。

武：这幅《永久和平》可以说是您的代表作之一了？

伏：是的。那一次印度海啸发生的时候，咱们宁夏的记者采访我，我还开玩笑说："是不是这头牛又站起来了？"这个作品还有一个意义，就是希望我们每个国家都能和平相处，维护和平，不要弄得天摇地动的，不要发生战争。以后我想把这个作品做个立体雕塑。

武：那新疆的那次学习，对您来说，也是和全国剪纸艺人交流的好机会吧？

伏：是的。当时陈竟竞教授发起的剪纸培训班有五十多人参加，学员都是来自全国各地的，有贵州、山西、山东、云南、江苏、陕西等地的，到现在为止，学习班里几乎有一半的人我都还保持着联系，大家都做得不错，有些还成了全国的工艺美术大师和传承人。

武：陈竟老师在南京大学文化与自然遗产研究所工作多年，一辈子热衷于民间剪纸艺术的研究，还出了专著，在这个领域是很有影响力的，也很有号召力，新疆的剪纸培训班，几乎集中了当时全国民间剪纸的精英。伏老师当年正在开饭馆，也挺挣钱的，为什么还要关门去新疆学习呢？

伏：因为作品要不断地创新，我也要不断地为自己充电嘛。我就喜欢剪纸，无论怎样，都想把它做到最好，爱好剪纸也是我的信仰，不能半途而废。

武：这次远行，是您和伏兆凤第一次出远门吗？

伏：就是的。为了学剪纸，第一次千里迢迢去求学。这次学习收获很多，当时的《新疆晚报》都登载了我的作品。孩子还小，我没学完就先回来了，最后伏兆凤留了下来，系统地学习了剪纸。

武：记得2008年，陈竟教授举办了全国剪纸高级研修班，在宁波的一个古县城，那次我也去了，看到您不光自己从南京还是什么地方参加完活动飞过来，还带着女儿来参加。

伏：（笑）对！这些学习培训，我一次也没有落下。那次我带了女儿李娟一起到宁波参加了陈竟教授组织的全国剪纸高级研修班，因为我也想让女儿学习参观一下大家的作品。

武：记得您那年在宁波古县的城隍庙，和来自全国的民间剪纸高手一起在现场给当地老百姓剪大公鸡，特别受欢迎。当天正好是端午节，好多人都请您为他们剪肖像呢。

伏：（微笑）记得呢。当时去那个古县，跑了很多的路才找到。在城隍庙主要是剪肖像，还和当地的端午民俗活动结合在一起，通过剪纸表现出活动氛围，互相学习，互相交流，很有意义的。

武：伏老师之所以有今天的成绩，也是和自身不断学习努力分不开的。

伏：是的。只有不断地学习，我的思路才会与时俱进，跟得上时代的步伐。两手都要抓，一边卖作品，一边带着孩子不断地学习，不断地参加各种活动。

武：这些年，您创作了不同的作品，这些创作灵感都是从哪里来的？

伏：基本上都是来自生活，有时候我也会把自己的梦境剪成作品。记得有一次我做梦，梦到了我和丈夫在海边一起散步、撒网钓鱼，钓到了一条龙。梦醒了，我就把梦中的一切都用剪纸表现出来。

武：就是说，伏老师具有很独特的造型能力，能把印象中的、想象中的东西变成具象的剪纸图案，再现意向的场景，而且基本上不用拿笔去构图，而是靠腹稿完成作品，脑子里有什么，就能剪出什么？

伏：（自信地）是的。我这个人善于做梦，我就把很多梦中的想象，用我的剪纸作品表现出来，这是非常舒服的。也喜欢把想象的东西剪出来，比如，我和妹妹创作的《骆驼》作品，形象地集中展现了十二生肖的样子，这个在全国、全世界都没有把这个内容剪出来的。这个灵感来自我爷爷，他曾经给我们讲过，父亲也说过，说骆驼身上就是十二生肖的综合，鸡大腿、牛蹄子、虎腔子、兔鼻子、龙脖子、蛇眼睛、马鬃毛、羊峰子、猴毛、狗尿道、猪尾巴。

武：是吗？我还是第一次听说。

徐：我也是第一次听说，有意思，很特别，这个很珍贵。

伏：是的。很多人都是第一次听说，这是我们家世代传下来的，就是把十二生肖的特征都集合在骆驼的身上。有的人说自己是属骆驼的，那也就是说，骆驼有十二生肖所有的特征。谁家养骆驼，谁家事业就会兴旺发达，干啥啥都成（笑）！

徐：听您这么一说，再联想一下骆驼，还真是很形象。

伏：我也是通过自己的联想，把十二生肖都放到自己的《骆驼》剪纸作品中去了，《中国民间美术》书上已经收录了这幅十二生肖驼图。

武：具体是怎样联想创作的？

伏：我就把十二生肖的样子，一一在骆驼身上展现呗。我这本书的封面就是骆驼，你们看，像不像兔鼻子、蛇眼睛……骆驼就是十二生肖的综合嘛。我爷爷说过，谁家嫁女儿、盖房子、娶媳妇都是问阴阳（道士）要日子的，人家就说这个骆驼是压阵的，不用问日子，骆驼就是十二生肖的综合，随便哪天都是好日了。

武：真的是很不简单。这些年，伏老师还到过不少国家去展示剪纸艺术吧？

伏：（欣慰地）是的。组织上带领我们艺人去了很多地方走访交流。1993年，宁夏文化厅带我们去参加了与日本共建"友好城市"的文化交流活动，为期一周，我剪了《二龙戏珠》。1999年参加首届云南世博会，2005年参加云南首届文博会，2010年参加了上海世博会，2014年去过毛里求斯，当时，这个消息还被刊登在了《光明日报》。2015年又去了老挝，新华网做了专题报道。2017年去了迪拜，当时现场剪肖像就剪了整整一周，完成了上千幅作品。《民族画报》《中国青年报》《人民日报》《中国妇女报》，还有中央电视台等三十多家媒体进行过专题报道呢。

武：您还办过个展吧？

伏：（自豪地）是的。1997年的时候，我去海原县申请举办个人展。相关领导

伏兆娥剪纸作品《十二生肖·骆驼》（武宇林翻拍）

说：海原人连温饱都还没有解决，你还要办个人展？你的境界太高了吧？后来，我还是积极争取，最终在海原县一位副县长的支持下，我和王洪喜（农民画艺人）一起合作，在宁夏展览馆办了二人展，展出了五百多幅作品。1996年我还为电影《这女人这辈子》剧组剪了上百幅剪纸作品，我是全国第一个把剪纸作品展现到电影荧幕的人。正是这个契机，认识了宁夏著名文人张贤亮老师。1997年“五一”节之前，张贤亮先生聘我入驻了宁夏镇北堡影城。2017年“三八”妇女节，在宁夏博物馆举办了我的个人剪纸作品展，有二百多幅作品，也有岩画长卷等，为期一个月，很多市民都来看展览，还挺受市民欢迎的，《宁夏日报》《银川晚报》《新消息报》作了专题报道。

武：伏老师到银川镇北堡影城的情况怎么样？去那里是要离开海原家乡的。

伏：（回忆）当时张贤亮老师看到我的剪纸作品后，就邀请我去影城专门给电影剪纸，也可以开剪纸工作室，只要我每月收入达到六百元，他就不给我额外的生活费。如果挣不到六百元，影城就给我补助。这一路走来，我和爱人开过饭馆，卖过煤，卖过木头，跑过车，拉过货等，挣钱不容易。所以，能有这个收入，我还是很愿意去的。他们还给我提供了“牛宫”做工作室，这是当年拍摄电影《大话西游》时牛魔王的宫殿。我记得特别清楚，进驻影城四天就卖了三千多元。当时我还做了一件别人特别不能理解的事：在没有钱的情况下，我去赊账出了一本书，书本的封面是由屈文焜老师和胡国旺老师给设计的。紧接着为了孩子们能在银川上学，我又贷款买了一套九十多平方米的房子。带着孩子们入驻影城后，对孩子们的成长起到了很大的作用。几个孩子为电影《黄河绝恋》当过群众演员。小女儿李婉七岁的时候，就帮我在影城里吆喝卖剪纸。那些时日，虽然一穷二白，但是对剪纸的追求从未停歇过。就这样，我每天都来到影城，为来这里旅游的游客们现场剪肖像，也正是为很多人剪了肖像，我渐渐地被越来越多的人熟悉。后来就有很多商家找到我，为他们剪不同的作品。1999年我参加了中国民协在四川举办的剪纸博览会，当时参展的作品就是我剪的四大名著的众多人物。记得当时四川龙泉火柴厂找到我，希望我能为他们的《火花》（火柴盒子的封面）提供样版。后来，每一位来找我剪肖像的人，我都会赠送一本《火花》剪纸。

武：张贤亮老师不仅成就了您本人，在某种程度上也成就了您的孩子们？

徐：这也说明张贤亮老师是伯乐？

伏：是的，是我的伯乐。我用实际行动感恩张老师，用自己的能力去回馈社会。其实我和镇北堡影城算是同步成长的，这期间我经历了很多很多，也包括特别难过的事情。记得那是个腊月初七下午五点多，当时我正在影城剪纸，突然有人跑过来说我儿子出车祸了。我跌跌撞撞地跑到半路，两腿发软，旁边的好心人用车把我拉过去了。等我到事发地时，只看到孩子的脸已经被白布遮住，我意识到我的儿子走了，之后就昏迷不醒了，一睡就是七天。后来回想起来，其实儿子的离开是有前兆的。孩子在写作文的时候就提到了，作文题目是《打雪仗》，他说他要去好远好远的地方，再也回不来了。我的儿子很优秀，在家中排行老三，在2000年的文艺界晚会上，庆祝澳门

⊥ 早年镇北堡影城里的伏兆娥剪纸工作室（本人供图）

上 伏兆娥肖像剪纸作品《中国梦》（本人供图）

回归，我带着儿子剪了九条龙，当时作品反响特别好。事故中，孩子没了，赔偿我也没要，只收了埋葬费。张贤亮老师见我整天没精神，就给了我很多书。那段日子，我就天天看书，用书去安慰自己。再去影城的时候，才发现自己根本没办法工作，因为一看到和儿子同龄大的孩子，我整个人都是恍惚的，没办法控制对儿子的思念。之后，我就离开影城，去了离那儿不太远的西夏陵景点。在西夏陵待了整整三年，又被张贤亮老师叫回影城了，这一待就是二十年。在这期间，我出版了《伏兆娥剪纸集》和《怎样剪纸》，第一本是1999年出版的，印刷了2000册；第二本依旧是屈文焜和胡国旺老师指导，在2002年5月印刷出版的。

武：真了不起！那您具体是从什么时候开始剪肖像的？

伏：在2004年的时候，当时影城游客特别多，因为那时我被冠名“西北第一剪”，所以有的游客就要求剪肖像。没办法，也只能硬着头皮挑战。肖像的确不好剪，就这样，天天剪，时间久了，我剪肖像的水平也是熟能生巧。后来还去上海参加世博会，整整十天剪肖像就挣了六万多元呢。

武：哦？剪肖像原来也是市场的需要，被逼出来的啊！您是在哪一年被评为国家级非物质文化遗产传承人的？

伏：我是在2018年的时候被评为国家级非物质文化遗产剪纸代表性传承人的。

武：这些年，您主要做了哪些回馈社会的事？又是怎样传承民间剪纸的？

伏：我总会抽时间，带着自己的团队去宁夏艺术学院、宁夏大学、宁夏女子监狱、宁夏党校、幼儿园、南京大学、重庆师范学院等一些地方去讲解剪纸。也经常走社区、进校园，给大家手把手地教授剪纸技艺。

武：好的。能跟我们谈谈如何培养几个女儿的情况吗？

伏：大女儿李娟毕业于宁夏大学美术系，她主修国画，毕业后又去中央美术学院进修一年，考入中国艺术研究院，现在定居在北京，女婿也是中国艺术研究院书法博士后。二女儿李剑是艺校毕业，后来考入陕西工程学院美术系，毕业后给我带回来一个女婿郭海，也是学美术的。夫妻俩2008年开始创业，注册了“宁夏艺盟礼益文化艺术品有限公司”，还注册了“宁夏伏兆娥”商标，注册了“伏兆娥剪纸学校”。我希望把民间剪纸技艺传承给李剑。她现在和爱人经常去乡下做精准扶贫的剪纸培训，到处做公益呢。三女儿李婉会跳街舞，会吹笛子等，她也是我们家最时尚的一个孩子，目前在日本岛根大学读博士呢。呵呵！三个女儿都很优秀。

武：孩子们都培养成材了，而且还有了民间剪纸的继承人。这些年，伏老师获得过很多荣誉，能举例说一些吗？

伏：2001年的时候，我创作的《老鼠偷油》剪纸作品入选中国民间文艺山花奖，并获得银奖。《回汉人民奔小康》剪纸作品，获得了在金坛举办的国际剪纸艺术展金奖。我前后两次获得山花奖、两次国家人口文化奖。

武：太了不起了！山花奖是国家级大奖，入围相当困难，两年才评一次，各省没几个人能得到。得一次都实属不易，伏老师得到了两次，确实很厉害。

徐：您的代表性作品有哪些？都有什么特点？

伏：就说《回汉人民奔小康》这幅作品吧。在对称中有不对称，再从中间抠出人物来。当时这个作品挺有轰动效应的，很多人打来电话，咨询我是怎么剪出来的。一般车轱辘都是从前向后的（从正前方看是扁圆形的），可是我的作品中，把车轮夸张成正面圆形的。所以，我的剪纸有时也是很抽象的。

武：那年我刚好被邀请到南京参加评审，评委们都很认可这件作品，给评了金奖，收录在展览作品集中。但您好像没有去领奖？

伏：嗯。当时由于父亲病重，我没有亲自领奖。《回汉人民奔小康》被中国国家博物馆收藏了，但是那年我把作品火花《西游记》一百一十二个人物，寄到天津冯骥才老师那里，被收录到教科书中。我还被联合国教科文组织授予“中国民间工艺美术家”称号。

徐：您的山花奖作品的创作灵感是什么？

伏：那就是改革开放了嘛。人们自由自在奔小康，我就创作了一个《老鼠偷油》，在小康的路上不停地奔跑、劳作。《西游记》就是我根据里面的一个个人物造型剪出来的，灵感来自在影城工作时，当时拍《大话西游》，我就结合每一个人物的形象创作出来的。

徐：您这些年的创作带来了很多荣誉和好处呢。

伏：嗯。那就太多了，感谢党，感谢社会，感谢这个伟大的时代，我们赶上了好日子。我现在是国家级非物质文化遗产民间剪纸代表性传承人，还被评为“中国十佳艺人”“中华巧女”终身荣誉称号等等。现任宁夏民协副主席、银川市民协副主席。这些荣誉都是组织上给的，我倍加珍惜也特别感恩，一定要以实际行动，发挥正能量，努力报答社会。

武：那您今后还有什么打算吗？

伏：今后的打算，就是把这个传统文化很好地传承下去。我想必须要有自己的传承场地，没有自己的基地，就是有再大的本领也没法传承。最后希望能够得到全社会的认可和支持。一路走来，我现在快六十岁了，今年正好是新中国成立七十周年，宁夏还要举办工艺美术大展，我很想发动全区剪纸爱好者，创作出新作品、好作品，做好宁夏的剪纸事业，向七十大庆献礼。另外，我想在有生之年报答家乡的父老乡亲，打算卖掉自己的房子，回到

上 伏兆娥剪纸作品《回汉人民奔小康》（本人供图）

老家海原县，建造“伏兆娥剪纸博物馆”，也好让自己落叶归根，实现梦想。

武：伏老师的梦想很远大，祝愿您早日实现美好的梦想！

伏：谢谢武教授、徐主席！

中宁枸杞传统栽植技术代表性传承人

张伟中

张伟中，1948年出生，宁夏中卫市中宁县舟塔乡人。2017年被认定为自治区级非物质文化遗产项目（中宁枸杞传统栽植技术）代表性传承人。

综 述

枸杞（俗名“红果子”）被称为“红宝”，是宁夏传统五宝之首。宁夏中宁枸杞甲天下，以粒大、肉厚、色鲜、质柔、味甘、籽少、药效高驰名中外。枸杞原本是野生植物，分布区域在黄河上游冲积平原和黄土高原，生长在盐碱沙漠地带。中宁是野生枸杞的中心区域。枸杞属于茄科植物，亚洲只有十多种，中宁枸杞是其中之一，是中国特有的一个品种。

根据宁夏古代史籍记载，中宁枸杞在明朝成化年间被朝廷列为“国朝岁果”。作为中宁枸杞早期优质产品的“贡果”就出在当时清水河口东岸的新堡镇聂湾一带。

明代著名的医药学家李时珍编撰的《本草纲目》对枸杞的产地及药用价值作了详细记述：“春采枸杞叶，名天精草；夏采花，名长生草；秋采子，名枸杞子；冬采根，名地骨皮。”宋朝诗人苏东坡在《小圃五咏·枸杞》中称其“根茎与花实，收拾无弃物”。

在世代相传的过程中，杞农们积累了一整套的传统种植、栽培和管理方法。三层楼的修剪方法为本地特有。而今，掌握传统栽培管理方法的人已不多，需要传承和发展。

张伟中的祖辈代代种植枸杞，他是第四代传承人。1990年，父亲张佐汉已八十岁高龄，为了继承并发扬枸杞传统栽植技术，张伟中毅然放弃公职，放弃在城里工作的机会，潜心投入到枸杞种植事业当中。

经过多年的种植经验积累与改进，在枸杞传统栽培修剪方面，为了应对和适应新品种变化，张伟中在继承父亲张佐汉“三层楼”枸杞树修剪法的基础上，与时俱进，逐步完善形成了“张氏修剪法”。该修剪法既巧妙又灵活多变地使枸杞树每层枝条都能得到充足的光照，从而实现枝叶旺、挂果多、产量高，亩产量可有效增加一百斤至两百斤，亩产收益增加两千元到四千元。该修剪法不仅得到了广大茨农的欢迎，也得到了自治区农科院的肯定。在种植方面，张伟中帮助农科院技术人员试种“宁杞9号”“宁杞10号”等新品种，总结新品种生长特性，以及种植和修剪技巧要领，并无偿分享给农科院技术人员。在推广技术方面，张伟中与培训机构合作，在自己的种植园开展实地教学，通过培训提升了许多枸杞树修剪人员的技术，也增加了枸杞原有产量。他的修剪技术应用在万亩枸杞种植基地，效果明显，曾被多家媒体报道，获得多项荣誉称号。

作为一名技术能人，张伟中身怀各种荣誉，多次荣获区市县枸杞栽植、修剪技术奖项，是“自治区农村优秀实用人才”。2013年，中央电视台《远方的家》栏目组邀请张伟中参与节目拍摄，讲述张氏一家与中宁枸杞的故事。2014年他受邀参加中国非物质文化遗产博览会，被授予“优秀传承人展示奖”。2015年接受央视《走遍中国》《魅力故乡》《流行无限》等栏目组采访，讲述枸杞历史及现状，展示非遗技艺。2021年，被评为宁夏回族自治区优秀共产党员。虽然诸多荣誉在身，但他从不吝啬自己的枸杞修剪、培育技艺，不论是周边群众还是科研人员，有人向他请教他都会悉心教授，直到现在找他请教枸杞栽植技术的人仍不在少数，受他影响而发家致富的枸杞大户也不计其数。目前张伟中已经注册商标建立了枸杞合作社，向市场供应自家种植的枸杞，并开发了枸杞酒、枸杞膏等产品，延长了产业链。

访　谈

被访谈者：张伟中（自治区级非物质文化遗产项目代表性传承人）

访 谈 者：李勇

访谈时间：2019年7月4日

访谈地点：中宁县舟塔乡

录音整理：李勇

李：您是哪一年出生的？

张：我是1947年出生，今年七十三岁了。

李：您什么时候开始接触枸杞栽培技艺的？

张：我从小就有接触，正式开始是20世纪七八十年代

李：当时您是怎么想起来学习这个枸杞栽培技艺的？

张：原来我老爹一生就种枸杞子呢，后来我老爹这个技艺没有传承人，因为我哥哥都教书着呢，只有我在农村呢，所以我父亲就让我跟着学习这个。

李：当年您生活的地方在哪里？

张：就在这里，舟塔乡上桥一队。

李：那个时候懂得枸杞栽培技艺的人多吗？

张：在20世纪50年代，上桥地区就是我的老父亲和陈焕章会这个技艺，就是过去说的一个张劳模一个陈劳模，陈焕章20世纪60年代就去世了。

李：请说下您家里的情况。

⊥　张伟中给枸杞树夏剪（本人供图）

张：过去我家里几代都是种枸杞的，从我太爷起，就是种枸杞的，到我爷爷时，抽大烟就卖得剩下几分田了，正式弄这个枸杞就是我父亲。我父亲在1927年的时候发现了现在叫作大麻叶的品种，1932年的时候就把这些种子买来种着呢，上桥是枸杞种植的发源地。

李：您家里还有会这门技艺的人吗？

张：现在就是我四兄弟张吉中，还有我姐姐、妹妹，我这一代后面就是大儿子、丫头都是搞这个的。

李：您的枸杞栽培技艺还有跟着别人学过吗？

张：我主要就是跟着我的父亲学，因为等到我学的时候我的老父亲就很有名了，比如“三层楼”的修剪法都是我老爹那时候创造出来的，在80年代我就跟着我老父亲在灵武农场等地干着呢。

李：您在学校读过书吗？

张：读过，那时候我在中宁中学上到初三，上山下乡的时候就回来了，在1967年的时候就毕业了。

李：您小时候对学习枸杞栽培技艺印象深刻的事情有哪些？

张：印象比较深刻的就是以前一个银圆三颗苗子，我父亲当时花了一百二十个银圆买了三百六十颗苗子，把整个中宁失传的大麻叶枸杞品种保留了下来。

之后根据大麻叶的生长特性，创造了“三层楼”的修剪方法。我老父亲以前在芦花台宁夏园林基地当技术员。当时园林场的土地是盐碱地，所以我老父亲第一次去就是看那个地是不是适合种枸杞，之后第二次去就拿着苗子在那里试种，第三次去芦花台的时候已经试种成功了，但是产量上不去。老父亲在1974年去那儿待了大半年，把整个产量翻了一番，之后又走了宁夏好几个农场。所以我小时候就跟着父亲耳濡目染地学习这些，这些记忆都比较深刻。

李：您什么时候结婚的？

张：1969年结婚的。

李：您夫人是做什么的？

张：也是农民。

李：后面有几个小孩？

张：我现在五个小孩，三个儿子两个丫头 。

李：结婚有小孩后对您从事枸杞栽培有什么影响吗？

张：也没有什么影响，我们上桥这里过去主要是种植枸杞，所以书没念成的娃娃基本都是种枸杞。

李：您除了种枸杞还通过哪些方式挣钱？

张：现在主要一个就是带徒弟，再一个就是去外面给人家做指导。

李：那还是跟枸杞栽培技艺有关系？

张：主要还是枸杞。

李：您能谈一下枸杞栽培技艺中使用哪些工具和技巧吗？

张：枸杞苗子过去都是用枸杞子来育，就是把枸杞搓烂后用里面的枸杞子来育苗。还有就是根叶苗，用根叶苗有个好处，就是有根，它的抗寒能力强。过去整个推广的都是子育苗，子苗结果会迟一到两年，子苗抗旱能力强，适合干旱地带，我在景泰就种了一万亩（子育苗枸杞）。

李：景泰在甘肃呀？

张：对呀，人家把我请过去给指导去了，所以整个都用子育苗。

李：那您在修剪方面有什么技法和讲究吗？

张：现在一般的新品种出来都是我搞修剪。你比如这个7号的品种，我用了三年的时间才把这个7号的修剪方法总结出来，品种才能推广。现在品种多了，各品种的修剪方法也都跟以前大麻叶的修剪方法不一样。

李：修剪用的剪刀是您自己制作的还是普通的？

张：剪刀都是普通的剪刀。

李：修剪一棵苗，不管是什么品种，您觉得最重要的是什么？

张：主要就是树的整形，就是树的形状。

李：那您修剪了这么多树后您有什么经验吗？

张：你比如去人家地里修剪，夏天你能通过叶子看出来（应该怎么修剪）。一般春天修剪的时候从那些枝条你就能看出来，什么品种就按什么方式来修剪，你要按照同一个方法就不行，比如9号、7号、5号、10号，什么品种就要按什么方法来修剪，不能一概而论。

李：您从事这个技艺有多少年了？

张：到现在四十多年了，我老父亲从事这个就七十多年了，我也跟着从小到现在一辈子都干这个事情。

李：能不能请您讲一讲每个号苗子的修剪方法？

张：比如宁杞7号，按照年代就是2007年培育出来的，9号就是2009年培育出来的，还有1号、2号，现在主要种植的就是1号，过去的大麻叶就是现在的4号，还有5号。但是正式推广的是9号、10号、5号、1号和4号，主要这是这几个品种。修剪的区别就是枝条不一样，比如7号，必须要短接，不短接就要封顶，不短接也就不挂果。比如9号如果不短接，按照1号的修剪方法剪出来根本不开花、不挂果。

李：听您讲是不是7号种植的最多？

张：是的，现在是7号种植的最多，因为这个品种果粒大，推广得也早，种的面积也大。

李：9号呢？ 10号呢？

张：9号现在也推广呢，9号主要是卖鲜果。10号的果子长一点，枝条好修剪，但是10号还没有经过自治区全面推广，因为一个品种出来要经过鉴定后才能推广。

李：那每个号的枸杞的营养价值一样吗？

张：如果按过去化验的数据来看，还是过去大麻叶就是现在4号的营养价值最高。现在中宁县又大力推广种植4号品种，主要4号品种修剪容易，出来的枝条笼着呢，不像7号、9号朝天长，没有技术的人根本收不住，收不住一般没有产量。

李：这些品种跟您都有直接关系吗？

张：比如现在的9号和7号，只有我种上经过修剪后才能进行推广。因为每次农科院有了新品种先拿到我这里，经过我来培育、修剪后才能推广，别人的修剪都跟不上，我主要是搞修剪的。

李：现在通过您修剪过的枸杞跟以前的一样吗？有区别吗？

张：经过修剪后其他都差不多，主要是产量增加了。

李：现在枸杞的修剪主要是为了提高产量吗？

张：是的，主要是为了产量。修剪不当产量跟不上，还有就是修剪不当果子就会变小，颗粒小。

李：这些技艺都是您四十年慢慢琢磨出来的？

张：对。

李：但是大部分都是您父亲的经验总结？

张：对，主要是我父亲的经验，现在都在推广张氏修剪法。

李：张氏修剪法的核心能说一下吗？

张：也就可以用一首诗代表了。“通风通光三层楼，要想丰产蛇探头。”“要想丰产蛇探头”意思是用在7号上最好。“中央主杆是核心，剪接梳封一条龙。”整个修剪就是这么一首诗代表了。

李：您能再解释下这首诗吗？

张：第一句主要是说分三层，因为高，所以分三层，起一个透风透光的作用，树形是圆锥体形状，这样产量高。第二句“蛇探头”最早我老父亲说的时候我也悟不出来，种上7号品种以后这么剪那么剪都不行，最后我就短接，有十五厘米的，其实最主要的就是枝条多，所以要短一点。第三句：“中央主杆是核心”关键意思是说保护主杆很重要，如果第一层把主杆弄坏了，后面几层就加不起来，有了这个核心三层楼才能做。最后一句“剪接梳封一条龙”意思就是说整个都要用到，有短接、梳条等，我们张氏修剪法就这几十个字就概括了。

李：您现在的经营状况怎么样？比如成立公司或者其他？

张：今年准备整一个修剪队，之前人家县里面要让我过去（给修剪），我只能带上儿子女儿，一般人人家还不让去，人家要技术好的，因为人家是区级示范单位。儿子在银川开了一个公司，现在主要搞销售，名字叫张氏贸易有限公司，主要就是三儿子和儿媳妇。

李：成立这个销售公司主要是卖什么？

张：过去我种的七亩地，再加上女儿的就十亩呢，主要销售我们种的这些枸杞。去年的情况我们都达不到人家销售要求，就有一段时间能买上中宁枸杞，再过来青海和甘肃的枸杞就上来了。真正的宁夏枸杞就是六七月份。

李：那您知道宁夏的百瑞源用的是哪儿的枸杞吗？

张：也是从我们这合作社订购的一部分，但是我们主要卖的一些回头客，央视2套、4套报道后，有些顾客到时间后人家直接款就打过来就订下了。

李：你们这个张氏修剪法有申请专利或注册商标吗？

张：有的，我老父亲专门有个注册商标呢，手续也比较麻烦，报到北京批了一年多才批下来，商标就是我老爹的头像。

李：现在的主要销售渠道是什么？

张：主要销售渠道就是网上，还有就是电视台采访报道后有人联系我们，知道

张伟中给枸杞树春剪
（本人供图）

我们是这门技艺的传承人。现在也是供不应求，我们今年开春已经没货了。我们种的枸杞经营方面不存在问题，问题就是种的枸杞数量跟不上。

李：在枸杞产量方面有什么办法提高吗?

张：现在合作社有四百多亩的种植，挂我们的牌子就是需要在质量上把好关。只要质量好，我们的销路方面还是很好的，也都是回头客。

李：主要是哪些人群来买呢?

张：全国各地都有，但是高端的主要是南方客户，最高一斤卖九十八元，也有三十多、四十多、五十多的。枸杞分头茬枸杞，还有特级枸杞。包装也分两种，一种是我老爹的头像，一种是我的。一般都是老客户，比如去年开春没货了，我们就不卖了。

李：咱们这儿的枸杞与外地的能区别出来吗?

张：那肯定能，我只要一尝就能分出来是咱宁夏的还是甘肃和青海的。

李：您家里面现在孩子都多大年龄了?

张：大儿子今年四十了，叫张超奎，在陶乐县给人家当枸杞栽培技术员。老二张超帆三十七岁了，跟我在家种着枸杞。老三张超轶与他媳妇在银川搞枸杞销售。大丫头张群菊四十二岁了，主要就是搞枸杞树修剪，如果我外出就是跟着我呢。最小的也是个丫头，在饭店打工呢。

李：您把枸杞栽培技艺都传承给他们了吗？

张：除了最小的没搞这个，剩下的我把技艺都传给他们了，而且都能独立地剪。

李：除了自己的孩子，您还有别的徒弟吗？

张：我的徒弟也多呢，但是没有正式拜师，我每到一个地方都一帮一地带着呢，带个几天后就让人家自己剪着呢。

李：那您的徒弟哪里人都有，是不？

张：是的，哪里人都有。甘肃也有，宁夏也有。我外面第一个徒弟就是农科院的秦垦。

李：一般学这门手艺要几年呢？

张：学个差不多要几个月，完全掌握要一辈子，因为种枸杞还要根据土壤、气候等环境因素考虑，这方面比较难掌握。

李：成为您的徒弟有什么要求吗？

张：成为我的徒弟首先要能够吃苦，其次品德要好，特别就是品德要好。

李：一般要经历几个阶段才能出徒？

张：首先你要掌握基础的东西，比如你要认识枝条，人家问这是个啥品种你起码要知道。再一个就是认识了后开始搞修剪，修剪的方式方法这是最重要的，不同品种不同的修剪方法。最后就是在种植施肥上。

李：您认为什么样的土壤和水源适合枸杞生长？

张：一般带点碱性的半渣土最好，黏土最不好。水一般带点碱性的就可以。我老父亲在的时候搞过这个实验，就是以前的农科所把水掺上盐，最后还是说水要带点碱性。

李：您一般带徒授艺用什么方法？

张：主要就是言传身教，比如就是徒弟跟上我，我手把手地教他如何修剪枝子。再一个就是一个熟手带一个生手。

李：您觉得枸杞栽培最难的是什么？

张：最难的还是修剪，如果是新品种你栽上后不会修剪就不开花不挂果，比如以前的大麻叶4号，必须第二次第三次短接了后才能开花挂果，这相当考验技术。

李：那您的徒弟学成后都做什么呢？

张：徒弟学会后基本都当技术员了，但是也难说，想学好一天两天还是比较难，不一定都能当技术员。

李：您授徒方式有没有办培训班这样的方式？

张：培训班主要是由县里的枸杞局办着呢，理论的东西人家就给讲了，修剪技艺人家弄着车就拉到我们园子来实地学着呢，我给边剪边讲，就这么给搞着呢。讲课还是人家专家给讲着呢。跟我们合作的学校也有、农科院也有、公司也有，一般一不懂电话就打来询问着呢。

李：您觉得这门手艺好往下传吗？

张：现在主要是我大儿子学着呢，因为这个手艺能带来经济价值，也是顺其自然，基本也好传着呢。这四十多年来我也总结了些经验，三儿子也给打印出来了。

李：您有没有想过接下来打算通过出书的方式把掌握的技艺写下来？

张：原来想过这个事，最后儿子意思是先不公开出书。我倒是也总结了东西，这些东西就是自己家里传承，现在印刷出来就徒弟我送给一本。

李：国家对传承人给予的传承资金您收到了吧？

张：收到了，去年从三千元涨到五千元了。

李：您对非遗保护方面有什么建议吗？

张：有些东西如果不保护也就失传了，我们这个枸杞栽培技艺还有点收入呢。比如那个耍狮子的，有政府给的传承补助经费他们就有信心搞下去，人爱这个东西，不爱也就弄不下去了。我父亲搞这个枸杞栽培技艺搞了一辈子，七十多年就搞了这么一项东西，所以我作为继承人我也必须得一直搞下去。现在我的大儿子就算是已经单独搞着呢，相关公司的苗子卖到哪里他就指导到哪里。大儿子我也是带了九到十年了。

李：在非遗保护方面，您还需要哪些帮助呢？

张：我们之前想搞一个枸杞膏的小厂子，但是不知道从哪申请资金。因为弄一个小的厂子也得几十万元钱，我们现在就是自己熬着呢，有些南方的客户要这个东西我们就熬点出来。如果要规模化的生产，还要办营业执照和相关许可证，手续多着呢。去年有个想跟我们合资的，也跑着弄着呢，最后一算没个百十万元钱弄不起来，资金是很大的一块。我们想着搞个小型手工的，但是也得有个窝窝（地方）呢。这些事想了也几年了。

李：您对这项技艺有什么感悟吗？

张：我从事这门技艺已经四十多年了，我父亲从事了七十多年。我从事这门技艺一是爱好，再一个也能养家糊口。枸杞栽培技艺目前如果机械化生产一亩最多产四百来斤，手工种植的话一亩可以产一千二百斤左右，因为手工可以行距密一点，但是机械就不行，机子过不去。而且修剪技艺机器是无法完成的，机械化代替不了。采摘也是无法机械化，只能手工。

李：对于技艺的传承您还有什么看法？

张：在20世纪50年代，我们这儿的张劳模就是我父亲，还有一个陈劳模，陈劳模最后没有传承，他的技艺就丢失了，所以很可惜，还是要把这门技艺传承下去。

李：您被评为非遗传承人和没有评之前相比，生活方式有改变吗？

父亲的荣耀
（本人供图）

⊢ 张伟中在家中
（李勇摄于 2019 年 7 月）

张：我是在2017年被评为自治区级非遗传承人，评上之后呢知名度提高了，外面跑的次数也多了，有的人就找来了，还来家里咨询，这个比较多。比如之前有个大老板找了技术员给种枸杞，滴灌式的，有的技术员说要稠一点有的技术员说要稀一点，他们就专门过来咨询我来了。浇灌的呢肥料一下去（苗子）马上就起来了所以要稀一点，滴灌的呢水一点点渗下去，所以要稠一点。这个都要内行人呢。

李：今后您在枸杞栽培方面还有啥打算？您之前弄的枸杞膏、枸杞酒已经被列为市级非遗项目了。

张：现在我们这边正在打造农家乐，想着明年弄个门市部，卖个枸杞和枸杞膏之类的，这个是自治区建设厅搞的。我想着在技艺不断精进的过程中把枸杞的衍生品做好，做好售卖工作，产生经济价值，提高生活水平。再一个相关部门还准备给我父亲打造一个石头材质的人像，我之前去也已经定下来了。中宁县舟塔乡上桥的枸杞修剪技艺就是高，枸杞的发源地就在上桥，有氛围。

李：如果枸杞栽培技艺申报国家级非遗项目您有什么想法没？

张：枸杞栽培技艺我父亲到我还有我的儿子已经传承了三代了，如果能申报成为国家级项目那肯定是非常好的。我父亲的修剪品种没有我这一代多，但也是传承又创新了技艺的。

李：好的，谢谢您，今天就到这里。

羊皮筏制作技艺代表性传承人

高　勇

高勇，汉族，1945年出生，宁夏中卫市人。2010年被认定为自治区级非物质文化遗产项目（羊皮筏制作技艺）代表性传承人。

综　述

羊皮筏子是黄河文化的重要组成部分，是古代劳动人民智慧的结晶。羊皮筏子在中卫已有三百多年历史，早年在中卫黄河的南北长滩、上下河沿、新敦、炭厂子、莫家楼等码头用于运输。现在，乘坐羊皮筏子已成中卫沙坡头黄河上旅游观光的一大亮点。皮筏子在河道上悠闲漂荡，远远望去，就像一叶扁舟。人筏一体，随波起伏，颠簸而行，有惊无险，极富刺激。当年著名记者范长江在《中国的西北角》一书中，详细记载了他在20世纪30年代乘坐皮筏子，由兰州前往中卫等地采访的乐趣和见闻。

“九曲黄河十八弯，筏子起身闯河关。”中卫羊皮筏子从清光绪年间兴起，一直传承不断。皮筏在古代主要用于中卫至包头之间的长途水上贩运。从中卫顺流而下，晓行夜宿，十天左右即可到达包头。20世纪50年代之前，在铁路尚未开通、公路交通又不便利的黄河上游地区，皮筏一直是重要的运输工具。

1949年9月，解放军一八八师和兄弟部队完成了解放兰州的任务后挥师北上，沿着黄河水道从兰州到中卫一路行进，就是坐的羊皮筏子解放了中卫。

但是，由于现代交通工具的发达和交通设施的便捷，羊皮筏子的货物运输和载人济渡的功能基本丧失，主要功能转向娱乐，也许若干年后会被其他丰富的娱乐项目取而代之。因为需求量小，传承人越来越少，羊皮筏子处于濒危的境地。其实在20世纪八九十年代，其运输功能丧失、旅游又尚未兴起时，就曾一度中断，处于消亡状态。后来随着旅游业的兴起，羊皮筏子漂流作为一种特色旅游项目，由民间自发组织才又重露头角。所以，羊皮筏子的抢救和保护迫在眉睫。

中卫羊皮筏子造型美观、独特，非常具有观赏性，近年来中卫市已将羊皮筏子制作成各种类型的雕塑、工艺品等，离开了黄河水，羊皮筏子依然展示着黄河文化的风采，其艺术价值非常高。而且羊皮筏子不消耗资源能源，制作容易，操作简单，无噪声、无污染，具有很大的经济实用价值。

中卫的北长滩村因历史悠久，村庄民居是明清时期“四梁八柱式”土木结构的传统建筑，集军事防御功能与原始古朴生态功能于一体，被评为宁夏首批“全国历史文化名村”，又是中卫旅游优先发展战略“一核两带”中滨河旅游带的重要节点之一。北长滩分为黄石漩、榆树台、下滩村和上滩村四个自然村，全村五十七户人家种田养殖、放羊砍柴，怡然自得。黄河两岸馒头似的连绵山包长期阻隔了它与外界的交流，自从通了路，村里的年轻人陆陆续续外出打工或做生意或上学，剩下的都是故土难离的六十岁以上的留守老人，不足三十户。自治区级非遗项目（羊皮筏子制作技艺）传承人高勇和他的家人就是其中一户。

⊥　2019年5月，刘忠群、刘巍在北长滩村采访传承人高勇（马红艳摄于2019年5月）

高勇在中卫的北长滩村长大，自幼家境贫困。身为家中的老大，他从小就帮助父母照顾兄妹长大。十八岁高中毕业后，他跟随爷爷、父亲用羊皮筏子从事黄河运输营生，同时向前辈学习制作羊皮筏子，聪慧、敏捷的他很快就熟练掌握了这门手艺。从那时开始，他便利用羊皮筏子常年在黄河水道上（北长滩—下河沿—新墩）从事煤炭、香水梨、大枣等货物及人员的运输。由于长期在黄河水道上作业，他不仅熟悉水性，对河水涨落、起伏、暗流的状况了如指掌，而且对筏子的控制技能十分娴熟，是当地最有名气的老筏子工。

访　谈

被访谈者：高勇（自治区级非物质文化遗产代表性传承人）

访　谈　者：刘忠群、李勇、刘巍

访谈时间：2019年5月18日

访谈地点：中卫市沙坡头区北长滩下滩村高勇家中

录音整理：刘忠群、刘巍

综述撰稿：刘忠群

刘：高师傅，您还是那么硬朗，总好着呢么？

高：好着呢！好着呢！下苦人就是这么个，一年四季又闲不下来么。你们一晌午就过来了？

刘：我们也是刚刚到，你坐下缓缓（休息休息）。高师傅，今天我们来是对自治区级非遗传承人进行采访的。首先想了解一下您的出生年月、出生地。

高：我是属鸡的，今年七十四岁，是五月的鸡，虚岁七十五了，出生于中卫市沙坡头区迎水桥镇北长滩村。我是汉族，祖祖辈辈是中卫北长滩上滩村人。

刘：您出生时的家境是个啥情况？

高：父亲给人打长工，母亲种田维持家庭开支。出生在解放前，虽然没有经历过战火，但过去也没有真正享受过好生活。出生在那个时候的人，因为兄弟姐妹众多，大多数都是由哥哥姐姐带大的，没有感受过父母的疼爱。当时生活水平低，又赶上20世纪60年代的饥饿、“文化大革命”的动乱。我们这一代人，绝大部分文化水平偏低。

刘：您有几个兄弟姊妹？

高：我有三个姐姐、两个兄弟，都是农民，一辈子以种田为生。

刘：您从什么时候开始接触羊皮筏子的？

高：我高中毕业后，回到了下滩村，从1965年到1973年在下滩村干了九年的村会计，在这个期间学做水筏的，同时我也做水车。

刘：是啥时候开始的？因为啥？

高：从1973年左右开始。因为我的姑父张明才与表哥张存义都是木匠，会作水车，就开始跟着姑父学习做水车。做水车看着简单，实际也是个技术活，得受大苦。那个时候又没有电锯，锯木头一锯就是一天，导致我腰肌受损，现在走路只能弯着腰。

刘：您从什么时候开始学着做筏子的？

高：要说开始干这个营生时间就早得很了。从十八岁开始，五十多年了。那个时候先是给自己做，也帮着给别人做，只要想学也好做着呢，没有人说得那么复杂。

刘：您说一下当时家里的情况。

高：我排行老四，上面有三个姐姐，下面有两个兄弟，都是农民。1963年，还是过粮食关的时候，我高中毕业了，就回到老家跟上爷和父亲开始学着做筏子的。

刘：当时是怎样想起来学习这门手艺的？

高：北长滩几乎没有农田，就是养羊养牛，最多的就是枣子和软梨子。那个时候几乎没有路，如果黄河的水急，划上筏子有两个小时就能到中卫新敦码头了。筏子上装上些村里的枣子和土特产，去城里赶集换油盐，但筏子主要是载人。

刘：那个时候做这门手艺的人多吗？

高：那时候会制作筏子的人比较多，因为筏子是当时的交通工具，就像自行车一样，没有走哪里不方便。都是自己做，又没有卖的筏子。

刘：您在学校里读过多少年书？

高：我是中卫一中1963年的高中毕业生。毕业后，回到村上当了九年的会计。

刘：您什么时候结的婚？对方是做什么的？

高：我是1966年结的婚，屋里的（妻子）也是本村的农民，小我两岁。

刘：后来有几个小孩？

高：结婚后生了五个娃娃，两男三女。除了大女儿是农民，剩下的四个人都干个体。

刘：有了小孩后，对您做这门手艺有什么影响？

高：没有啥影响。

刘：除了做这门手艺，您还做过哪些事情？

高：我是北长滩有名的木匠，你们在黄河边看到的那个大水车，我年年都在维修，搞了几十年了。

刘：高师傅您主要用什么材料来做羊皮筏子的？

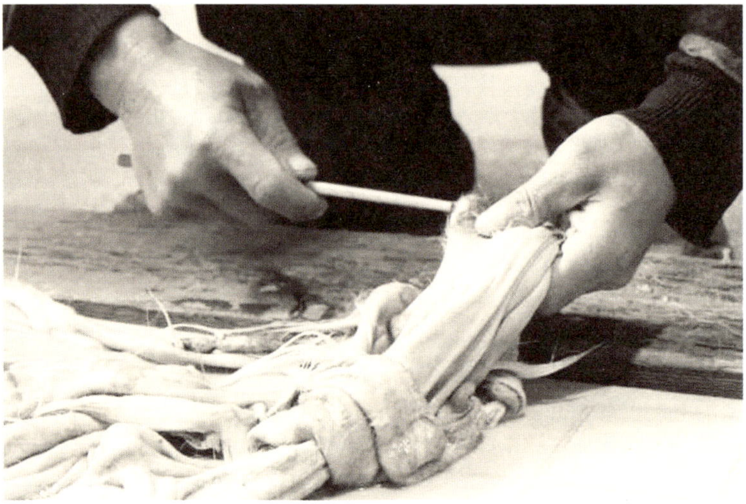

⊥　将晒臭后的羊皮拔毛（本人供图）

⊥ 将整张皮囫囵褪下来绑扎（本人供图）

高：做筏子要有比较好的宰剥技术。首先从羊颈部开口，慢慢地把整张皮囫囵个儿褪下来，不能划破一点毛皮，如果有针尖大的眼，都会漏气。一般情况下很少用刀，而多用撕、拉、捶、捅等进行剥离。把羊皮脱毛后，就开始往里吹气使皮胎膨胀。气吹得差不多了，就在一处往里灌入少量的清油（食用油），再灌入食盐和水。然后把皮胎口扎紧，经过晾晒一个月左右，这时皮胎颜色开始变成黄褐透明了。（然后是）扎架子。用麻绳将水曲柳或柳木条（直径大约五公分）捆一个方形的木框子，再横向绑上数根木条，把一只只皮胎顺次扎在木条下面。皮筏子就制成了。一般的筏子都是十三只皮胎，前后四只、中间五只的排列方式绑扎，重二十多斤，能坐五个人。

刘：高师傅，您的先辈两代都是以划羊皮筏子为生?

高：是的。父亲常带着我外出划羊皮筏子，有时回来时筏子上就带着日用品和煤块。在记忆中，我的玩具就是羊皮囊。有时从羊皮筏子上拆下一个皮囊，脱掉衣服抱起羊皮囊一头扎进黄河游到河对面。

刘：在您爷爷和父亲那一代，羊皮筏子实际就是个谋生工具?

高：对。我十几岁时，父亲让我坐在筏子上把筏子推到河中央水流急的地方，熟练翻筏子，如果落水后可将筏子翻过来划到对岸，慢慢地通过黄河的“考验”。

刘：在现代化交通工具的冲击下，羊皮筏子生意日渐萧条。特别是20世纪80年代，羊皮筏子越来越少了。这个您怎么看？

高：制作羊皮筏子，现在年轻人受不住，又脏又臭又累，所以都不愿意学这门手艺。我是北长滩制作羊皮筏子的四代传承人，多少年的传统手艺在我们手里给延续了下来。现在我们全家人都会做羊皮筏子。

刘：高师傅知道我们要来采访，早早拿出了准备好的羊皮。羊皮不是随时都有的吧。您说一下做筏子的关键是什么？

高：做筏子，关键的是烤羊皮、拔羊毛。烤羊皮的门道非常大，一般要在火炉旁连续烤三天。每一个部分都要烘烤均匀，要烤到有臭味散发出来的时候才算烤好。如果烘烤不均匀，很容易造成羊皮破损。然后将烤好的羊皮放在地上，开始拔羊毛。拔羊毛时，如果扯破一点点皮，整张皮就没法用。

刘：高师傅，是不是啥羊都能制羊皮筏子？

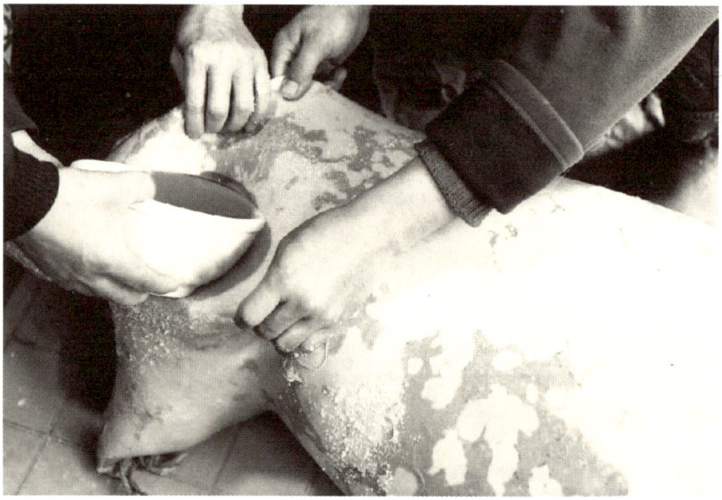

⊥　给羊皮胎灌香油（本人供图）

⊥ 一张吹好气的羊皮胎（本人供图）

高：皮囊不能用母羊皮，要用公羊皮。最好是冬天的羊皮，因为冬天的羊囤积的脂肪较多，皮厚，用起来结实。烤羊皮的时候，羊前胸这个位置最不好做，容易被划破，烤太熟就绵了。火候非常重要，一不小心整张皮就废了。将羊毛拔完后，将整张羊皮平铺在地上，用剪刀剪去不需要的部分，在羊腿被剪开的位置，用剪刀戳开大小适度、位置适中的洞，用木棍穿起来，然后准备扎口。扎口前，给即将封口的羊皮里倒入盐和油。倒的油一般是胡麻油最好。扎口时给皮囊留下一个吹气口，给羊皮里打气。最后给羊皮里灌入黄河水，将油和盐化开，放着晾晒就行了。

刘：高师傅，划筏子有什么讲究没？

高：划筏子的人根据筏子的大小来决定，多数是一人，如果把筏子连在一起，那就要几人。由水性经验好的“把式”掌桨领航，其他筏工听从号令。过去黄河水道十分凶险，所以形成了很多禁忌，忌讳说“破、沉、撞”等字眼，路过一些事故多发地点时，禁止乘客询问地名等。

刘：在材料的选择方面，有什么讲究？

高：先是将二十一或二十三根两至四公分粗的圆柳棍用绳扎成约两米宽、三米长，隔成许多小格子的长方形框架子，再把十四个充气的羊皮筏子排列整齐，一并拴牢在架上。渡河时将羊皮一面置于水中，摆渡时皮筏顺流而下。不过，返回时，筏子则由筏客扛于肩头，步行至上游，所以古时候就有“下水人乘筏，上水筏乘人”之说。用的材料要说也比较简单，羊要选两岁左右的山羊。再就是木条子粗细要匀称，不能有裂缝，再就是梱的麻绳要好。

刘：高师傅，您是从哪里整得这些材料的？

高：全是用当地的羊制作的。

刘：现在用的材料和过去用的材料一样吗？

高：基本上一样，现在没有水曲柳条子了，用的是柳木条。

刘：您用的工具有哪些？

高：做筏子没有啥工具，就是拔羊的刀子和木工用的锯子、推拨。

刘：这些工具是您自己做的，还是从别的地方买来的？

⊥　用麻绳和水曲柳木扎成的筏子的底盘（本人供图）

高：用的工具都是自己做的，木工工具我都有呢。

刘：划筏子用什么工具？

高：筏子的浮力好，一般都用短桨划水，它容易操作控制。我的木桨是用柳木做的，它吃了水后不容易开裂。因为我是驼背，长短要根据身高臂长来定。

刘：高师傅，一个筏子能用多长时间？

高：做上一个就一直用着了，看哪一个如果漏气了，再补上些气，如果划破了，就得重新准备宰羊做新的浑脱。架子一般不容易坏。好的一点是，筏子它即便有一两个漏气，也不会太影响整体的平衡，筏子好像就是专为黄河而生的。

刘：划的时候和坐筏子有啥讲究吗？

高：划的时候，一要心细，二要胆大。上筏子时要轻松自如，绝不能猛劲上跳。坐在筏上要紧抓木杆，遇水浪不能惊慌乱动，保持平衡。

刘：您有徒弟吗？

高：要说徒弟多得很，做筏子也没什么技术含量，一看实践上几次就会了。我的儿子也会做。

刘：您觉得还有没有其他的方式可以让您的手艺传下去？

高：只要人们还使用筏子，这个手艺就能传承下去。

刘：这些年来当地政府有没有给过您一些支持和帮助？

高：没有啥帮助，就是每年的补助费，这都要感谢政府呢！

刘：成为非遗项目传承人后，对您有哪些方面的影响？

高：影响是没有啥影响，就是以前人们不感兴趣的筏子，现在人开始注意了，了解的人多了。我的家里断断续续都来人有了解情况的。

刘：我们申报非物质文化遗产项目的目的就是为了更好地保护和传承你们制作羊皮筏子的手艺，还原其制作工艺、驾驶技术以及人文的生存状态，对于中卫来说这是非常宝贵的一笔文化财富。您今后打算一直做下去吗？

高：虽然我的年龄大了，但做个筏子还是完全能成的，教人也没啥问题，只要有人学。因为我有这个义务呢！不然也不好意思拿政府给的补助费。

刘：现在机器越来越发达了，我们用的很多东西都是机器生产的，在这种情况下，您觉得纯手工制作还有必要吗？

高：有必要。萝卜快了不洗泥。机器有它的好处，但是，一些手工制作机器永远代替不了的。就和用柴火烧的菜就是好吃道理差不多一样。

刘：这些年您获得过哪些荣誉？传承的情况如何？

高：我是个木匠，实际做水车比做羊皮筏子有名。这些年来，我先后为银川市鸣翠湖国家湿地公园建造水车四架，且每年要进行维护。为青铜峡市大水湾景区制作水车一架。为中卫市沙坡头旅游区制作水车两架，为中卫市榆树台子、下滩村、上滩村各制作水车一架。为兰州嘉峪关市制作水车一架。共建造水车三十余架。近年来，中央电视台及各大报社多次上门进行过专访。因长年弯腰干活，积劳成疾，导致现在腰椎变形，不能直立行走。现在两个儿子也耳濡目染，跟着我东奔西走，学会了建造水车的程序及方法。

上 制作好的羊皮筏子（本人供图）

刘：您今后有何打算?

高：我虽然年事已高，但是是一名老党员，又是自治区级传承人，我一定会把这古老的手艺传承下去，将这项技艺发扬光大。现在筏子渐渐失去实用价值了，制作羊皮筏子这门手艺也会渐渐地失传，年轻人嫌脏又不愿吃苦。但这是老祖宗留下的，真要是没有了，那太可惜了。

刘：高师傅，今天我们就说到这里，下次有机会了再聊。谢谢您。

剪纸代表性传承人

伏兆凤

伏兆凤（伏兆芬），1963年出生，汉族，宁夏中卫市沙坡头区兴仁镇郝集村人，高中文化。2010年被认定为自治区级非物质文化遗产项目（剪纸）代表性传承人。

综　述

伏兆凤从小在山区里长大，父亲会画农民画，奶奶和母亲会剪纸和刺绣。从小看着奶奶和母亲用剪刀把一张张红纸剪出好多的花样和小动物，伏兆凤姊妹几个也就自然而然地学会了剪纸。现在，伏兆凤是中国民间文艺家协会会员，中国剪纸艺委会会员，宁夏民间文艺家协会理事，宁夏非物质文化遗产代表性项目剪纸代表性传承人，中卫市民间文艺家协会副主席，伏氏剪纸、刺绣合作社社长。

伏兆凤的剪纸古朴典雅，线条粗犷豪放、苍劲有力，但又不失隽秀之美。农忙时伏兆凤到田地里干活，农闲时放下锄头就拿起剪刀，用自己的勤劳和智慧，剪出群众喜闻乐见的装饰艺术品。她不但继承了老一辈民间剪纸艺人的传统技法，还创新融合了当地群众日常生活的情景，一些作品直接反映了宁南山区的文化传统和风土人情，展示了农村妇女对现实美好生活的向往。她的剪纸作品多次参加全国及各省区的剪纸艺术展览并获奖。自从成为自治区级剪纸代表性传承人后，她把自己的手艺又传授给其他喜欢剪纸的姐妹们，并多次走进中卫市中小学课堂传授剪纸技艺。她的作品先后在《连环画报》《民族画报》《宁夏日报》《宁夏画报》《中国青年报》等多家报刊发表。

中卫市的剪纸艺术源远流长。质朴独特的剪纸艺术流传至今，深受农村妇女的喜爱。中卫剪纸的传承与当地节日风俗有着密切的关系。在喜庆的节日期间，人们将色彩鲜艳、图形多样的剪纸贴在宽敞的墙上、明亮的门窗上、室内的家具上，将节日烘托得喜气洋洋。作为一门古老的传统艺术，剪纸以

上 伏兆凤在中卫市沙坡头区郑家楼非遗大舞台接受采访（马红艳摄于2020年10月）

其独有的特征形态发展至今，体现了中卫本土人民群众的生活特征，蕴含了当地人民的社会、文化心理。

剪纸在不同的地区有着不同的艺术表达形式，南方的精细，北方的奔放。中卫剪纸艺术的精美，一样让人爱不释手。伏兆凤是一位地地道道的农民艺术家，她的作品不是高高在上的格式化的呈现，而是农民艺术，蕴含着一气呵成的线条美感和对美好生活情感的表达，独有一番风味。她的剪纸形式多种多样，颇具装饰感，很受现代年轻人喜爱，是节庆假日当地文化活动不可缺少的装饰品。从剪纸的体裁上，她根据当地民俗与实用需要因物、因事制宜。最常见的是剪窗花，尤其是在过春节或子女办婚事时，都要贴窗花，内容多是如意、牡丹、莲花、桂花等，祝愿新人幸福美满、早生贵子，包含着浓郁的泥土气息和鲜明的地域特色。窗花的尺寸大小是根据窗格的形状来定的，如过去中卫一带窗户格式有方形、菱形、圆形、多角等。独具特色的中卫剪纸艺术，是先祖们几百年来留下来的智慧结晶，有着浓厚的地域特征和民族特色。它可滋养我们的历史传统文化，丰富我们的艺术宝库。让剪纸艺术得到传承和保护，并将之发扬光大，这是我们非遗保护的义务和责任。

2020年10月25日，我们在中卫市沙坡头区郑家楼非遗大舞台大厅采访了自治区非遗项目剪纸传承人伏兆凤。

访 谈

被访谈者：伏兆凤（自治区级非物质文化遗产代表性传承人）

访 谈 者：刘忠群、李勇、刘巍

访谈时间：2020年10月25日

访谈地点：中卫市沙坡头区郑家楼非遗大舞台大厅

录音整理：刘忠群、刘巍

综述撰稿：刘忠群

刘：伏老师好！今天我们来是对自治区级传承人进行采访的。首先想了解一下伏老师的出生年月、出生地。

伏：我是1963年出生的，今年五十七岁，是属兔的，我出生于中卫市沙坡头区兴仁镇郝集村。

刘：您从什么时候开始学习剪纸的？师父的情况？

伏：要说接触剪纸，上小学前就跟着母亲开始剪窗花了，有五十年了，启蒙老师就是自己的母亲。

刘：说说您当年家中生活的情况。

伏：我是家中活着的第四个女孩子，前面母亲已经生过六胎。母亲一共生了十个孩子，夭折了三个，活下来了七个，两男五女，我是女孩中的三女儿。母亲生我时已经三十岁了。我上面有一个哥哥和两个姐姐。20世纪60年代的医疗条件不发达，我是第七胎，当时因为生活困难，加上娃娃也有疾病，哥哥后面的一个女孩、姐姐后面的两个男孩都在没出月子时就夭折了，后来我又有了一个弟弟、两个妹妹。

刘：那个时候最高兴的事是什么？

伏：最高兴的事就是有时能看上一场电影。在我的记忆中，尽管当时农村生活清贫，但很少有人生病，即使有个感冒发烧、头痛脑热什么的，到大队赤脚医生那儿花几块钱甚至几毛钱给个药吃上就行了。

刘：您读了几年书？

伏：那个时候的小学、初中不用考试，直接入学，我是高中毕业。当时的学费小学是一元到两元钱一学期，初中是两块五一学期。但尽管如此，因为当时农村农民没有什么经济收入，这点学费对有些人来说都有些困难。那个年头，大家都是紧跟着毛主席的思想路线，虽然贫穷，但有战天斗地的精神。有住处有吃的（吃不饱），正常生活就是劳动，没有更多的欲望。

刘：那个时候的人思想比较单纯？

伏：就是的。到处是欢声笑语的劳动场面。有时我的母亲也回忆当年的情景：那时候的人咋那么开心，缺吃少穿还高兴得不行，大家好像有使不完的劲。原因是大家有一个共同的信念，社会主义好，人民公社好，相信以后的生活会一天比一天好。母亲还说，现在老年人、残疾人国家都给照顾和关怀，多活一天就享福一天，幸福不忘共产党。

刘：那时学剪纸的人多吗？说说当时家中的情况好吗？

伏：那时好像不太多，正经现在学剪纸的多了。我父亲在另外一个屋里在灯下织毛线，织毛袜子。一夜织一双，等到冬天了，家里每人都有两双。（袜子）破了父亲用羊毛搓成一个小片，用针线再补上。穿上很暖和。我的家人都很勤劳，大家各有活干都不闲着。

刘：一家人其乐融融。

伏：就是的。哥哥、弟弟各有爱好，哥哥爱书法。用一块大方砖拿个毛笔用水在上面写，写得很认真。弟弟是我们家唯一上过大学的，因他不爱干农活，母亲说："你不爱干活，就吃书吧，好好念书，将来有饭吃就行。"我们家中父母虽然没文化，没有念过书，但都很有智慧。到我们上学的年龄都让上学。大哥很调皮，加上男娃饭量大，上学吃不饱。他上到初中就不想上了，曾经跟上老师去过北京，因为毛主席当时接见红卫兵。我问哥哥："你见毛主席了？"我哥说："远得很，看不清。毛主席在天安门上挥手，人山人海，我怕走丢，眼睛光看老师。老师要求不能走丢。"

刘：那您弟弟的情况咋样？

伏：弟弟考上宁大中文系，喜欢写作。曾有小说和报告文学在固原的《六盘山》上发表过。大哥是农民，闲了还写他的书法，他自己叫毛笔字。左邻右舍过年过事他给写上贴上很好看。弟弟是位中学语文老师（固原二中）。大姐念了一年书因家庭拖累，不念了，帮家中干活。下面的二姐、我和两个妹妹，都念到高中。父母说这几个女子念书考不上就回来干活。还是有重男轻女的思想！再就是太贫困了，供不起啦。我、二姐和四妹上了高中，最小的妹上完初中就没上，家中没钱供了。父亲说行了，睁个眼睛就能行，供不起啦。从此一个个就闲了各干各的手工。

⊢　伏兆凤剪纸作品《出征》
（本人供图）

剪纸传承人伏兆凤
（本人供图）

刘：那个时候就是生活条件差，没办法。

伏：我二姐针线、剪纸都做得好。母亲、父亲时常夸二姐是我们的榜样。父亲虽没上过什么学，可能陪地主家儿子上过一年的私人学堂识了些字，但他靠这点基础能把一本字典的字全认下去，再背下来再写下来。（后来）能读报纸，在瓷厂给工人们读报。开会时他一直给大家读报纸。早些年他在瓷厂干过，是工人，手很巧，能做各种瓷器，烧制过程他全把关。大跃进回去支援农业，因家中孩子多，母亲多病，也就丢掉了工人的工作，成了农民。他的一个工作证我们玩着弄丢了，要不还可以恢复工作的。后来我们都长大了，成家了，父母也老了，父亲已经去世十五个年头了。母亲因一辈子很辛苦，现在腿不能行走，瘫痪在床，生活不能自理。

刘：当时家里的情况也很一般，您也受苦了。

伏：我高中毕业后，因家中困难，没有继续读书，（也没有）高考。母亲说："咱家没钱供你了，让你弟弟上，你就回来帮着种地。现在责任制，责任田分到家，也没了劳力。你两个姐嫁了，你哥另分家了，你两个妹妹还上学，我和你爸老了。你看，就这个情况。你看呢？"我说："嗯，我知道了。"从此，我结束了学生时代。在一边劳动一边学习中，我的（剪纸）作品发表在中国《连环画报》上。我可高兴了。几年下来，在各种刊物发表过四十多幅作品。那时我的零花钱是稿费，我就更努力学剪纸了。再后来上了中华剪纸函授班，对剪纸有了更多的认识。

刘：伏老师，听说您在文化馆还工作过？

伏：因我剪纸剪得好，被海原县文化馆聘用两年。后来因文化馆重视唱呀跳呀，我就回家结婚生子。

刘：您回忆一些当年家里的情景。

伏：记忆中，父亲母亲整天在劳动，晚上才能干点家务活。母亲盼望阴天下雨，这样就闲下来了。如果下上几天雨，即使柴禾让雨淋湿烧不着了，好像母亲也不见发愁。她会在灶膛里放上一些柴禾，到下一次做饭的时候柴就熏干了。记着在我童年的时候，母亲一闲下来就做针线活，因为姊妹多，穿的鞋都是母亲手工做的，没有条件来买。再过来就是教我们姐妹剪花样。大姐为了帮着母亲给我们做鞋，有时顾不上剪纸。二姐和我爱剪纸，当时针线活就没有大姐做得好。随着年龄的增长，我们慢慢地都学会了做针线活。

刘：当时山区的条件咋样？

伏：条件非常差。当时山区没有电，晚上在煤油灯下坐成一圈。过了一会儿，

伏兆凤剪纸作品《过门媳妇》（本人供图）

怎么有一股子烧糊的味，母亲就说是“羊毛”烧着了，让都把头抬高点。这时母亲一脸的笑容。若是我的头发烧了，我就会生气地不干了。这时候大姐就说：“你不干，你就不要穿鞋，光着脚走去吧。”（笑）不过有母亲和两个姐姐的关心照顾我还是有鞋穿的。那时候一双鞋穿了又穿，破了就补上，旧鞋总舍不得扔。

刘：您在学校里读过多少年书？

伏：虽然当时家庭条件比较差，但父母还是供着我念完了高中。

刘：您什么时候结的婚？对方是做什么的？

伏：我是1988年结的婚，我掌柜的（丈夫）是中学老师。我们生了三个孩子。大儿子军校毕业分配到新疆在部队上服役，女儿在中卫市是妇科医生，小儿子在银川腾讯公司工作。孩子们小时候都跟着我学了剪纸，一般都会剪。上学后由于学习忙，剪得少了。但学校要求的各类手工课都能轻松完成，这跟会剪纸有很大关系。大儿子和女儿工作都比较忙，想剪但没有时间剪。小儿子平时剪的比较多，在大学上学期间的剪纸作品《梅兰竹菊》还参展并获奖。

刘：结婚有了小孩后，对您剪纸有什么影响吗？

伏：也没有什么影响，只是孩子小的时候需要操心，剪纸的时间少了。

刘：除了剪纸这门手艺，您还有什么手艺？

伏：我还会刺绣活，因为刺绣离不开图案，和剪纸是姊妹俩，一个是剪，一个是绣，虽然方式不同，但表达的含义差不多一样。

刘：您用什么材料来做这个（剪纸）？

伏：主要用五色纸、蜡光纸，有时也用宣纸。

刘：什么样的材料才是好的呢？在材料的选择方面，有什么讲究？

伏：一般来说也没有什么讲究，如果要多层剪纸，那要选韧性好的纸。

刘：现在用的材料和过去用的材料一样吗？

伏：差不多一样，现在纸的品种多了，也有好纸呢。

刘：您用的工具有哪些？

伏：主要是剪子，质量好的老字号剪子价钱贵着呢（笑）。

刘：这些剪子是在当地还是从别的地方买来的?

伏：当地卖的都是一般的剪子，我是从外地带回来的。

刘：这些工具在使用上有什么讲究吗?

伏：好的剪子不容易老。俗话说："好钢用在刀刃上。"

刘：完成一件作品，通常需要哪几道工序?

伏：有这么几个工序，一般在剪纸过程中转纸不转剪刀。一是折叠。是剪纸中最基本的一种方式，也是单色剪纸的一种表现手法，将纸折叠后会产生重复的图案，产生的效果取决于折叠的次数和角度。如果是剪花卉，将纸折叠两次或三次后再剪，展开后的花纹为四面或六面的形状。一般折叠剪纸剪出来都是对称性的纹样，图形更有韵律感。二是阴、阳刻。剪纸的基本效果是通过使用阴阳线展现的，同一幅画中使用阴、阳两刻的方法，图形更加多样，对比性强。阴刻也叫镌刻，即刻去物象结构的轮廓线，线与线不相连接，会出现效果厚重、强烈的黑白对比感。阳刻也叫镂刻，与阴刻

├ 伏兆凤剪纸作品《共产党员杨开慧》（本人供图）

相反，就是将空白部分刻除，保留轮廓线，线条实心相连，给人流畅、清晰的感觉。第三刺孔。就是用小刀或剪刀在纸上剪刻出基本轮廓，然后再用针在图案上刺孔。

刘：最关键的是哪一步？

伏：剪纸的时候主要的工具就是剪刀，所以手拿着剪纸一定要注意安全，因为剪刀非常尖利。第二就是需要耐心和悟性，性子不能急，要多善于观察，慢慢揣摩，还要经常动手剪才能找到感觉，裁剪时该镂空的地方要镂空，线条不能剪断了。

刘：您做了这么长时间，有什么经验吗？

伏：剪纸使用的工具和材料会有一定的局限性，因此在处理图形时，既要抓住物体的主要特性，又要让线条连接自然。这样就需要大胆舍去一些次要部分，让主体更加明显。

刘：我可以看看您的作品吗？

伏：能行啊，这是我今年的一部分作品（拿出一些剪纸作品）。越剪越多，有时有的作品一下子都找不出来，在一起压着呢。

刘：您的这些作品主要分为哪几大类？您能讲讲这些作品的寓意吗？

伏：一般剪纸作品包括窗花、屏花、门笺、墙花、团花、角花、灯花、喜花等

伏兆凤剪纸作品《牛童送财》
（本人供图）

多种类型。其中窗花、门笺、灯花便是在春节和元宵节时贴挂的。喜花是在结婚布置新房时剪贴在室内、家具和器物上，象征婚姻美满、子孙延绵。寿花是在过生日时贴的。我的剪纸会把多种物象组合在一起，“以意构象”来造型，而不是根据客观的自然形态来造型，用约定成俗的形象组合起来表达自己的心理。比方祈求丰衣足食、人丁兴旺、健康长寿、万事如意，这种朴素的愿望 。我是对主体进行夸大，大大的鱼、大大的辣椒、大大的谷粒等，通过剪纸的内容来虚构美好的形象，反映美好的生活，一时用语言也不好表达呢！

刘：为什么做成这个样子？有什么讲究和说法吗？

伏：一般根据实用需要因物、因事来定。最常见的是窗花，它的大小根据窗格的形状来定。窗花有四角、六角、八角呼应的团花。春节或操办婚事都贴窗花，会剪出柿子、如意、牡丹、佛手、莲花等，祝愿新媳妇早生贵子，美满幸福。一般可重叠。

刘：中卫人过去把剪纸叫“花样子”，兴仁当地咋剪着呢？

伏：我们也叫“花样子”。它是用于鞋、鞋垫、枕头、门帘等刺绣纹样，寓意吉祥和瑞庆，如“喜鹊登梅”“龙凤呈祥”“鸳鸯戏水”“金鱼闹莲”“鹿鹤同春”“鲤鱼跳龙门”“狮子滚绣球”等等。

刘：过去剪的内容和现在剪的一样吗？

伏：每年过了腊月二十三以后，姑娘和媳妇们“放下锄头上炕头，拿起剪子剪虎头”，过春节布置房屋都会剪窗花、门笺等，而且要在年前剪好。“二十八，贴花花”，腊月二十八是个约定俗成的贴窗花的日子。现在的剪纸内容非常丰富，心里怎么想的就能够剪了出来。比如庆贺丰收、六畜兴旺、延年益寿、吉祥美好等等。贴上剪纸后使俭朴的农舍面貌焕然一新，也渲染了节日的气氛，使屋子喜气洋洋，精神愉快。到了正月初一这天，乡亲们呼朋唤友，串门拜年，互致问候。欣赏窗花剪纸，也成了拜年的一项内容。大家指指点点，评头论足，姑娘媳妇们嘻笑成一团。在这时，如若谁的剪纸受到众乡邻的夸赞，这方剪纸的作者就会荣耀无比。现在的剪纸多与四化建设和新农村建设连在一起。

刘：您比较满意的作品有哪些？

伏：我比较喜欢单色剪纸，它表达方式直接，主题分明。现在我也剪套色剪纸。它以阳刻为主，进行大面积镂空，给套色留有余地。从作品的背面贴以色纸块，多用黑纸或金纸剪刻，按肤色、服饰、器物、花木等分别贴以不同的颜色。所套颜色要以一个色调为主，一般以三四色为宜，套色要少而精，注意冷暖对比关系。套色剪纸虽用色较为自由和便于选择，但多一个色确实要起多一个的作用，两个色可以概括的，就绝不要增添第三个颜色。用色要精练。

刘：这些样子都是您自己琢磨出来的吗？

伏：不是的，前人早就用这种方法了，我是在十几年前就学会了（笑）。

刘：您的作品有没有申请专利或注册商标？

伏：没有申请专利也没有注册商标，我有这个想法，但不知道怎么来申请。这些年绞尽心思创作出来好的作品有时就被别人抄袭了，也没有办法，只是一时的生气。

刘：主要是哪些人购买您的剪纸？

伏：我在西夏陵园旅游区给游客剪肖像，主要是外地人。生意也不太好，但不干又不行，作为自治区级传承人，我们身上有责任呢！

刘：目前的市场稳定吗？

伏：不稳定，旺季好一些，平时基本没有生意。

刘：在经营理念和打市场方面，您感觉最困难的事情是什么？

伏：我们宁夏整体文化消费上不来，剪纸作品没有人买。

刘：这几年在经营上有什么心得？

伏：我们姐妹从小就剪纸，当时农村里也没有什么娱乐活动。母亲从小就教育我们，女娃娃要心灵手巧，学小本事呢，针线活、做饭炒菜要拿得出手。做就要做到最好，要拔尖。

伏兆凤剪纸作品《送子参军打鬼子》（本人供图）

刘：给予您最重要影响的人是谁？

伏：记得父母经常教育我们要做一个勤劳的人、懂事理的人、讲道理的人、知恩图报的人，一个乐于助人的人。父母经常说：要勤劳，勤比人强，懒惰不如人。以前母亲经常说的一句话就是“事在人为”。这些思想支撑我走过了五十多年的艺术人生。影响我最重要的人是我的父母和外婆，还有我的美术老师。我们的剪纸手艺是外婆传给母亲，母亲传给我们姊妹，我又把手艺传给我的子女，四代人就是这样走过来的。在生活中磨炼，日积月累，不断进取。至今，我们三姐妹一人是国家级传承人、两人是省级传承人。在传承和生活中也有酸甜苦辣，确实也不容易。现在有党的好政策，政府非常重视民间传统文化，把剪纸艺术列为非物质文化遗产，我们这些手艺人有了发挥才艺的机会，更应该把剪纸技艺发扬光大，让下一代人继承前辈的手艺。

刘：这些年您都获得了哪些荣誉？

伏：我是中国民间文艺家协会会员，中国大众文化剪纸艺术委员会、剪纸科研与研究中心理事，宁夏工艺美术大师。近三十年来，我的作品多次参加全国各地的展出并多次获奖。我擅长剪纸连环画创作。早年连环画《拿贼不拿》与《王老怪攒钱记》先后发表于《连环画报》，是宁夏在《连环画报》上发表作品的第一人。后来我在《民族画报》《宁夏画报》《中国青年报》《农民日报》《宁夏日报》《经济导报》《新疆晚报》《六盘山》《固原日报》《中卫日报》等四十多家报刊上发表剪纸作品一百多幅。

刘：真不简单啊！硕果累累。最近一两年有什么打算？

伏：我一直想建一个传承基地呢，打算建在我的老家兴仁镇，这样和一些徒弟就能面对面地交流了。在中卫市区房子租不起，也不敢想。像我这种情况一辈子只能靠剪纸技艺为生了，一生年华都投入了进去。

刘：您招过徒弟吗？

伏：近十年来，每年都有学习剪纸的学生，但苦于没有场地。

刘：徒弟是哪里人？他们怎样找上您的？

伏：中卫市区的比较多，当地的也有，银川市的也有。

刘：学会剪纸需要多长时间？

伏：这要看有没有绘画基础。简单的图案几天就学会了，如果是创作，那要有观察生活场景的认知，利用剪纸的手法来表现。

刘：您对徒弟通常有哪些要求？

伏：我要求不太高，最主要的是要喜欢，能坐得住，心灵手巧就行。

刘：一般要经历哪几个学习阶段才能出徒？

伏：会折叠剪纸就基本能出徒。因为折叠剪纸是最基本的一种，它是单色剪纸，将纸折叠后剪，效果取决于折叠的次数和角度。一般折叠剪纸剪出来都是对称性的纹样。

刘：您主要用什么方法教他们？

伏：先教最简单的。有的娃娃一开始连剪子都不会使，最后竟然都能把图案剪出来，家里父母非常高兴。既锻炼了孩子的动手能力，又学到了一门技艺。

刘：您理想中的技艺传承如何做比较好？

伏：让独具特色身怀绝技的非遗传承人走近民众，让大家了解传统文化的魅力。作为自治区级非物质文化遗产项目，应该有传承保护基地，立足传承与创新并举，积极扩大剪纸人才队伍，传承优秀技法，与时俱进研发新品、精品。政府要意识到培养人才的重要性，开展多项保护和传承传统技艺的活动，建立“传承人工作室”，集传艺、研发、制作为一体，研发、制作既保留传统风格，又体现时代气息的新产品，逐步解决剪纸后继乏人问题。

刘：您觉得还有没其他的方式可以让您的手艺传下去？

伏：让剪纸艺术进校园，从娃娃学起。

刘：您觉得这门手艺还好往下传吗？主要的问题是什么？

伏：好往下传。剪纸学起来比较简单，好掌握，大人娃娃都能学。

刘：最近几年国家出台了一些保护民间文化的政策和措施，比如定期评选非物质文化遗产项目的传承人，申请成功后，国家每年都会给予一定的资金支持，对于政府的这些措施，您了解吗？

伏：不太了解。光知道每年政府给我们自治区级传承人两千元补助，今年给了三千元，增加了 一千元。

刘：您参加过非物质文化遗产传承人的评选活动吗？

伏：没有参加过。

刘：这些年来当地政府有没有给过您一些支持和帮助？

伏：除了三千元补助，再没有什么支持和帮助。

刘：成为非遗项目传承人后，对您有哪些方面的影响？

伏：成为非遗项目传承人后觉得身上的责任更大了，每年要参加一些公益活动，当地文化中心和县上市上的活动都要参加呢。

刘：您希望今后能从政府那里获取哪些帮助？

伏：我希望以政府出面给我们协调一个工作室，好传承传统文化及剪纸技艺，我们可以适当交些费用。

刘：您怎样看待最近几年国家和当地政府出台的这些保护民间文化的政策和

措施？

伏：国家一年比一年重视民间文化。当地政府好像没有什么举措，就是每年在非遗活动日宣传一下，没有什么政策和措施。

刘：您从接触这门手艺到现在有多长时间了？

伏：应该有五十六年的时间了，从七八岁就开始的。

刘：今后打算一直做下去吗？

伏：肯定得做下去啊！现在干什么都没有心思，只有剪纸，晚上做梦都是在剪纸。

刘：现在机器越来越发达了，我们用的很多东西都是机器生产的，在这种情况下，您觉得纯手工制作还有必要吗？

伏：非常有必要啊！有的人为了个人的目的，用机器来剪纸，作品价格非常低，懂的人一看就是机器刻的，用机器刻的咋能叫非遗么。市场大了什么情况都会有的。我坚持必须用手工，这是手艺人的底线，不能丢了。

刘：最近几十年社会变化特别快，以前的一些老手艺，现在很多都见不到了，对此您有什么看法？

伏：老手艺越来越少了。听说以后炒菜都不用厨子了（笑）。那人的口味都变成一个样了哈哈。

夜路送军鞋（本人供图）

⊢ 伏兆凤剪纸作品《童子戏牛》
（本人供图）

刘：您觉得现在和过去的生活最大的不同是什么？

伏：现在的生活节奏越来越快了，我们山里人进城不适应了，到处都是车多人多，乱哄哄的。

刘：您更喜欢哪种生活方式？

伏：我还是喜欢乡村生活，条件差一点不要紧，安静祥和。

刘：您觉得现在的年轻人和过去的年轻人有哪些不一样？

伏：在家里或许是独生子，娇生惯养习惯了，没有一点压力，生活太安逸了，缺乏上进的动力。

刘：您有没有感觉遗憾没有去做的事情，或还没有完成的心愿？

伏：许多民间手艺人（非遗传承人）生活十分艰辛，虽然有些人能得到政府的补贴，但也是杯水车薪。有些非遗传承人为了维持生计不得不另谋出路。目前有些非遗传承人的现状，我感到比较担忧，他们见证了当地手工艺的兴衰成败，真不忍看着这些老祖宗留下的手艺就此退出历史舞台。我一定会支撑起剪纸这门古老的艺术，衷心地希望能够有更多的有学识、有能力的人加入到保护非物质文化遗产的行列当中，让中华文明的瑰宝更加璀璨。

刘：伏老师，今天的采访我们先告一段落，下次再会。

剪纸代表性传承人

伏兆苗

伏兆苗，1970年出生，汉族，宁夏中卫市人，初中文化程度。2010年被认定为自治区级非物质文化遗产项目（剪纸）代表性传承人。

综 述

宁夏民间有首“花儿”唱道：“白云山上雾绕呢，灵芝草有心人找呢，唯尕妹子要手巧呢，万样子花随心着铰呢。”在中卫南部山区，妇女的剪纸内容丰富，生活气息浓厚，窗户上、墙壁上、箱柜上，随处可见她们的作品，这些充分反映出当地独特的审美意识。伏兆苗的剪纸技艺来自家传，这也是民间剪纸艺人的一个共同点。伏兆苗的剪纸作品在技法和选形上与别人都有所不同。在技法上，她的作品粗细结合，既有精细之处，还有粗犷古拙之美。造型上，作品不但左右对称，而且上下呼应，剪纸的元素符号应用也比较广泛，在传统的基础上再次创新，形成了自己独特的风格。她的作品继承了传统剪纸文化的精髓和美学观念，反映的是新时代塞上江南生活及民风民俗的繁荣发展，集中体现了剪纸艺术在新时代的发展和创新，这是民间文艺创新性发展的一种有效尝试。伏兆苗从小生活在山区农村，对当地民风民俗比较了解，她的剪纸作品，不管是人物、花卉、动物还是反映农村的日常生活，都带有浓浓的乡土气息。她的《白发老娘》作品剪的是一位老人八月十五在家门口盼儿女回家的场景，她希望做儿女的常回家看看。伏兆苗生活的地方是回族聚居地，她的作品反映回族风俗的也较多，比如《胖媳》就是根据回族的风俗创作的。发表于《连环画报》（2006年第7期）的《鸡吃了我的驴》作品，是根据一个民间故事创作的。其作品寓意风趣幽默，在立足传统的同时，又颇具现代气息。近几年来，伏兆苗创作的作品题材越来越广。她创作的《二十四孝》图中包含了许许多多家喻户晓倡导敬老尊亲之德的故事，对建设和谐社会有着积极意义。她的作品《子孙万代》，活灵活现地将我国多子多福的传统思想表达得淋漓尽致。作品《财神》荣获第二届国际剪纸艺术展银奖，《八仙》被中央民族大学博物馆收藏，《二牛抬杠》被中国农业博物馆收藏，《宁夏情》荣获首届中国剪纸艺术节优秀奖，作品《小英雄王二小》在2015年上海剪纸艺术展获铜奖并被上海剪纸艺术馆收藏。

一位普普通通的农家妇女，用她粗糙的双手不打底稿，只需一把剪刀、一叠纸就能剪出千姿百态、栩栩如生、寓意深刻的作品，这源于她对生活的深刻感悟，充分证明了她技巧娴熟。她说："希望通过自己的努力，用剪纸这门艺术来表达自己的情感，把剪纸艺术原原本本地传承下去。我最大的梦想就是像姐姐们一样走出去，让更多的人了解并喜欢剪纸艺术。"

经过多年的严谨琢磨，伏兆苗以一把灵巧的剪刀剪出了世态人情。现在，伏兆苗是宁夏民间文艺家协会会员、自治区级非物质文化遗产代表性项目代表性传承人，宁夏二级工艺美术大师。有百余幅作品参加宁夏及全国各省市举办的剪纸艺术展，并多次获得金、银、铜奖。走进伏兆苗的家，目光不自觉地就会被她家墙上的剪纸作品吸引，这些作品凝聚着剪纸的辛劳与收获。桌子玻璃板下一张张泛黄的老照片诉说着半个世纪以来南部山区这个剪纸世家的兴衰。一张纸，一把剪刀，手艺人剪出的是老百姓千千万万种心愿，这是她们对天地万物的独特理解和对美好生活的信仰。带给人们最深的触动，就是在她的作品中能够看到民间艺人的文化自信。伏兆苗讲："过去小时候住在窑洞里，窑洞密闭性很强，除洞口外，其他部位不会有光线进入。因此，无论人还是物，只要站在洞口的位置，都会有一个剪影的画面出现。"世世代代生活在这里的人们，对事物形象最典型的把握，便是对该事物的边缘影像的把握，这可能就是原始的剪纸的出现。

2019年7月5日，我们在中卫市沙坡头东大门购物中心伏兆苗剪纸艺术工作室，采访了传承人伏兆苗。她留着齐耳短发，戴着眼镜，一看就是一位神情专注的手艺人。她正准备拿起剪刀为慕名而来的一位游客现场剪肖像，我们正好可以现场观摩。不到三分钟的时间一副人物肖像剪纸就出来了，作品形神兼备，真是名不虚传。这让来自祖国四面八方的游客感受到了塞上江南神奇宁夏非物质文化遗产剪纸艺术的魅力。

访 谈

被访谈者：伏兆苗（自治区级非物质文化遗产代表性传承人）

访 谈 者：李勇、刘忠群、刘巍

访谈时间：2019年7月5日

访谈地点：中卫市沙坡头旅游景区购物中心伏兆苗剪纸艺术工作室

录音整理：刘忠群、刘巍

综述撰稿：刘忠群

刘：伏老师好！今天我们来是对自治区级传承人进行访谈的。首先想了解一下伏老师您的出生年月、出生地。

伏：好的。我1970年2月出生在沙坡头区兴仁镇郝集村（当时兴仁镇还属于海原县管辖）。我是属狗的，是汉族。我的祖籍是甘肃省天水市。

刘：请说说您的家庭和父母的情况。

伏：我出生于一个农民家庭，我的父亲母亲没有上过一天学，但父亲凭着个人的自学，字典上的一些常用字几乎都能写会读。父亲是一位地地道道的农民，他除了在地里干农活，平时还喜欢写写画画。临终时，在他的枕头下还遗留着生前写的日记。

刘：不简单！没有上过一天的学，真是自学成才。

伏：我的母亲在村子上是属于心灵手巧的妇女之一。她年轻时就会剪纸、绣花、手工做衣服，庄子上的人都夸她贤惠手巧能干。

⊥ 伏兆苗在沙坡头新镇剪纸艺术工作室接受采访（刘忠群摄于 2019 年 5 月）

刘：伏老师您的文化程度是？

伏：因为当时家里的娃娃多，负担重，我只念了个初中。

刘：你们一共姊妹几个？

伏：父母一共生了十个孩子，半路上夭折了三个，活下来了七个。现在兄妹七个，两男五女，我排行老六。

刘：那个时候家里娃娃都多么。

伏：由于家里孩子多，负担重，大姐早早地就为父亲母亲分担起了忧愁来照顾弟妹们。我大姐一天学也没上过，从我记事起，她就十分喜欢刺绣。二姐兆娥、三姐兆凤都在剪纸上下功夫，后来也非常出众。

刘：伏老师您说说当时家里的情况。

伏：我是深受几个姐姐的影响，我们姊妹几个一个比一个大两三岁，只要我放学后有时间，或者不在农田里干活，就会和姐姐们一起剪剪画画。

刘：那就是一个带一个，真好！

伏：那时候是，母亲和姐姐跟着奶奶一起剪，我就跟着姐姐们学着剪。记得小时候一到冬天天气非常冷，孩子们在外面也要不成，所以只要一有闲功夫，

伏兆苗为游客剪肖像
（刘忠群摄于 2019 年 5 月）

我就剪窗花，好像剪也剪不完，几乎没有别的营干。

刘：山区里就是这样，女孩子一般都是剪纸刺绣。

伏：我们家两男五女，我是女孩子中的老四。那时候家里是靠父母在生产队劳动挣的工分养活我们一家人，日子过得非常艰难，有时连肚子都吃不饱。

刘：您说说童年中您印象最深的几件事好吗?

伏：小的时候，好像天天盼着过年，到春节快临近的时候，父亲给我们姊妹几个分了贴在不同地方的剪纸。兆娥姐贴耳房窗子，兆凤姐贴窑洞窗子，我是贴灶房的窗子。尽管过年没有新衣服穿，但看着自己剪的窗花贴在窗子上，心里有说不出的高兴。

刘：好温馨呀！能感受到您讲的情景。

伏：我给自家贴完后，就再给邻居家贴。当时我舅舅家贴的是我给剪的窗花，自己心里说不出的高兴。后来两个姐姐就开始不断地在报纸杂志上发表作品，虽然稿费比较低，但可以贴补家用，我非常羡慕姐姐能发表作品还能给稿费。

刘：当时发表一幅剪纸作品也就几块钱的稿费，但意义不同啊！

伏：就是的。我上小学一年级的时候，过年时跟着母亲剪了些窗花，在旁边的父亲说：“傻丫头你就光会剪个花花，如果以后你不好好学点真本事，以后长大了看人家谁要你！”父亲是说了个开玩笑的话，但羞得我脸都没处放，后来我明白了父亲的意思，暗暗地给自己下了决心，一定要好好学习一门手艺，为父母争光。

刘：从小看大，父亲的话也许有道理。

伏：我在十三岁左右学会了织毛衣。当时没有毛线，我就偷偷地把母亲的毛衣给拆了，被母亲狠狠地教训了一顿。初中毕业后，我学会了割草、种麦子、收玉米等（农活）。

刘：当时学校里应该也安排着农村劳动吧！

伏：是的。参加劳动能锻炼人，让人的意志慢慢坚强起来。初中毕业后，我更加对剪纸有了兴趣，一回到家除了吃饭睡觉，就是剪纸。有时心里老是忐忑不安，不知道从哪里下手。为了练习剪纸，我剪光了家里所有的书和作业本，有时还和邻居家要些旧书旧报纸剪。记得有一年，天大旱了，连续

伏兆苗的获奖证书（本人供图）

伏兆苗在剪纸工作室为刘巍剪人像
（刘忠群摄于 2019 年 5 月）

好几个月天都没有下一滴雨，田里干得起了皮，缝子几寸深，地里的庄稼颗粒无收。到了秋天，家里连口粮都没有了，得向邻居借着粮食吃。就在这紧要三关的时候，两个姐姐用她们的剪纸在县城里换来了些米和面，解决了家里的口粮。当时对我的心灵触动很大，姐姐能凭着她的手艺换来粮食，没有让全家人饿肚子。从那个时候起，我就决心一定要学习一门好手艺，最后定在了剪纸上，认为手艺能当饭吃。

刘：伏老师您说得非常好！接着说。

伏：有一年放暑假，正赶上收割小麦，我在割完麦子的田里拾了些掉在地上的麦穗，回家后用两块砖面对面碾一下后炒着吃。当时不知是饿了还是什么缘故，炒熟的麦子非常香，味道至今记忆犹新。那时候好像光知道把肚子吃饱，但我和哥哥也有个约定，一定要好好学习，将来哥哥要争取考上大学，我一定要把剪纸手艺学精学好。

刘：我就说你们姊妹几个都这么优秀，因为你们从小就有了志向。伏老师您说说自己的情况吧。

伏：我上小学时，特别爱学习，最爱上的是美术课，一考试就是满分。后来到初中时，要到镇上上学，离我家有五里路，每天骑上自行车跑两个来回，加上功课重学习压力大，总觉得时间不够用。

刘：在学校念书的时候就没有学剪纸的机会了吧？

伏：我记得从小学四年级的时候，每天到学校时就带着一把小剪刀，利用课间休息的时候剪纸。那个时候一到下课同学们都围着我看我剪纸，并且用自己的铅笔和本子来换我剪的窗花。

刘：那时候老师看见你剪纸批评吗？

伏：不批评。有一次，我放学回家，把在学校剪好的花纸给母亲看，母亲很高兴，就把我剪的窗花贴在了窗户上，我看见母亲左看看右看看，笑着说我剪的好。

刘：所以说母亲是儿女的第一任老师。

伏：自从得到母亲的表扬后，我心里非常高兴，就更加地爱剪纸了。母亲说左手怎么拿纸用什么角度，右手怎么拿剪刀，什么地方用刀尖，手把手地给我教。一开始我还打底稿，后来就不用了，直接拿起剪刀来剪。我觉得日子过得非常快，一转眼我就初中毕业了。

刘：您在学习剪纸的过程中，谁对您影响最大？

伏：对我影响最大的是母亲。当时娃娃鞋头上的花，母亲剪的最好，母亲还会刺绣。从我记事起，父亲爱画画，他画的最多的是梅兰竹菊。所以我们受

⊢ 伏兆苗剪纸作品《王二小》（本人供图）

上 剪纸传承人伏兆苗（本人供图）

父亲母亲的熏陶和影响，姊妹们从小就喜欢剪纸。

刘：两个姐姐对你影响大吗？

伏：那时候大哥喜欢书法，大哥大姐都已经结婚，各自有了家庭。当时兆娥姐、兆凤姐都已经上中学了，我和小哥哥及妹妹在上小学。家务都是有两个姐姐帮着父母干的，当时生活虽苦，条件虽差，但苦中有乐，常常有说不出的幸福感。

刘：您是从什么时候开始发表作品的？

伏：从1989年开始发表的，那年我十九岁，我的第一幅作品《种牛痘》在固原日报上发表，稿费好像记得是两块钱，给了我很大的鼓励。后来，我一边学习文化课，一边苦练剪纸，经常偷偷把剪刀藏在书包不显眼的夹缝里，下课之余悄悄地拿起剪刀剪起来，把记在心里的图形剪出来。我最大的乐趣就是能在报刊上发表自己的剪纸作品，它给我的鼓舞最大。

刘：近年来您获得了哪些荣誉？您觉得得到的多还是失去的多？

伏：近年来，我的作品多次参加全国及各省市大型展览，并获得奖项。2005年6月，日本岛根县友好交流团到宁夏，我被邀请在宁夏虹桥宾馆进行现场剪纸交流。第三届中国蒙牛情国际剪纸大赛中，我的作品《财神》获得银奖。在第三届中国国际剪纸大赛中，我的作品《子孙万代》获得铜奖。第四届中国国际剪纸大赛中，我的作品《白发老娘》获金奖。2006年，我的剪纸连环画《鸡吃了我的驴》被《连环画报》第七期刊登。作品《八仙》被中央民族大学博物馆收藏。2008年我荣获宁夏回族自治区优秀文化创作奖。

刘：伏老师太厉害了！国家级、自治区级的大奖被您拿全了（笑）。无数个日日夜夜的创作，您手上留下的厚厚的老茧，是坚守这门手艺的见证。

伏：还有呢！2010年，我的剪纸作品《二牛抬杠》被中国农业博物馆永久收藏。2015年作品《王二小》在上海反法西斯剪纸艺术展览中荣获铜奖，并被上海艺术馆收藏。同年，我荣幸地参加了清华美术学院工艺美术行业综合提升高级研修培训班。2016年沙波头拍摄《爸爸去哪儿》，我被邀请在第四季综艺节目中做剪纸美工并为蔡国庆等艺人剪了肖像，并参加了剪纸大嫂的角色演出。

刘：伏老师真是名不虚传，宁夏的剪纸大王。

伏兆苗剪纸作品《花木兰》（本人供图）

⊥ 伏兆苗剪纸作品《梁山伯与祝英台》（本人供图）

伏：这不敢当。2019年，由中国民间文艺家协会主办的庆祝中华人民共和国成立七十周年大会，我的作品《放飞夕阳梦》在剪纸精品展中获奖。同年10月，宁夏《我和我的祖国》剪纸创意大赛中，我的作品《龙有九子》获金奖。2019年11月，我应文旅部邀请，赴石家庄市参加第五期国家级非物质文化遗产传承人培训班。

刘：伏老师您在剪纸的过程中遇到过困难吗？是谁鼓励了您？

伏：在20世纪90年代，父亲在剪纸的造型上给了我很多的鼓励和帮助，特别是在剪纸的构图、造型，以及传统纹样上，具体体现在我的一些作品上。父亲有时候在晚上会临摹一些绘画（给我）。除了练习一些（绘画的）基本功，他在人生观等方面对我也有比较大的影响。后来我的剪纸内涵得到比较大的提升，与父亲的指教有很大关系。

刘：噢！剪纸技艺代代相传与家传有一定的关系。

伏：剪纸要想形成自己的艺术风格，必须对这门古老的传统艺术产生浓厚的兴趣，全身心地投入到最高的艺术境界才行。我常常想，人活一辈子，匆匆忙忙几十年，年纪越大，越觉得时间过得快，趁着还年轻，应该做一些有价值、有意义的事情，将来年纪大了，无能为力时，不至于后悔。

刘：您的家庭对您的剪纸艺术有影响吗？

伏：好！这个必须要说。我是1994年结的婚，我的丈夫比我大两岁，他是个善良上进的厚道人。婚后，我们就住在兴仁镇郝集村。儿子出生后，我们两人照顾孩子，孩子长大上学后，我的空闲时间就多了。为了我喜爱的剪纸艺术，丈夫给我出主意、想办法，创造一切条件（支持我），他对我的剪纸艺术帮助很大，让我没有后顾之忧。

刘：就是么，一看就是个老实人，我们见过好多次。

伏：平时我家务事做得很少，都是他承包了。虽然他不会画画、不会剪纸，在艺术上和我没有共同语言，但在生活上对我照顾很大。他只要能给别人帮上忙，就会尽力而为。这些年来，我的创作一直受到丈夫的支持和陪同，他是我的第一位见证人，每次剪好的作品都是由他来裱装的。

刘：伏老师您最大的愿望是什么？

伏：我的人生之路和剪纸艺术紧密相连。我希望我的余生能和更多的人探讨学

⊥　伏兆苗剪纸作品《鹊桥》牛系列（1）（本人供图）

⊥　伏兆苗剪纸作品《鹊桥》牛系列（2）（本人供图）

习剪纸艺术，把多年创作收藏的作品展现给大家。目前有好多人想学习剪纸，但我没有地方来传授技艺。在家中只有儿子和几个学员学习。如果能有自己的工作室，我会尽我最大的努力带学员，把剪纸这门手艺传授给喜欢它的人。

刘：伏老师讲得非常好，传承人的责任就是要带徒弟呢！

伏：我的剪纸题材主要是民俗类的多，我觉得在传承技艺的同时，还要传承人的人生观、价值观，用剪纸的形式表现出来。在传承过程中，剪纸技艺也遇到了一些瓶颈，但我还是以一份感恩之心想把这门传统技艺传承好。我愿将我的这门手艺教给更多的人，让他们了解我们中华传统文化的博大精深，这是我的心愿。

刘：伏老师您还是宁夏工艺美术大师，您创作的剪纸和其他人有什么不同的地方？

伏：剪纸虽然制作简便，造型单纯，但它包容着丰富的民俗和生活内涵，它是对许多种民间美术表现形式的浓缩和夸张。我的剪纸作品基本遵循当地民间艺术的（传统）造型规律，在内容表现形式上，如人物活动、花鸟鱼虫、飞禽走兽、民间故事传说等，不论是剪作窗花、门笺、墙花还是灯花、喜花等，都同农村的节令风俗要有密切的关系。

刘：伏老师从七八岁就开始剪纸，一剪就是四十多年。剪纸这一手工艺术在您的心里扎下了根。我们也祝愿伏老师今后创作出更多的精品，早日实现自己的愿望。

古建筑彩绘技艺代表性传承人

陈进德

陈进德，1960年出生，汉族，中卫市沙坡头区人，大专学历。2017年被认定为自治区级非物质文化遗产项目（古建筑彩绘技艺）代表性传承人。

综　述

陈进德是土生土长的中卫人，从小爱好绘画，1975年上中学后因为有绘画特长，常协助老师办黑板报、墙报并受到美术老师陈继荣指导。高中毕业后，他学习了照相技术，在中卫乡村从事油漆绘画生意。20世纪80年代，传统艺术重新展现生机。中卫高庙保安寺开始修缮、恢复古建彩画，陈进德应召参加彩画绘制工作，并结识了中卫有名的画师王在田先生，通过向王在田学习彩画技艺，陈进德基本掌握了古建彩画的工艺程序。1985年，陈进德随同中卫县政府文化部门的领导赴北京、西安等地考察学习古建方面的知识，大开眼界，受益匪浅。其后他又拜访陕西的画师王国声及中卫的王稚春、王学义老师学习绘画。

宁夏中卫地处黄河前套之首，得黄河灌溉之利，土地肥沃，物产丰富，是塞上江南的核心区域，素有“鱼米之乡”的美誉，也是丝绸之路的边陲要塞。随着黄河水运的发达，依托沿岸渡口兴旺起来的商业交流，一度吸引了很多外地人来此定居。不同时期不同地方的移民，带来不同的风俗和文化，在这里融合、碰撞、沉淀，逐渐在相互映照中形成了独具特色的民俗文化。中卫古建筑彩绘作为体现在木构建筑上的装饰美化艺术，同样在兼容八方、收纳众长中，呈现出汇不同流派于一家、糅不同风格为一身的别样面目。古建筑彩绘在建筑装饰中除了具有良好的视觉效果，还能使建筑物在一定程度上起到防水作用。它既增加了建筑的美观性，又延长了建筑寿命，还增加了建筑的文化内涵。受中卫当地历史文化及地理环境的影响，再加上外来文化的与本土文化交流碰撞、兼容并蓄，中卫市形成了今天独具特色的地方文化现象。

唐代，丝绸之路经过宁夏的线路发生了变化。781年，吐蕃占领沙州，控制整个西北，从长安通向敦煌的南北两路都受到阻隔。丝绸之路东段在宁夏境内的路线不再经过原州往西，而是从今天的西安北上彬县、庆阳、环县到灵武（灵州），再从青铜峡渡过黄河，经中卫到甘肃武威。由于古丝绸之路沿途僧侣、神父、牧师往来传教，中卫宗教兴盛，寺庙道观之多塞上有名。明清时期卫宁地区建庙礼佛之风达到了历史巅峰，原中卫县城就有“九寺十八庙，两庵加一祠”之说。明清时期也是中卫古建筑彩画发展的鼎盛时期，中卫当地每座寺庙基本上都用彩画装饰，彩画使几百年的古老建筑更加瑰丽多彩。中卫境内现存最能代表古建筑彩画工艺水平的是高庙保安寺。以高庙保安寺为中心，独具特色的彩绘定格和法式，以和玺彩画、旋子彩画、苏式彩画、地方彩画为代表，出现在世人的面前。

作为国家级重点文物保护单位的中卫高庙和石空大佛寺这两大建筑群，最能体现出中卫彩绘那种你中有我、我中有你的地域特色。尤其是建于明清时期的高庙建筑群，建庙之初有据可查的彩绘工匠，就有来自山西和陕西的，这些工匠有的擅长官式彩绘，有的擅长民间彩绘。但由于中卫地处中原政权的边缘地带，原本等级严明的官式彩绘，也就在无人过问中出现在了民间的斗拱、梁架之上，而原本自由活泼的民间彩绘，也在官式彩绘的影响下变得更为严谨。这些来自五湖四海的工匠在技法上取长补短，在风格上相互借鉴，又通过一代代传承人的补充、修正和规范，逐渐形成了既不同于官式彩绘，又不完全是民间彩绘的中卫彩绘工艺，衍生出“油饼子圈子”“狗尾巴云子”“莲花瓣子”“猫蹄子窝”“如意头”“松节彩子”“钻花夔龙”“明柱吞口”等地方独特图案，在吸收和玺彩画、旋子彩画、苏式彩画传统工艺的基础上，提炼总结出富有吉祥寓意的“如意旋子彩画”法式，并在不断的积淀中形成了一套非常系统的规制。

陈进德自学成才。自20世纪80年代中期开始，他应聘承担中卫及宁夏周边地区的古建筑彩绘工程，传授古建筑彩画技艺，并拜师老艺人学习古建筑彩画技艺。陈进德积累了丰富的彩绘实践经验，传授弟子四十余人。他的业务辐射宁夏、甘肃、内蒙古等地，主持的古建筑彩绘工程有中卫高庙、鼓楼、龙宫、莲池寺、灵塔寺、香岩寺，银川来佛寺、吴忠两馆一中心、吴忠白塔寺、灵武高庙、中宁大佛殿、舟塔保安寺、青铜峡牛首山、红寺堡寺、同心莲花山道观、罗山云青寺、盐池卧龙山，甘肃东老爷山、武威青山寺，包头大钟寺等二百余处。

陈进德在古建筑彩画的用料、敷色、工艺等方面有自己一整套的传承方法，受到了同行及专业人士的赞誉。他多次受到《宁夏电视台》《宁夏日报》《中卫电视台》《中卫日报》的采访报道。近年来，陈进德组建了工程施工队，注册了公司，从北京聘请了更加专业的技师，为宁夏古建筑彩绘技艺的传承作出更大的贡献。

2019年5月17日，我们在中卫高庙保安寺庭院对自治区级传承人陈进德进行了采访。

⊥ 刘忠群、刘巍在中卫高庙采访古建筑彩绘传承人陈进德（马红艳摄于2019年5月）

访　谈

被访谈者：陈进德（自治区级非物质文化遗产代表性传承人）

访 谈 者：刘忠群、李勇、刘巍

访谈时间：2019年5月17日

访谈地点：中卫市高庙保安寺

录音整理：刘忠群、刘巍

综述撰稿：刘忠群

刘：陈师傅好！今天我们来是对自治区级传承人进行采访的。首先想了解一下陈师傅的出生年月、出生地。

陈：我是1960年4月29日出生在中卫市沙坡头区迎水桥镇牛滩村，我是属鼠的，今年六十岁（当地人在年龄上不说九）。

刘：父母亲还健在吗？有几个兄弟姐妹？

陈：父母亲早去世了。我姊妹六个，三个哥哥两个姐姐，我最小。

刘：陈师傅您是从什么时候开始从事古建筑彩绘这门手艺的？

陈：1978年我高中毕业后，开始在中卫当地从事油漆绘画营生。改革开放后，中卫高庙保安寺开始进行古建筑修缮，我报名参加（彩绘维修）项目工作，后来被录用了。

刘：当时师父是谁？

陈：师父是白怀玉（人称白画匠）、王在田。中卫高庙保安寺古建筑修缮是由他们带领绘画匠人修缮的。自从我进入高庙干活，与古建筑彩绘结下了不解之缘，到现在整整三十七年了。

刘：陈师傅请说说您没有到高庙之前是怎么学习绘画的。

陈：我从小就喜欢绘画。那个时候画画写字没有颜料，根本没有钱到城里买，我就把炉子燃烧完的炭渣子泡在水瓶子里当颜料来使。当时没有毛笔，就拿木棍子削一下当画笔用。画的内容多是花草树木和山山水水等。

刘：那上了中学以后呢？

陈：到上初中一年级的时候，我们同班同学拓兆功，他也特别喜欢绘画，我俩一起约上参加了学校的课外特长绘画培训班。当时的图画老师叫陈继荣，是陈老师给我们辅导绘画。课余时间我们还在学校办黑板报和学习专栏。

刘：陈老师是您绘画最早的启蒙老师了。后来呢？

陈：因为当时家庭条件也不宽余，初中毕业后，我就开始在农村干起了油漆活（当地人叫油漆匠，也叫画匠）。和我一起干的师父叫闫吉红，跟着他走村串巷油漆家具。现在回想起来，当时师父教得好，我基本功学习得也扎实。在做活的过程中，如碰见别的师傅画得好的柜子、箱子，我会仔细地揣摩，

刘忠群、刘巍在中卫高庙采访古建筑彩绘传承人陈进德（马红艳摄于 2019 年 5 月）

也为后来的绘画技艺打下了比较扎实的基础。

刘：陈师傅您说说到高庙后的情况。

陈：自从到了高庙开始彩画，接触的都是当地知名的画师。因为中卫高庙的名气大，一般匠人是进不来的。自从到了高庙后我受益匪浅。

刘：那个时候您才二十多岁，我已经在文化馆工作了，见过您。

陈：那个时候家在乡下，离城要十几里路呢，我每天骑自行车从迎水桥到高庙，我是到现场最早的一个徒弟。平时我有不懂的地方爱问师父，后来师父也喜欢给我教。

刘：来来回回地跑确实有些远。

陈：后来高庙允许家远的匠人住下干活了，这样就节省了好多时间。一来我能照顾师父的起居生活，二来又能让师父教我画画，我心里说不出的高兴。

刘：除了画画、照顾师父，平时还做啥呢？

陈：1985年春，中卫县统战部有关负责项目的同志带着我们到西安等地参观学习了好多天。回到中卫后师父们在一起商量谋划如何进行古建筑彩绘的修

古建筑彩画传承人陈进德
（刘忠群摄于 2019 年 5 月）

复，一致认为我能够担任这项工作。1986年3月，高庙工程组委托我进行高庙彩绘修复工作，从此我和古建筑彩绘结了缘，一干就是三十多年。

刘：陈师傅，古建筑彩绘这门手艺好学吗？

陈：只要有绘画基础就好学习着呢！当时我有绘画的基础，加上机遇好，又遇的师父给教得好，所以把这门技艺传承得比较好。

刘：陈师傅，过去走乡串户干油漆活的日子还记得吗？

陈：记着呢！当时农村已经分田到户了，已经结束了挣工分、吃大锅饭。我跟着师父在村民家里油漆大小柜、箱子、椅子等家具。一年以后我有了成果，我的出师之作是在迎水桥镇北长滩村完成的，是我的同学邀请我到他家给绘画了新家具，没有想到完工后得到了他们一家人的高度评价。后来他把我推荐到迎水桥镇长流水村去画画。

刘：当时有交通工具吗？是活干到哪里就住在哪里了？

陈：就是的。我常常是背着被褥带着干粮和颜料在农户家里作画，现在想起来当时非常艰难。后来我成了镇上小有名气的油漆匠（画匠）。因为我是个匠人，画画得好，又有收入，通过别人的介绍我结婚了。

刘：陈师傅说说小时候您印象最深的事好吗？

陈：上小学的时候，我隐隐约约还能记得有工业学大庆、农业学大寨、全国学习解放军的号召。当时农村日用生活品相当贫乏，非得到城里才能买上。油、肉、盐、煤油、布、棉花等都是凭票供应。好像城里和乡下人穿的衣服不是蓝就是灰，小商小贩很少。农村里一个大队，再分成几个小生产队，所有的社员一起参加劳动，等到秋收后就开始分粮食。

刘：对着呢！那时候城乡差别大，农村供应跟不上。

陈：那个时候，鸡下上个蛋也舍不得吃，就拿到农贸市场卖钱。农村人一到吃饭的时候，喜欢端着碗到院子外面吃，或者坐在巷子口边吃边聊天。

刘：现在叫人间烟火（笑）。

陈：农民一到交公粮，要将所种的粮食交一部分给国家。那个时候农活主要是依靠畜力，谁家里如果有牲畜能代替人来干活，会让人非常羡慕。

刘：现在从农村出来的人都还怀念过去的生活呢！

陈：当时农村的主要交通工具是自行车，一般家庭条件好的才能买得起呢！那个时候，缝纫机和自行车是家里面贵重的物件。

刘：说得对！20世纪80年代的农村里能买得起自行车的家庭还不多，只有家庭条件比较好的才能买得起。那时候的人都比较勤俭，老人身上穿的衣服有的是打了补丁的。陈师傅，那时候学绘画的人多不多？

陈：画得好的不太多，很一般的有呢！人品好，知道底细师父才带呢！学成的也不太多。

刘：当时家里还有其他人学绘画了吗？

陈：没有。就是我一个人学了绘画，其他人不爱这一行。

刘：您是初中毕业还是高中？

陈：上了个初中就不念了。

刘：您是什么时候结的婚？妻子是做什么的？

陈：我是1981年9月结的婚，对方是农村家庭妇女。

刘：结婚后有了几个小孩？

陈：生了三个男娃娃。

刘：有了小孩后，对您干彩画有影响吗？

陈：没有啥影响，只是有了孩子后，生活的负担更加重了，不过手艺就是吃饭碗，必须得干下去。

刘：您除了干彩画还做过哪些事情？

陈：我还干过照相生意。那时候用的是胶卷，动不动就没胶卷了。我还保存着两个照相机，一个是上海海鸥牌120，能照十二张，一个是135的，能照三十六张。

刘：您说说彩绘用的都是什么材料，和别的绘画材料有区别吗？

陈：古建筑彩绘最早是用矿物质或植物颜料，比如白垩土、朱砂、猪血等。我现在一直用的是石色（颜料），因为它不容易褪色，不过现在商家制作的颜料没有过去的好了。

刘：那么什么样的材料才算是好的呢？您在彩画用料的选择上有什么讲究？

陈：因为好的天然矿物质颜料，它含有动物胶和植物胶的成分，这是匠人们长期在地仗（建筑）彩绘中摸索出来的经验。现在彩绘用的色料只是一般的成品油漆。

刘：现在您用的材料和过去用的材料一样吗？

陈：这些年基本上用的就是这种材料，但现在的材料一年不如一年，没有过去的好了。如果买好的材料也有，但成本就会更高，本来人工工资就高，这样一来传承技艺就会受到制约。

刘：您把彩绘技艺使用的工具介绍一下。

陈：彩绘的内容是根据不同的位置而定，因此需要的工具也比较繁杂。使用的工具有斧子、锤子、刷子、刮刀、铅笔、牛皮纸、圆规、锥子、木尺、毛笔、粉包、沥粉管、油画笔等。不同的绘画形式需要不同的材料和工具，材料的好坏直接会影响彩画的水平。

刘：这些工具是您自己制作的，还是从商店里买来的？

陈：都是从商店里买的，不过有些特殊的工具需要自己来制作，如锥子等。

刘：完成一幅彩画作品，通常需要哪几道工序？

陈：第一步是起架。在进行彩绘之前，要对施工现场进行全面的勘察，根据（现场的）实际情况进行合理的搭架，这对后续彩绘工作的安全性能起到至关重要的作用。

刘：就是的。架子一定要搭建牢固，安全第一么。

陈：第二步是扎封、批灰。清理木缝，用竹钉将木缝弥合打磨，将血料、满（满的成分是白面加灰油、石灰水调成的灰褐色糊状物，具有较好的黏接作用）和清水调制成的稀浆涂于木构件表面。在木缝空隙处补刷第一道灰，之后通体刷灰，在垂直于木纹方向处缠绕麻丝纤维，用浆黏在地仗表面，用油灰腻子把麻层表面刮平，再刷原生桐油，以便加固油灰层。

刘：万丈高楼平地起，打底子非常重要，它是保证绘画保存年限的关键步骤。

陈：第三步是绘图放样。在进行绘图之前首先要找到构件的中线，以便在二分之一构件的范围内布置纹饰，并且根据古建筑及其构件的特点，在厚纸（一般用比较结实的牛皮纸）上按照构件实际尺寸绘制出线描图，画谱的图案要讲究准确、清晰。

刘：绘图放样听说有好多的规矩呢！都是匠人们通过实践经验总结出来的。

陈：就是的。第四步是扎谱子、拍谱子。沿着绘制好的图案线用大针扎出均匀的针孔，称为“扎谱子”。之后便将扎好的彩画谱子覆于构件表面，用粉料包沿谱子拍打，使粉料透过谱子上的针孔印在构件之上，拍出的画谱要准确、清晰，花纹连贯不走样。

刘：扎谱子，就是将彩画图案覆于构件的表面吧？

陈：对着呢！第五步是沥粉。将调制好的沥粉材料，用沥粉管对需要沥粉的部位进行走线，使彩画图案线条成为凸起的立体线条，固定在构件上，其目

陈进德在中卫高庙进行彩绘
（刘忠群摄于 2019 年 5 月）

的是强调彩画主线的立体效果和贴金箔后的光泽效果。沥粉要严格按谱子进行，准确表现纹饰图案，要达到粉条饱满，图案对称、端正，线条流畅，具有连贯性，且要求粉条的粗细高低一致。

刘：哦，沥粉是为了强调彩画主线的立体效果和贴上金箔后的光泽效果！

陈：最后是设色涂刷彩绘。上色要按彩画施色制度进行，要求涂刷均匀、整洁，不虚不花、不掉色。晕色的部位讲究色度要准确，色阶要匀，上色完成之后还需对已完成的彩画部位进行全面的检查、修饰、校正，达到尽善尽美的程度，也叫“打点找补”。

刘：会看的看门道，彩绘工艺复杂着呢！现在为了防止火灾，用水泥建造的建筑物也多了，陈师傅您是咋干着的？

陈：在水泥建筑上，第一道工序是批灰打底。现在都怕发生火灾，建筑物都用水泥，一般在水泥底层上绘画，先将基层的表面清理干净，清理底子非常重要。清理后满刷一道用三倍松香水稀释的生桐油，让它渗入一定的深度，会起到加固水泥基层的作用。等干燥后打磨扫净，然后用较细的油灰腻子满批一遍，不要太厚了，但要密实，平面用薄钢片刮，曲面用橡胶板刮。干后要将板迹和接头磨平，扫清掸净。随后再用更细的油灰加入少量光油和适量水调成的材料满批一道，厚度约两毫米。干后磨至表面平整不显接头，扫净浮灰。接着满刷没有加过稀料的原生桐油，并渗进油灰层中，达到加固油灰层的目的。表面如有浮油及时擦净，等干透细磨，扫清掸净。

刘：看来在水泥建筑物上做彩画也不简单呢！

陈：第二道工序是绘图放样。基层处理完成后，就可以测量尺寸绘制图样了。先准确量出彩画绘制部位的长宽尺寸，然后配纸，以优质牛皮纸为好，长宽不够可以拼接。彩画图案一般上下左右对称，可将纸上下对折，先用炭条在纸上绘出所需纹样，再用墨笔勾勒，经过扎谱后展开即成完整图案。大样绘完后用大针扎谱，针孔间距两三毫米。扎孔时可在纸下垫毡或泡沫等，如遇枋心、藻头、盒子等有不对称纹样时，要将谱纸展开画。在对构件放样前，用砂纸将生油地仗满磨一遍，用水布擦净。接着定出构件的横竖中线，将纸定位摊平，用粉袋逐孔拍打，使色粉透过针孔印在地仗上，这样彩画的纹样就被准确地放印出来了。

刘：这一看和在木质上操作有相同的地方，把放样要放好呢！

陈：嗯。第三道工序是设色涂刷。传统彩画是程式化的图案，设色有一定的规律。一般以明间为基点，上青下绿、青绿相间为原则。水平方向是明间上青下绿，次间上绿下青，再次间又是上青下绿，以此类推。和玺彩画、旋子彩画和苏式彩画的设色规律相似，地方彩画则没有固定的设色规定。彩画着色是一项关键的工序，不能有半点差错。

刘：地方彩画没有固定的设色规定，有时根据场地功能而定，那总有个设色规范吧？

陈：有呢！匠人们把不同的颜色设定了代号：一米色、二淡青、三香色、四硝红、五粉紫、六洋绿、七佛青、八石黄、九紫色、十黑烟、十一红等。将代号直接写在地仗上，然后根据色号将各种色料对号入座。一般是涂刷着色一两遍后，待干后再刷一遍光油罩光，以起到保护作用。

刘：噢！最关键的是哪一步？

陈：一定要把木建筑物的底子处理好，不然过不了多长时间，绘画就起皮了。如果颜色买不对，时间一长绘画就褪色了，在行道里是最丢人的。

刘：陈师傅，您做了这么长时间建筑彩绘，您认为怎样才能把彩绘做好？

陈：我一般都是为寺庙服务，要有善心举意。首先是想着要把活给人家干好，给的费用能把徒弟及匠人的人工工资开支够就成。

刘：您说说中卫古建筑彩绘的特点。

陈：在风格类型上，中卫古建筑彩绘技艺除了承袭传统之外，多结合中卫地区传统习俗，按照建筑群体的不同结构，建筑外观以“旋子如意彩画”形式配彩，走廊采用“苏式混彩”的艺术布局，门扇格子以“五彩”形式沥粉配有画面，突出古典诗书画的丰韵内涵。在彩绘技法上，古建筑彩绘技艺突出中卫传统特色“如意旋子彩画”手法，如“油饼子圈子”“狗尾巴云子”“猫蹄子窝”“莲花瓣子”“如意头”“钻花夔龙”“松节彩子”等称谓均属宁夏地方特色工艺。在题材选取上，古建筑彩绘技艺突出中卫古建筑风格，凸显地方浓郁的传统民俗文化底蕴，依据建筑的构造部位及文化场所来选取不同的彩绘题材，多以当地民间传说、历史典故、人物故事等为主。

刘：陈师傅，您简单地讲一讲彩绘的主要用途和寓意在哪里。

陈：古建彩画是在古代建筑上绘制的装饰画，主要绘于雀替、斗拱、墙壁、天花、瓜筒、角梁、椽子、栏杆等建筑木构件上。这些色彩缤纷的画面，激发着人们对美的享受。过去古建筑的构件及其彩绘艺术也都受到严格的限制，只有在礼制规定的允许范围才能进行施工。

刘：过去的干法和现在一样吗？有什么区别？

陈：基本上工序是一样的，只不过现在出现了水泥建筑，以前都是纯实木建筑，这样一来给匠人带来了许多的难题。水泥和颜料不容易结合，施工不好就容易脱皮。

刘：陈师傅这么多年您比较满意的作品是哪些？

陈：我最满意的还是中卫高庙保安寺的彩绘和中卫鼓楼、中宁大佛寺的活。

刘：您的公司什么时候注册成立的？

陈：是2016年注册的，名称是宁夏艺轩古建筑工程有限公司。

刘：成立这样的一个工作室，需要办理哪些手续？

陈：首先要准备资金。包括注册费用，资金不需要太多，但是这些资金能够保证员工的工资和房租的正常开支。到行政大厅工商局去办理营业执照，到税务局办理税务执照。

刘：当时怎么想起来要成立个公司？

陈：因为市场越来越规范了，到外省市干活人家要资质，加上匠人外出交流学习及签合同购材料等，都需要正规的手续呢。

陈进德在中卫高庙进行彩绘
（刘忠群摄于 2019 年 5 月）

刘：没有成立公司之前，是什么样的一个情况？

陈：没有成立公司之前也是在正常地开展业务，有了公司后就更加方便了。也显示了我们的专业能力和实力。

刘：公司成立后，有什么样的变化？

陈：公司成立后，一些徒弟和匠人更加敬业了，在社会上也好招徒弟了，听起来也更正规了。

刘：最初公司有几个人？您主要负责什么工作？

陈：最初公司有八个人，我是法人代表。

刘：现在公司有多少匠人和徒弟？

陈：现在有十六个人。

刘：他们主要集中在哪个年龄段？待遇如何？

陈：三十岁左右的比较多，按绘画水平高低给报酬，高的每天三百五十元，中间的每天二百三十元，一般学徒每天一百八十元。有时也按工程量给付报酬。赶活的时候有时也需要加班。

刘：目前的市场稳定吗？

陈：比较稳定。现在对宗教场所的施工要求比较严格，活不如以前多了，但还是能够接上。

刘：您的孩子他们都多大岁数了？

陈：大儿子三十八，老二三十六，小儿子三十二了。

刘：目前他们在做什么？

陈：他们都在跟着我干彩绘，包括儿媳妇。大儿子有时跑出租车，因为彩绘工作场地不固定，经常变动，必须有交通工具。

刘：这门手艺是您传给他们的吗？

陈：对！我们是父子相传，也是师徒相传。（徒弟）有王洪财、王吉平、陈学儒、陈学贤和陈学军等人。

刘：近几年您招过徒弟吗？

陈：招过，经常有人（绘画爱好者）来学习彩绘。

刘：徒弟是哪里人？他们怎样找上您的？

陈：徒弟本地的比较多，也有其他市县的，比较灵活，学成后也有转行的，因为活计不固定，有多有少，一次不能上人太多。

刘：学会这门手艺需要多长时间？

陈：只要有绘画基础，学起来就比较快。因为它有规范的程序呢，在什么位置画什么画，比较好操作。

刘：您对徒弟通常有哪些要求？

陈：只要有绘画基础就成，要求也不高。

刘：一般要经历哪几个学习阶段才能出徒？

陈：一般先是跟着熟悉工作环境，了解彩绘的工序，了解材料种类等，先看师父是怎么操作的，先帮着师父干能干的，一步一步进入角色。

刘：您主要用什么方法教他们？

陈：言传身教。功夫全在笔和刷子上。对色彩要把握好。

刘：您觉得学彩绘手艺最难的地方是什么？

陈：首先要喜欢传统文化，把彩绘中的绘画经典部分学通学透。要有较高的专业审美观，对图案及色彩有较高的掌控能力。

刘：您理想中的徒弟是什么样的？

陈：有较深的阅历，不但会画，而且能讲，会带徒弟。

刘：您觉得这门手艺还好往下传吗？主要的问题是什么？

陈：只要寺庙道观存在，彩绘就会一直传承下去，就看师父的手艺高低了，名师出高徒。

刘：最近几年国家出台了一些保护民间文化的政策和措施，比如定期评选非物质文化遗产项目的传承人，申请成功后，国家每年都会给予一定的资金支持，对于政府的这些措施，您了解吗？

陈：基本了解。自治区级传承人政府每年给着两千元补助。

刘：您有获得过哪些奖励吗？

陈：我2017获得中国残联残疾人特殊艺术挖掘与推介扶持项目；2018年被评为宁夏非物质文化遗产优秀保护基地；2019年被评为第三届宁夏工艺美术大师，同年11月入围中国残联举办的“残疾人艺术家百人推介计划”。

刘：这些年来当地政府有没有给过您一些支持和帮助？

陈：市残联给过我扶持，文化部门没有的。

刘：成为非遗项目传承人后，对您有哪些方面的影响？

陈：近年来我开展了多次传承活动，配合文化和旅游主管部门及其他有关部门进行非物质文化遗产公益性宣传等活动。每年向文化和旅游主管部门提交传承情况报告。身上担负的责任更重了。

刘：您希望今后能从政府那里获取哪些帮助？

陈：传承这门手艺必须有固定的场地。现在商业房租费高，传承基地经常借用或临时租赁，无法满足学员的要求。建议政府能给予帮助解决。

刘：您怎样看待最近几年国家和当地政府出台的这些保护民间文化的政策和措施？

陈：非常好！一年比一年好，一年比一年重视，政府应该解决传承人的实际生活问题，他们在世的传承时间不长了，有些都要人亡艺绝。

刘：您从事这门手艺到现在有多长时间了？

陈：从1983年开始，有三十七年了。时间过得太快了（笑）。

刘：今后打算一直做下去吗？

陈：我这一辈子是和古建彩绘结了缘，肯定会一直做下去的，等我干不动了有儿子和徒弟呢，一辈传一辈肯定会传承下去的。

刘：这门手艺对您来说意味着什么？

陈：这门手艺可以说是我的铁饭碗，也是我的一份情怀。虽然几十年酸甜苦辣也不容易，但都走过来了。每次一到工地上，看到徒弟们在架子上认认真真地绘画，我非常得欣慰。如今好多徒弟都能独立操作了，有的在单干。

刘：现在机器制造业越来越发达了，我们用的很多东西都是机器生产的，在这种情况下，您觉得纯手工制作还有必要吗？

陈：非常有必要。它是情感的传递，就好比母亲手工做的鞋穿在脚上打心底里

绘制完成的古建筑彩绘作品（本人供图）

舒坦。有时用言语无法表达。

刘：最近几十年社会变化特别快，以前的一些老手艺，现在很多都见不到了，对此您有什么看法？

陈：老手艺是原汁原味的非物质文化遗产，应该好好地保护下来。

刘：您觉得现在的年轻人和过去的年轻人有哪些不一样？

陈：现在的年轻人与过去的相比，社交广一些，更喜欢彰显自我，喜欢游山玩水，生活要比过去的人丰富许多。但责任心都不太强。现在的年轻人，对未来前景比较模糊。过去是叫要做一颗螺丝钉，放在哪里就在哪里起作用，服从革命工作的需要，一旦被安排，就认同工作。现在不同了，此处不喜欢，或者不被此处喜欢，我可以再选择，还可以凭借年轻的优势去拼。

刘：您对现在的年轻人有什么期望吗？

陈：要听党的话，要本分，有责任感，不怕吃亏。要在担当中历练自己，要有奋斗精神，只有学好本领，有真才实学才能走到人前头，日子才能过幸福。

⊥ 绘制完成的古建筑彩绘作品（本人供图）

刘：今后您最想做的事情是什么?

陈：深感肩上责任重大，我一定要好好努力，对得起（传承人）这个称号。我要制定好个人的项目传承计划和目标任务，继续从事生产、创作，为社会提供高质量的作品。认真开展传承工作，无保留地传授技艺，培养后继人才，积极参与展览、演示交流等活动。现在，全社会都关心和重视我们，我的信心更足，一定要把千百年的优秀文化世代传承下去。

刘：您有没有遗憾没有去做的事情，或还没有完成的心愿?

陈：我最大的愿望是让古建筑彩绘技艺世代相传。我现在六十岁了，手和心仍闲不下来，我经常在找接班人，我的手艺需要代代相传下去。如果没有传承人，没有市场，将是我一辈子的遗憾，也是我们的传统文化不可弥补的损失。我们可以通过"传统图案再现现代生活"的构想，让优秀的传统文化不要断层，代代延续下去。

刘：陈师傅，好样的！下一步政府准备用文旅融合的理念寻求新的突破，在发扬古建筑彩绘艺术的同时，适时开设培训班培养传承人，以古建彩绘去表现本土的民间故事，让古建彩绘更加融入现代人们的生活。

泥塑代表性传承人

侯思荣

侯思荣，1956年出生，汉族，甘肃省兰州市人。2017年被认定为自治区级非物质文化遗产项目（泥塑）代表性传承人。

综 述

侯思荣从小在甘肃榆中县农村长大，自幼受父亲的熏陶，热爱绘画。1979年春，他跟着当地有名的画师刘万里先生学习国画，1980年来到宁夏中卫。中卫厚重的历史文脉，为他提供了学习泥塑的优越条件。侯思荣先后结识了当地文人王维贤、画师王在田等老师。自1984年开始，侯思荣跟着辛锡林老师学习泥塑技艺，并随着辛锡林老师在高庙保安寺大雄宝殿内塑像。多年来，侯思荣除了在中卫泥塑外，还常年在外省传艺授徒，足迹遍布宁夏、甘肃、福建等地。

中卫泥塑历史悠久，泥塑作品多见于寺庙道观中，民间也有大量小型泥塑玩具器皿，技艺传承至今。

随佛教的传入和道教的兴起及民间多神化的奉祀活动，中卫兴起了佛寺、道观、庙堂的大量营建，直接促进了泥塑艺术的发展。明代以后，中卫古城便有“九寺十八庙，两庵加一祠”之说，至明末清初，卫宁地区建庙礼佛之风达到历史巅峰。民国时期，二十多万人口的中卫地区有寺庙、道观两百多座。由于宗教题材的大型群塑逐渐增多，中卫地区的泥塑技艺也得到较快的发展。

清代以来，中卫泥塑经历了较长的发展和成熟期，泥塑作品主要分布在沙坡头区的十镇、二乡和十七个行政村的庙宇中，以中宁石空大佛寺、中卫高庙保安寺及五百罗汉堂泥塑作品最具有代表性。“文化大革命”时期，宗教类的诸多泥塑作品遭到破坏，泥塑技艺的传承也中断多年，导致20世纪80年代初中卫修复古建筑时，出现了艺人青黄不接的尴尬局面。此时有绘画基础的侯思荣正好得以施展一技之长。当时的中卫县文管所所长辛锡林就是泥塑师傅。辛锡林的泥塑作品，造型浑厚简练，富有浓厚的乡土气息。他在塑造人物时，关键时几刀就能把人物表情刻画出来。由于辛锡林馆长手把手的教导，侯思荣的泥塑技艺得到了较大提高，在高庙泥塑造像的实践中，他的技术越来越熟练。

2000年春，中卫高庙开始筹建罗汉堂，侯思荣成为最佳工匠人选。他历时三年，带领匠人和徒弟完成了五百尊罗汉造像，五百尊罗汉造像千姿百态、神情迥异，展现了中卫泥塑技艺的又一个高峰。塑造罗汉像时，侯思荣结合圆雕、高浮雕、透雕、悬雕、浮雕形式，表现出罗汉的不同形象，改变了以往罗汉堂空背景的形式。基于佛教众生平等的思想，中卫五百罗汉堂加入了蛇虫鼠蚁、花鸟草兽的形象，使神像的形象更饱满，内涵更丰富。五百罗汉堂塑像得到了专家及同行们的高度赞扬，其艺术原创至今在西北地区独领风骚。

中卫泥塑题材主要有神仙佛像、戏曲人物、历史典故等，所塑人物有静有动，不少作品形神俱备，栩栩如生，在西北泥塑中别具一格。它体现了中卫民间社会的意识形态，记录了中卫农耕社会的民俗风情，凝聚了中卫传统文化的历史缩影，具有重要的历史价值。其中大量爱国主义、历史人物等题

⊥　侯思荣接受采访（马红艳摄于2019年7月）

⊥ 侯思荣老师在创作中（本人供图）

材的作品，是不可多得的文化艺术教材，具有开展爱国主义、民族文化和传统教育的现实意义。

中卫泥塑技艺学习起来比较辛苦，程序烦琐，学期漫长，再加上学习环境差、收入低，掌握泥塑技艺的老艺人越来越少，泥塑手艺不再是谋生的手段。人亡艺绝、艺随人走的局面，严重影响着泥塑技艺的传承和发展。正是在这样的现实情况下，我们适时对侯思荣进行了采访。

访　谈

被访谈者：侯思荣

访 谈 者：刘忠群、李勇、刘巍

访谈时间：2019年7月30日

访谈地点：中卫市沙坡头区阳光家园侯思荣家中

录音整理：刘忠群、刘巍

综述撰稿：刘忠群

刘：侯师傅好！今天我们来是对自治区级传承人进行采访的。首先想了解一下您的出生年月、出生地。

侯：我是1956年出生，今年六十三岁，汉族。我姓侯又是属猴的（笑）。

刘：您父母亲还健在吗？有几个兄弟姐妹？

侯：父母亲已经去世了。我兄妹六个，一个哥哥、三个姐姐、一个弟弟，他们都是种田的农民。大哥、大姐、二姐已经去世，弟弟比我小三岁，他继承了父亲的木匠手艺，是我们村里盖房子、打家俱、装修房子的有名匠人。我在弟兄中排行老二，在侯家兄弟行排中是老五。

刘：侯师傅您是甘肃人，什么时候到的宁夏中卫？从啥候开始接触泥塑艺术的？当时师父是谁？

侯：我是1982年末到中卫的，当时我是投奔我三爹来中卫的。

刘：当时跟着谁学的泥塑，师父是谁？

侯：我在没有来中卫之前就有绘画和书法的基本功底。到中卫后在高庙保安寺认识了王维贤、辛锡林等文化艺术方面的老师，他们的传统文化底子深厚，尤其是泥塑艺术技艺娴熟。我经常在寺院内观看，也是机缘巧合，受到晨钟暮鼓的影响，慢慢地对泥塑技艺产生了浓厚的兴趣。

刘：当时是怎样学习这门手艺的？

侯：说来也巧，在我到中卫的第二年，正好赶上中卫高庙开始维修，当时我最爱去高庙闲转。有一次师父在绘画，我在旁边观看，当时我已有绘画的基础，就画了几笔，后来就被师父看中了。

刘：您先说说当年在甘肃老家生活的情况可以吗？

侯：我出生的年代正逢大集体时代，那时父母都很忙，他们干活前就把我锁在家中的院子里，不过还好有姐姐们在关照着我。父亲下午回来后，我就跟着大人去大集体食堂里吃饭，有时会把饭打上揣回家来吃。那个时候有姐姐们照看着我觉得很幸福。

刘：那个时候都是大家庭，其乐融融。

侯：在爷爷的家中，我父亲是老大，他叫侯忠孝，虽然是个农民不识字，但他

⊥ 侯思荣老师部分泥塑作品（刘忠群摄于 2017 年 7 月）

是我们庄子里有名的木匠，手艺非常好。父亲不但人善良而且乐于助人，他农闲时帮村民们盖房子、修理农具，擅长根雕木刻。

刘：一听就是个能人，过去的手艺人本事好大的。

侯：父亲以前雕刻的一些亭台楼阁作品，都被我弟弟收藏着呢。父亲在农村辛苦了一辈子，没出过远门，晚年没有享上我的福，因为我几十年一直都在中卫，只是过年过节才回趟老家，现在回想起来非常地遗憾。

刘：侯师傅再说说您父亲的情况。

侯：我父亲是2004年去世的，活了九十一岁。我的二爹侯勇孝，也是农民，做了一辈子农活，活了八十八岁。三爹侯至孝是我们家族中的秀才，旧社会的大学生，也是我们侯门的骄傲，退休前在中卫教师进修学校任教，享年八十八岁。我的尕（小）爹侯明孝从兰州师范学校毕业，在我们祁家坡村中学任教，享年九十二岁。

刘：你们侯家长辈个个是高寿。说说您母亲家中的情况。

侯：我的母亲兄弟姐妹五人，一个哥哥，一个弟弟，两个妹妹，他们家祖祖辈辈都是农民。

刘：您来中卫之前是怎么进入传统艺术的大门的？

侯：我的父亲在本村就是个能人，他擅长根雕木刻，母亲平时爱绣花。可能是自幼耳濡目染受父亲的熏陶，我上小学时对绘画非常痴迷，课本上有什么就能画什么。从上初中开始我就临摹小人书，所以我的人物画功底很扎实。当时在小学和中学的图画课上，我的画在年级中是画得最好的，经常受到老师的表扬。

刘：您当时绘画是在哪里学的？有启蒙老师吗？

侯：记得1978年春，有一天我骑着自行车来到了兰州市文化宫，正好人家在举办美术（素描、速写）学习班，我随着就参加了。记得当时学习班在皇庙的附近，因为皇庙是兰州的老古董市场，我就经常到皇庙看古董字画，大部分都是当地的名人字画。

刘：当时我们中卫县文化馆已经有了画室，是自治区第一家。

侯：后来经我的尕（小）爹介绍，我在他的同事刘万里先生门下学习素描和国画，学了大约一年半的时间。所以刘万里先生是我走向艺术之路的启蒙老师。

刘：那个时候您想过改变自己的处境吗？

侯：1980年夏，我报考了西北师大，听说有三十个名额呢，考点在兰州十八中学，设了八个考场。那时考试的科目是素描、速写、色彩写生、命题创作。在考场上我画得很顺利，可以说是得心应手，引起同学们的关注和监考老师的注意，当时同学们都围上来看我的画。我们的模特是一个年轻人，他坐在讲台中间，考生们都坐在下面看着模特画，绘画时间是半个小时。在考生们都看我画画时，我听有一位老师说："这个娃娃一定能录取的。"经过两天的考试，我初试复试都顺利通过了，当时那种喜悦的心情难以言表。

刘：那最后结果是录取了还是？

侯：当时我和一起考试的同学算了一下，八个考场，每个考场有六十多名考生，算了一下如果每个考场能录取四个人，按我所在的考场，我应该不是第一名就是第二名。那时候人很幼稚，怎么算都觉得自己能考上，可事实不是这样。后来左等右等就是没见到录取通知书。有朋友建议我去招生办查一下会不会是弄错了，我说还是认命算了吧！那一次我伤心地哭了，真对不起曾经支持过我的朋友，也无脸面对父母亲。

刘：唉！如果要考上就会完全改变人的命运。

侯：因为亲戚朋友们都为我捏着一把汗，期盼着能够考上。从那次落榜后，我心里便暗暗地下了立志自学的决心，我对绘画艺术的追求和执着从来没有对人讲过。

刘：那当时老人的意见是什么？

侯：父母说，没考上那就找个对象结婚吧！应该顺从听父母的话没有错，但好像是冥冥之中老天爷早就安排好的。1982年3月，我爷爷去世了，我三爹从中卫来老家办理爷爷的丧事，临走时他到我家看了我画的画说："你画得这么好，给我几幅我带到中卫让那里的绘画老师们看看怎么样。"当时我高兴坏了，就从画中选了几幅最好的给我三爹让他带到中卫。到了秋后，我三爹来信了，说："你画的画中卫文物管理所的老师们看上了，中卫高庙计划要修复彩画，你尽快来中卫。"

刘：当时肯定高兴得不得了，功夫不负有心人。

侯：看到三爹的来信，我心里不知有多高兴，当时我收拾好东西准备立即到中卫。记得是11月份，天气已经开始冷了，但我的心似乎一点都不冷，恨不得一下子到达中卫。

刘：（笑）这会总算有出头之日了。

侯：在甘肃老家，从1978年到1982年，我经历了大小考试三次，不知什么原因我没有被录取，但每一次的考试都是一次严格的锻炼。三次考试使我打下了扎实的绘画基础，从心理上增强了我的心志和耐力，更加激发了我对绘画艺术的热爱。

刘：侯师傅您是高中毕业？

侯：是的。

刘：您什么时候结的婚？妻子是做什么的？

侯：我1981年结的婚，媳妇是个农民。

刘：结婚后生了几个小孩？

侯：1982秋，我先到的中卫，第二年妻子也来到了中卫。妻子陆陆续续生了三个孩子，大女儿侯娟，二女儿侯佳，儿子侯军。儿女现在都成家了，我现在一共有五个孙子，孩子们都过得很幸福，其乐融融。我的大女儿职高毕业后给别人打工，女婿在宁大中卫分校当后勤工。二女儿在家带孩子，女婿是开挖掘机的司机。儿子侯军子承父业跟着我干活（泥塑）。

刘：您到中卫后是啥情况？

侯：到中卫后，我暂时找了个地方住下，紧接着就去高庙找有关施工的师傅，这是我第一次开始接触民间绘画和泥塑艺术。

刘：本来您到中卫就是奔着到高庙拜师学艺的么。

侯：就是的。那时候刚到高庙，一开始是学习彩画技艺，因为是第一次接触古建筑彩画，对图案、沥粉等感到特别的新奇。

刘：您到中卫后最初是跟着谁学的技术？

侯：一开始就接触的老师是王维贤、辛锡林，还有民间画师白怀玉、王在田等，我踏踏实实地拜这些老师为师，不懂就问。

刘：那一开始学的是彩画，怎么又学泥塑了？

侯：有一天，我听高庙上的师父说，以后庙上还要塑像呢，这时我脑海里就有了个概念，又是一个好机会来了，干脆我也学着塑像吧，反正庙上也缺有技术的手艺人。

刘：您是这样走上了泥塑之路的。

侯：从那时候开始，我隐隐约约地听别人说有关塑像的事情，一回到家就向别人打问中卫哪个地方有胶泥（中卫方言），有人告诉我说黄河边有呢。有一天休息，我来到黄河边看看是否能找到胶泥。当时正好到了淤泥滩，我

├ 侯思荣老师在创作中（本人供图）

还犹豫是不是胶泥。不管三七二十一先装回家再说。到家后一问人，说就是胶泥。自从有了泥以后我一有时间就开始捏造型，记着第一次捏了个小佛像，第二次捏了两个小人，当时也不好意思让别人看，还用布子盖着呢。

刘：侯师傅本事大，无师自通啊！（笑）

侯：后来我就开始临摹了，最初是临摹红楼梦中的林黛玉、贾宝玉夜读的一个画面，是一本挂历上的画。我仔仔细细地观察，越看越好看，就把平面的画慢慢向立体的造型转变。一次又一次地塑，失败了再重新捏，最后终于成功了。

刘：了不起！人们都说艺术是相通的，但雕塑不是人人都能搞的。

侯：后来我把我塑的《林黛玉贾宝玉夜读》泥人拿到了文管所让老师们看看给提个意见，没想到得到了辛锡林老师的赞赏。他给我讲主要是雕塑的角度还不对，并手把手地给我修改，让我受益匪浅。

刘：好家伙！您是遇上真正的贵人了，辛锡林是中卫文管所的所长，人家是中卫有名的雕塑大师，辛锡林的父亲就是解放前中卫的泥塑师。

侯思荣老师的传人侯军在泥塑创作中（本人供图）

侯：后来我又塑了两个小佛像，照常拿到高庙让师父们看，没想到又得到了师父们的夸奖和认可。

刘：这样一来，侯师傅的泥塑技艺一发不可收拾。

侯：就这样一转眼到了1984年的夏天，高庙大雄宝殿开始修复塑像了。

刘：这下辛锡林老师的心里有数了，我们的泥塑有继承人了。

侯：在这期间，中卫佛教协会邀请辛锡林老师和我们几个人一同赴苏州灵隐山佛学院观摩学习雕塑作品，真是大开了眼界。

刘：从外地观摩回来后是啥情况？

侯：从苏州观摩回来以后，辛锡林老帅把南北方的泥塑风格进行了对比，调整了高庙塑像修复方案，我同师父们一起创作了高庙大雄宝殿的文殊菩萨、普贤菩萨和十八罗汉。

刘：在泥塑的过程中应该是边学边干边摸索是吧！

侯：泥塑造像从头到脚都得到了辛锡林老师的指导和培养，从此中卫泥塑技艺有了第四代传承人，辛锡林老师的弟子还有董福宁等人。现在回想起我们学艺的成长历程，首先要感谢的人是辛锡林老师，他是我泥塑技艺第一位启蒙老师，是他把技艺传给了我。

刘：侯师傅您完成一件泥塑作品，通常需要哪儿道工序？

侯：首先是选料。泥塑的基本用料是泥土，需要精心的准备。我一般选用比较细腻的黏土，过去用的比较多的是胶泥。再在泥土里加些棉絮等。经过捶打、摔、揉，把和好的泥用缸或着塑料布盖起来醒着，同时开始扎架子，在架子上塑造一个形象。最后一道工序是着色，当地有“三分塑，七分彩”之说。一般着色之前先上一层底色，以保持表面光洁，便于吸收彩绘颜色。彩绘的颜料多用品色，调以水胶，以加强颜色的附着力。

刘：近年来您创作的主要作品都有哪些？

侯：有高庙罗汉堂的五百罗汉造像，在中卫及甘肃等地寺庙里的关公、岳飞、毕昇、孔子、四大天王塑像等。

刘：泥塑最关键的是哪一步？

侯：泥塑最关键的是“开脸”，它是传统泥塑中最为关键的一环，更直接关乎整体的价值，也往往留到最后一步来完成。我们看到的所有人物形象，他们或严肃庄重，或金刚怒目，或开怀大笑，或慈眉善目，这些都是需要通过“开脸”来表现出来的。

刘：就是说，“开脸”是人物雕像最重要的一步，其他地方出了错，也许还可以修改，如果开脸出了错就会把整个作品都给毁了。

侯：说得对！所以在塑造人物形象的时候，开脸是很有讲究的一个环节。

刘：侯师傅，塑造人物形象的开脸到底有什么讲究？请您具体说一下什么是开脸？

侯：开脸是泥塑造像中的专业术语，它是指在泥塑中对人物面部五官进行刻画和塑造，呈现人物各种表情的过程。塑造人物形象中，特别是一些传世经典作品，对面部表情刻画的要求是非常细致的，所以给造像作品开脸是一件非常考验泥塑师们技术的事情，需要有熟练的技术以及美学功底才行。

刘：那么一件好的泥塑作品在开脸上都有什么讲究呢？

侯：人物面部主要讲究“三庭”“五眼”。“三庭”是指人的面部正面，纵向分为上、中、下三个等分，叫上、中、下三庭。从发际线到眉毛的距离为一等分，从眉毛到鼻尖的距离为第二等分，从鼻尖到下巴尖的距离为第三等分。

刘：那“五眼”呢？

侯：“五眼”指的是脸宽，即从左耳到右耳之间的距离，共有五只眼睛的长度。两只眼睛本身为两个单位，两眼之间为一个单位，两眼外侧到耳朵各为一个眼长。

刘：噢！泥塑的开脸是这样完成的。

侯：除了一些基本的规矩，匠人开脸还有一些更细致的讲究呢！

刘：还有啥讲究？

侯：如果塑的是娃娃的形象，脸部就需要更圆润一点，五官要更集中一点，鼻梁要稍低，鼻头要稍翘，下巴也要更圆润些。如塑男性人物时，需要轮廓硬朗一点，颧骨要稍稍凸出，眉眼要明显。塑女性人物形象时，可以朝瓜子脸和鹅蛋脸靠近，眼睛可以稍微凹陷，下颌骨可以稍微凸出点，眉骨略高点。

刘：只知道匠人雕塑的人物一个和一个不一样，没想到有这么多的讲究。

侯：除了上面说的要注意的环节，开脸还要遵守传统技艺的三大原则。一是要按照“一面三面五分面，鼻梁定位正中线”的比例原则，进行脸部的布局。布局之后，再开始刻画人物表情、人物神态。这是最难的一部分，主要是神态很难把握好。喜脸要求眉开眼笑，即眉毛骨要拉开，眼细长，嘴微张，嘴角上翘；怒脸则是要求眉骨紧锁，即眼睛大而圆，嘴紧闭，嘴角下斜；哀脸表情肯定是无精打采，即脸部肌肉松弛，眼睛的视线下斜，鼻子拉长，嘴角偏下。刻画脸部神态，往往决定着一件作品的成败，整件作品出彩不出彩也取决于这一环节。

刘：哎哟！光一个开脸都这么多的讲究，我说徒弟这么难招！

侯：再就是雕塑出的脸要保证对称和匀称，五官与脸部的神态和比例要协调，五官塑得要传神，要符合人物雕刻的技法和审美情趣。

刘：过去和现在塑像一样吗？有什么区别？

侯：基本上差不多。过去扎架子是用铁丝扎、绳子绑，现在是用电焊焊，更牢固、更方便。

刘：侯师傅，您比较满意的作品是哪些？

侯：2014年，我应福建太姥山白云寺的邀请，和儿子侯军用两年的时间创作了三世佛、四大菩萨等铸铜像用的泥稿。作品把绘画中的线描用在了泥塑造型上，发挥得淋漓尽致，具有敦煌造像的气势和风格，古朴典雅，受到了外地同行的好评。

刘：这样的造像风格都是您自己琢磨出来的吗？

侯：是的。因为我有传统绘画的功底，经过了长期的深思熟虑。

刘：您近两年有什么计划或打算？

侯：2019年，我和儿子侯军受聘在甘肃靖远屈吴山斗母宫敬塑道教六十花甲子太岁、四大元帅、斗母元君塑像。第一组造像出来后，形神兼备，很有道家风格，得到业内人士赞叹。此后，由儿子在此主持塑像彩绘工作。后来我又受聘于陕北榆林普化寺，敬塑万佛塔娑婆三圣像。普化寺万佛塔光在西北选择塑像的匠人用了五年的时间，我非常荣幸接受了这项工作。此次榆林之行，从创作手法，对佛教理论认识，形象的传神刻画，是我的又一次艺术境界的升华，得到了榆林居士大德和同行们的赞美。榆林普化寺万佛塔的活可能好几年都干不完。我准备用最大的心气鼓足力气先把这项工作做好。

刘：这次您又招收了几个徒弟？

侯：招收了三个。你活一忙两三个人也干不过来，招来的人一开始都不会干，

侯思荣老师在泥塑创作中（本人供图）

你得给教，时间一长就自然成徒弟了。中卫市牟相端就是我徒弟中的一个代表，现在能独立操作，干得也不错。

刘：徒弟是哪里的人？他们是怎样找到您的？

侯：徒弟牟相端是甘肃兰州人。徒弟当地人也有呢，但能坚持做下来的人真的不太多，就是人们常说的，“师父领进门，修行在个人”，有些徒弟学了一些基本的东西就不学了，跑掉了。

刘：要学会这门手艺需要多长时间？

侯：如果有绘画知识的话，最少应该得三年才能出徒，就看个人的悟性了。不过看学习什么内容，如果是人物面部的刻画，学五年也出不了徒。

刘：您对徒弟通常有哪些要求？

侯：我条件不高，只要喜欢绘画和造型艺术就能行。当然必须要有吃苦精神，有绘画基础更好。再就是徒弟要喜欢师父，师父也要喜欢这个徒弟才行，这是起码的要求。徒弟应该要识眼色，嘴勤、手勤、腿勤。

刘：徒弟一般要经历哪几个学习阶段？

侯：先在现场观看，心里多揣摩，给师父搭下手（打杂）。要多留意观察，仔细观察揣摩。一般先按人体自然形态的比例让徒弟了解解剖结构。我一般采取因材施教，有感而发、见好就收。在与徒弟的交流中（让他们）找自己的感觉。再就是启发徒弟们的想象力，让作品具有一种脱离人体解剖之外的东西。

刘：徒弟学成后，一般去向是哪里？

侯：泥塑技艺非常深奥，学成什么程度能出徒很难判定。不过多数徒弟学的差不多就喜欢单干，这我也能够理解，单干也能锻炼自己。一句话，匠人们很辛苦，都得养家糊口么。

刘：您理想中的徒弟应该是一个什么样子？

侯：师徒之间的关系十分复杂。从徒弟角度看，掌握一种专业技能无疑就意味着找到了一条谋生之道，所以民间说“一技在手，走遍天下”。对于家境贫寒的农家子弟来说尤其如此。所以，要求徒弟对师父要恭敬温顺，并心怀感激之情。

刘：在生活中，徒弟不仅要刻苦钻研所学技艺，而且要尽心尽力侍奉师父，这种情况现在有吗？

侯：几乎没有了。从师父的角度看，收徒弟可获得廉价劳动力，技艺又可发扬光大，未尝不是一件好事，因而也愿意收徒授艺。但从另一方面说，招收徒弟又意味着培养了潜在的对手，甚至有可能危及自己的生计，即中卫民间方言所说的“教会徒弟，饿死师父”。

刘：您觉得现在自己的泥塑作品和别人的有什么不同？

侯：重要的是在细节上。我自己给自己定下了个规矩，必须是三五年一个小进步，十年一个大进步。我三十多年前从高庙塑像入手到现在，过程洋洋洒洒，有时觉得也很惭愧。因为艺术无止境，只能有待下一代艺人的接力吧！

刘：再请您说说近几年年主要作品和技艺传承的情况。

上 侯思荣中卫高庙五百罗汉作品（本人供图）

侯：我主要代表作品有中卫高庙的五百罗汉，龙宫庙大雄宝殿的三清、天公地母塑像。2006年10月应张玉仙邀请，为靖远法泉寺五百罗汉堂塑像，历时三年完成开光，受到甘肃原省委书记李子奇的高度赞赏。2010年至2011年，应甘肃白银市平川区北武当山道观张治军邀请，为无量祖师、十二大元帅、天界诸神及地狱诸苦等塑像。2012年为家乡兰州西固万寿寺大雄宝殿主塑三世佛、大慈大悲千手千眼观世音菩萨、二十四诸天等。

刘：近年来对您影响较大的人与事有吗？

侯：有呢！对我影响最大的是通过看了敦煌研究院编的《敦煌壁画线描百图》一书，启发我从造型上把平面的线描通过艺术形式转化为立体的泥塑艺术形式来表现。2014年至2015年，我和儿子侯军应邀去福建太姥山白云寺，负责创作了三世佛、四大菩萨等铸铜像用泥稿。其中线描在泥塑造型上的运用得到发挥，使泥塑作品有些敦煌气味，古朴典雅。

刘：侯师傅您近年来的获奖作品都有哪些？

侯：2004年，我的国画作品《中华十圣图》参加“中国（许昌）画圣吴道子故里书画艺术节”暨“第五届中国书画名家大奖赛”，荣获精品奖，入编《当代中国名人名家书画集》，作品被画圣吴道子艺术馆永久收藏。2005年被中卫市政府评为“德艺双馨”塑画艺术成就奖。2008年禅意作品《献寿图》参加首届全区农民文化艺术节活动获得三等奖。2011年宁夏卫视《印象宁夏》栏目组以《守望精神家园——侯思荣泥塑者艺术之路》为题对我进行了报道。2012年11月发表《超尘脱俗渐近禅境——侯思荣艺术作品欣赏》，刊载泥塑作品三幅、禅意书画十二幅。2013年国画《尽开颜》在湖南纪念伟大领袖毛泽东诞辰一百二十周年全球华人书画名家作品大展赛中荣获金奖，并入编红色艺术典藉《再唱东方红全球华人书画名家作品典藏》。2014年，作品《白虎星君》入选“2014年宁夏壁画雕塑艺术展”。2019年，经第三届宁夏工艺美术大师评审委员会审定，我被授予宁夏一级工艺美术大师荣誉称号。

刘：您觉得泥塑技艺还好往下传吗？主要的问题是什么？

侯：这你就问到难点上了，真得不好往下传。因为现在的公园、街道、文化场所都塑的是现代雕塑，泥塑作品没有地方展示，空间越来越小。

刘：您接下来有什么打算？

侯：我希望学泥塑的人越来越多就好了，我不会收一分钱的学费。大千世界无奇不有，敬畏天地良心做好自己，每年每天都是一场考试，坚持应考，知难而上。泥塑是我的精神家园，必须用心感悟更加地努力，弥补自己的不足，把技艺传承给下一代。

刘：最近几年国家出台了一些保护民间文化的政策和措施，比如定期评选非物质文化遗产项目的传承人，申请成功后，国家每年都会给予一定的资金支持，对于政府的这些措施，您了解吗？

侯：基本上了解呢。保护技艺最好的方法我认为是要紧紧地抓住传承人，离开了传承人就丢掉了保护和传承。

刘：您参加过非物质文化遗产传承人的评选活动吗？

侯：好像参加得较少，给评个什么什么奖。

⊥ 侯思荣中卫高庙五百罗汉部分作品（本人供图）

刘：这些年来当地政府有没有给过您一些支持和帮助？

侯：从2017年开始自治区政府给我们传承人三千元到五千元项目资补。

刘：成为非遗代表性项目传承人后，对您有哪些方面的影响？

侯：没有什么影响。只是感觉到政府比较重视传统文化了，感觉传承人身上的担子重了，压力和责任更大了。既然是自治区级代表性传承人，我一定要比其他人把技艺传承得好才对。

刘：您希望今后能从政府那里获取哪些帮助？

侯：最好有一个固定的场所（场地）让我们来传承技艺，泥塑作品放在家里真得不太合适。因为有的是造像，当地人非常忌讳。

刘：愿侯师傅将泥塑技艺与书画艺术并进，活到老传承到老，以德行润人心，让本土的文明印记代代相传。

中宁蒿子面制作技艺代表性传承人

于振玲

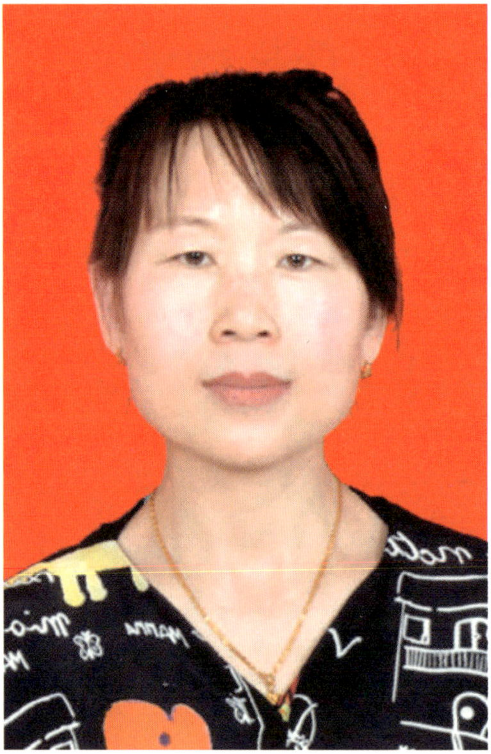

于振玲，女，1968年出生，中宁县石空镇枣园乡人，2017年被认定为自治区级非物质文化遗产项目（中宁蒿子面制作技艺）代表性传承人

综 述

中宁蒿子面是宁夏中卫市中宁县的特色食品，名扬宁夏，凡是到中宁的外地客人都要品尝蒿子长面。蒿子面的制作已在中宁流传四百多年，大多是以母传女、婆传媳、老传少的方式代代传承。

蒿子面的做法是，和面时用野生蒿草的果实蒿子磨成的干粉掺以小麦粉或荞麦粉，用碱水和成，这样和出来的面团色泽黄亮。面团经手工揉匀后擀成圆形，晾干，再切成细长条，下面时面在滚水中打几个滚，捞出在凉开水中过面。用大肉或羊肉、豆腐、鲜蔬菜等做成或荤或素的臊子，加上用香油、葱花、食醋、芹菜等熬制的酸汤浇在盛面的碗中，清香四溢，爽滑可口。蒿子面不但做法讲究，在吃法上也有颇多说道。在老人祝寿、孩子生日时吃长面，称为“长寿面”；逢年初七、婚丧嫁娶时吃，称“拉魂面”。

于振玲的外婆年轻时就是做蒿子面的好手，她的母亲也继承了外婆的手艺。在母亲的熏陶下，于振玲从小就对蒿子面有着浓厚的兴趣，十三岁时就能独自完成蒿子面的制作。

2000年，于振玲自化肥厂下岗，开始寻找新的生计。她尝试种地、进厂打工，最终选择开店售卖蒿子面。生意刚起步时，于振玲为了促销经常买一送一；随着时间推移，于振玲的生意越来越好，店面规模也逐渐扩大，还开设了分店和加盟店。

于振玲的蒿子面面脆、筋道、水分少，这得益于她对蒿子面原料配比的苦心钻研。她坚持选用本地精品面粉和野生蒿子，按照自己的独家配比和严格的工序制作蒿子面。于振玲立志让蒿子面走出中宁，走出宁夏。自2007年蒿子面入选非物质文化遗产项目以来，作为传承人，于振玲一方面积极配合文化馆在全国各地为蒿子面作宣传；另一方面，主动提出培养城区内外对蒿子面有兴趣的学员，帮助她们解决技术问题，使得蒿子面馆在不同城市生根发芽，让蒿子面走进千家万户，走上新的高度。如今的中宁蒿子面经过不断的发展，线下店面已经百余家，不再只是二十年前的一两家。同时于振玲积极开发线上售卖，与电商及物流合作共同解决了蒿子面运送途中的储存问题。在保证风味的基础上将中宁蒿子面销往全国各地，让蒿子面成为中宁又一张闪亮的名片。2017年，于振玲被认定为自治区级非物质文化遗产项目代表性传承人。

2011年2月，于振玲荣获中宁蒿子面大赛一等奖。

2011年至2015年，于振玲多次接受中宁电视台、中卫日报、宁夏电视台采访报道。

2012年5月，于振玲被自治区文化厅派赴毛里求斯参加第八届唐人街美食文化节的展演，得到海外华侨和当地土族人的高度赞扬，并获得奖项。

2016年接受中央电视台四套《远方的家》栏目采访报道。

2017年荣获文化美食的“践行者”称号。

2018年2月17日，于振玲制作的蒿子面在中央电视台纪录频道《中国微名片·餐桌上的节日》栏目播出。

2018年5月13日，参加第14届中国（深圳）国际文化产业博览交易会，并接受多方新闻媒体的采访报道。

2020年接受中央电视台四套《一城一味·功夫面条》栏目采访报道。

2021年，其传承基地被自治区文旅厅评为优秀传承基地。

访　谈

被访谈者：于振玲（自治区级非物质文化遗产项目代表性传承人）

访 谈 者：李勇

访谈时间：2019年7月3日

访谈地点：中宁县文化馆

录音整理：李勇

综述撰稿：王晓芹

李：您先介绍一下今年多大岁数?

于：我是1968年9月25号出生。

李：啥时候开始学做蒿子面的?

于：在我印象当中年代已经很久了。在我成长的过程中经常看妈妈在制作这个蒿子面，所以很小的时候就对蒿子面产生了浓厚的兴趣，但是亲手制作是在十三岁。

李：十三岁你就学会了擀面?当时中宁流传的一首歌谣你知道吗?

于：知道。"中宁的丫头会擀面，擀的面薄扇扇，切的面细线线，下到锅里嘟噜噜转。"

李：汤在锅里翻滚，面在锅里嘟噜噜转。

于：蒿子面的年代很久了，也是我们中宁的食品文化之一，我们从儿时起就看到母亲制作蒿子面，所以我也不例外。

李：当时是怎么想起来学这个手艺的？是不是耳濡目染从小受家庭的熏陶？

于：对，在我们中宁一般情况下家里吃不到蒿子面，因为制作起来工序特别烦琐，也特别辛苦。一般家里来了重要客人或者家里过杂事的时候才能吃上这个蒿子面，也是待客之道。

李：当时看见家里面在做，然后你也就学着做。

于：对。

李：当时生活的地方是个啥情况？

于：我们家当时就在中宁，我父亲在平罗石油公司上班，最后母亲随父亲到平罗。没过几年母亲就回到中宁，因为家里有土地要种，所以母亲和父亲两地分居，我随母亲到中宁来生活。后来我父亲也因工作调动从平罗回到了中宁。那时候我父亲经常带朋友来家里喝酒，母亲就做蒿子面待客，我也要替母亲搭把手。那时候还不会做，就看着母亲做。后来有一次家里在打场的时候，母亲说让我回去做米饭。回到家我看到了蒿子粉，想露一手就灵机一动做起了蒿子面。仿照母亲制作蒿子面的程序，当时我不会叠面也不会切面，我就感觉把擀面杖从面里抽掉切面也行。哎我怎么切出来的面短短的，妈妈切出来的面怎么是长长的。当时家里条件不好，营养也跟不上，我个子也矮矮的，就踩着一个凳子擀制了一张蒿子面，那是我第一次做蒿子面。

李：您家里妈妈会，亲戚还有人会吗？

于：全都会做，因为姥姥就会做，所有姨妈、妹妹，特别是只要进我们家的嫂子、弟媳全都会。

李：只要是进了你们家都会做，传承下来了。您在学校读书是啥学历？

于：我是高职。那时候在枣园高山寺读的完小，在枣园读的是初中，在中宁读的是职业高中。

李：您职高学的啥专业？

于：职高学的是高中课程。

⊥　于振玲接受访谈（本人供图）

李：没有往哪个专业方向钻？

于：没有，只是想着考学，没有考上就上职高，在职高上了两年，其实没有毕业。化肥厂招工的时候我就直接参加了工作。在参加工作之前，我学习特别好，跳级也特别厉害，上一年跳一级，我比同龄人上学早一点也出来得早一点。

李：您有几个弟弟妹妹？

于：一个弟弟，一个妹妹，弟弟妹妹生下来就是先天性脑障碍。

李：弟弟妹妹比你小多少岁？

于：弟弟妹妹比我小十几岁。我初中上了两年就回去带弟弟妹妹。当时家里面特别拮据。没办法，母亲一个人，是妇女生产队队长，孩子没人带，我就回去带，又是管家务又带孩子。带了一年以后，我三姨就带我弟弟妹妹了，我就托人上了一个高职，初中没上完。

李：相当于初中没上完上了高职，那在家里带弟弟妹妹带了几年？

于：带了一年多。

李：一年多，那相当于那个时间段你没有读书，鉴于弟弟妹妹的情况，专门在家里带他们。你刚才说你生活地方叫什么石子厂？

于振玲制作的蒿子面
（本人供图）

于：高山寺有个大石场。

李：高山寺在中宁哪里？

于：就是枣园，枣园的坡头，卖枣子的地方。

李：哦，您小时候一直在那边生活？

于：我小时候就在那边生活，加上那边也有很多的枣林，家里承包了好多枣树。所以妈妈又在生产队里干活，又包了好多枣树，忙不过来，又要带孩子。我经常帮着妈妈又要带弟弟妹妹，还要家庭劳动，枣子下来之后捡枣子，高山寺坡头上卖枣子。大家都知道我们高山寺有个枣园之乡。

李：其实卖枣子的时候也是小时候比较开心一点的时候，是吧？

于：对，因为天天有收获，那时候能见钱，反正那个时候生活特别拮据。

李：那时候应该是（20世纪）80年代到90年代初。

于：对，也就是那个时候，83年左右。我上初中两年都不到，也就是因为家庭这个情况，没办法我就回去带孩子。那个时候我们过去的老人都是重男轻女，儿子让上学丫头让干活，所以是不让我再上学了。我这个人就是特别爱学习，特别不甘心，就跟我父亲争着吵着，最后转户的时候，当然不给我转，就说我在家里就行了。

李：这个转户是转农村户口还是城市户口？

于：转城市户口，农转非的那个时候，那是第一批，特别新。

李：那是八几年？

于：我都忘了。

李：农转非那时候可能是在80年代末已经达到了巅峰。

于：对，第一批的时候农转非他不让我转，但是我不甘心，不甘心落于农村生活，所以我就强烈要求父亲把我的户口也转了。转了以后，我就强烈地要求送我上学去。最后年龄也大了，再上学跟别人年龄差距也大了。

李：那时候年龄大约多大？托人转户口，想上学的时候这个年龄大约是多大？

于：也就是十五岁的时候，上职高的时候又多上了一年半，多上一年半因为那时化肥厂招工。我十七岁参加工作，十七岁我就被招工。当时我上学的时候老师都找我父亲说我学习这么好，你让她上。我父亲说丫头就让她参加工作，有个吃饭碗就行了，所以我就招工。当时考试的时候，中宁电厂，还有化肥厂我都考了，也都考上了。最后我父亲就说还是进化肥厂吧，农民要吃饭，农民要种地，这个要长久一些，所以我就留到化肥厂了，没想

切面（本人供图）

到最后我成了下岗职工。

李：其实您的经历，就是说第一，上学有几段，第一段因为家里的弟弟和妹妹，辍学了一段时间。然后通过转户口，再一次复学，上了职高。职高又上了一年半，大约是十七岁。十七岁通过招考进入化肥厂。还有哪个单位，中宁县化肥厂和电厂？那时候怎么没想着进电厂？电厂没想着更好吗？

于：就是啊。命运就是造弄人啊。那个时候我父亲说是农民要吃粮永远都不会下岗，要种地永远需要化肥，所以他以老人的思维把我活生生地压在那个地方。

李：当时也是听老人的话。你小时候有没有印象特别深的几件事？比如小时候跟蒿子面打交道，或者是吃蒿子面，或者是见到蒿子面当时有什么故事？

于：当然有。我十七岁参加工作之前，待业的时候在三〇四厂还干了一年。

李：三〇四厂，是青铜峡铝厂？

于：嗯，在青铜峡铝厂也待过。那个时候招工以后，我们去河南培训的时候，正好有个化工厂着火了，我们培训的这一批没去成，我（待在家里）忽然就想要干点什么。

李：您父亲是从平罗调回来的？

上　擀面（本人供图）

于：嗯，他是从平罗调回来的，石油公司调回来的。

李：那您父亲是石油公司的，怎么又去乡镇工作了？

于：石油公司调回来以后调到乡镇上，管农机。

李：管农机是哪个乡镇？

于：枣园乡政府。

李：管农机，这就是家庭原因让你进了化肥厂。

于：对，农机专干，我父亲就是专门管农机。我记得有一次是周六，我父亲带着一帮人到我家喝酒，喝酒完以后大家都说难受得不行。我父亲就说大家都吃点酸汤面，我母亲就赶快做面。那时候特别忙，妈妈一个人忙不过来就让我去帮我，帮着妈妈和面。

李：那时候大约十几岁？

于：那个时候也就十三岁左右，还是那个时候，第一次做了蒿子面的时候。

李：也就是说，其实跟这个环境有关系。你父亲调到乡镇上，因为那时候父亲老带人回来喝酒，大家喝完酒以后都难受，想吃点面，然后那个时候你妈妈经常在做（蒿子面），你就在看。

于：对。特别是有一个叔叔，我记得就是我们枣园乡的乡长，他曾经说过一句话：满桌的盛宴不如一碗细面。对这句话我感受特别深，那个时候我就想着一个乡长对我家来说都是当时特别大的官，我说这么大的官特别喜欢吃我妈妈做的面，这个面我一定要学着做好，做精以后我要是以后有啥难事，以后我就以这个面为生，小小的时候我就有这个想法。从小时候因为卖枣子我就接触做生意，所以在我的意念当中，从小就想着做这个事。那时候做生意的人特别少。所以在87年的时候我参加工作，出去学习的时候没学成，我就想着先干干什么，我就想着反正我有这个技术就先在家练练。我有个表姐在三〇四铝厂上班，我每次去她们那边，看上下班的人特别多，下班的人节奏特别快。我就在他们那个菜市场找了一间房子，在那个地方擀面卖面，擀好的蒿子面一把一把的，他们回家的时候顺路带上，我就跟他们讲怎么吃怎么做。

李：那已经是后来了。

于：嗯，那已经是后来了。当时在我们家（第一次）做，我记忆最深的就是那个叔叔说的那句话。我们中宁不是流传着一首歌谣吗，这个歌谣就是："长脖子雁，扯红线，一扯扯到中宁县。中宁的丫头会擀面，擀得面薄扇扇，切的面细线线，下到锅里嘟噜噜转，舀到碗里一根线。爹一碗，妈一碗，案板底下藏一碗，夫婿来了留一碗。"这就表示一种情感，那个时候的小姑娘找个对象吃面的时候都想着对象，想着啥最好，最好的就是蒿子面，当然要给情郎哥哥留一碗。这个从古到今流传的就是这么说。

李：那您什么时候结的婚？老公做什么？我看你老公也很帅气。

于：我是1989年结的婚。从小我们两家在一块耍着，我们两个是同学。

李：是什么样的同学，是职高同学还是初中同学？

于：我们是初中同学，其实我们两个都不认识，不在一个班。我老公那个时候也不爱说话，我根本没留意过他。是我父亲跟我老公公他们两个是老朋友，从小就喊亲家亲家，我刚一参加工作，我老公家就开始上门说亲了。因为他经常到我们家喝酒吃饭，他从小看着我在家勤快、做面干啥的，从小就会做饭。

李：还是离不开蒿子面。

于：这是蒿子面给我们结的姻缘。

李：他是做什么工作的？

于：那个时候他是在河南中原油田上班。

李：他是个石油工人是吧？

于：嗯，石油工人，他是钻井工人。

李：后来你们有几个小孩？

于：我们结婚好多年都没孩子，那个时候我身体不好。这就说来话长了。我1987年参加工作以后，那个时候我的身体还好着，还没结婚。到十九岁，也就是88年的下半年，上班的时候忽然晕倒了，得了一场病，说是胸膜癌，在银川住院十六天。

李：您是十八岁，88年？

于：得病的时候十九岁，我十九岁得了一场病。在银川做治疗的时候，银川大夫也都放弃了。

李：那这些您老公知道吗？

于：知道呢，所以这就是我现在最感激他的。其实小时候他特别了解我家，我们两家是亲戚，因为我亲亲的姨妈是他三妈，我父亲和他父亲我老公公，他们俩又是同事，也是经常在一起喝酒做客，到我们家都认识我。

李：也就是说一直都没有孩子。现在应该说您最感激的就是你老公。

于：我最感激他的就是我得了一场大病的时候，医生都放弃了，胸膜癌，那个时候也就是整个胸部全是血。医生说是要做一个大手术，花钱特别多。当时我自己也性格特别刚烈，好胜心特别强，我说要是没救，一点点希望都没有，我就不做了，不做任何手术。当时说是一个开胸手术，但是做了手术也未必有好的疗效。最后我自己做主，我就哭着嚷着让爸爸带我回来。回来以后我们中宁县县医院的一个院长，他是我的姨父，我姨父听说以后，他说你把这个孩子给我领过来。最后也就是死马当活马医，我是中宁县做的第一例开胸手术患者，他（姨父）就负责给我做。做完以后好震撼，到现在我还记得，手术做出来医生提着一兜子血，就是一个布袋子里面全装的是血，所以把肋骨都全部锯了，我就处在那样的环境下。我这人心态特别好。其实我得病的时候，我老公家就已经开始（到我家）提亲说亲了，他知道我生病都没放弃。我婆婆这个人也特别好，我手术做完以后，她就直接把我接回家，那会还没结婚。我老公在河南中原油田上班，那个时候我才十九岁，结婚太早了，十九岁她就把我接到他们家，她就生怕我妈在农村忙得狠（顾不上我）。我老公公那个时候是水电局泉山电厂的厂长，我婆婆在家当家属，在城里生活。她说城里环境好，就把我接到他们家，所以一直照顾着我等身体恢复。恢复了一年以后，我是身体没什么大碍了，也就是到1989年，我们结婚了。

李：好。现在我们就来谈谈您这个蒿子面。这个蒿子面在制作过程当中，包括选蒿子，还有擀面杖、案板，这个步骤是什么样的？

于：这方面的讲究就特别多了，以前我们也就是在说……

李：不说以前，你看第一点我们是这样，咱们用什么材料来做这个面？面粉有什么？

于：面粉就是小麦磨成的面粉。

李：中宁的蒿子面为啥这么好吃？跟面粉有关系吗？

于：有。一定是跟这个面粉有关系，小麦要颗粒饱满，要收成年龄、年代少。

李：有什么地域限制？比如说固原的那个冬小麦会不会更好一点？

于：外地的不行。通过我这十八年的蒿子面制作经验啊，最主要的是选材，一个蒿子、一个面粉，面粉就是我们中宁东华面粉厂的。

李：东华面粉厂，为什么是他们面粉厂的？

于：他们的面粉经常收的是我们本地的小麦，我用的小麦都是指定的，他们专门给我磨制的。

李：那就是这个土地种出来的小麦，做出来的蒿子面比别的地方好。

于：对，我们中宁的这个土壤，就是环境地理特别得丰厚。你看这个硒砂瓜、枸杞、小麦，还有这个蒿子，都是中宁产的。

李：就是说这个东华面粉厂就收的是本地的小麦。

于：嗯，本地的，中宁县种植的这个小麦。我的要求是特别严的，不加任何添加剂，因为我的配比，加上任何的添加我马上就能感受出来，这个面就泄了，从擀面到切面到提面，到下面的这个口感就改变了。所以我就特别讲究这个面粉。

李：那蒿子呢？

于：蒿子是我要经常亲自上山去采，这个也是我们的东西，山蒿梁。

李：山蒿梁在哪里呢?

于：就是那个大佛寺后山上。

李：野生的蒿子不会被采完吗?

于：蒿子每年采每年长呀，它有再生功能。

李：这个蒿子每年它成长的周期是多久？什么时候开始长?

于：12月底是采摘季节。

李：12月底不是冬天了吗?

于：就是冬天，越是冷的时候，它才能采摘出来这个东西。生长是在夏天，就像这个草丛一样。野草籽到什么时候成熟，蒿子就什么时候成熟。

李：您看这个草它现在是绿绿的，对吧？然后这冬天它不是枯萎了吗?

于：越是枯萎的时候就要采它，是有季节的，不能太干也不能落下来，就是最后越冷的那一段时间，也就是淌冬水的时候，12月底。

李：有没有人种这个?

于：没有种植，完全的野生。

李：蒿子就是在这个荒山上长的野草。

于：这个蒿子面的寓意是特别多的。在我们中宁，主人家迎宾客的时候，都以蒿子面待客。为老人祝寿的时候，吃的蒿子面称为长寿面，寓意是健康长寿。在新婚第二天吃的蒿子面叫喜面，也就是寓意情丝不断。在孩子出生百天或满月时吃的蒿子面，它叫吉利面，寓意是长命百岁。正月初七吃的蒿子面，叫拉魂面，寓意是长长久久。

李：这个蒿子面啊，就比如我是青铜峡小坝的，那里的蒿子面它可能就从这边传过去的。但是你到固原去就没有蒿子面了。

于：现在有。

李：我就说以前的时候，比如说90年代初的时候，信息不是很发达，青铜峡这一片就有（蒿子面），银川就少。

于：对。一个地方一个美食特色嘛。因为我们的中宁县就是产蒿子的地带。以前我仅仅是听到蒿子有这么多的寓意，它只是一种待客之道。但是通过我做了十八年蒿子面的经验，还有我们顾客的经验之谈，再加上很多的美食专家研究这个蒿子的价值，现在我知道，首先它是一个野生绿色植物，它是一个天然、无公害的中草药。通过顾客反映，这个蒿子可以降三高，是个药材。老人、孩子无论晚上吃得有多晚、吃得再多，这个蒿子面都可以暖胃，容易消化。它真正是一个中草药，这个草籽。

李：那现在来说一下制作蒿子面的工序。您刚才说到碱水，然后呢？

于：首先这个面粉、蒿子粉，还有碱水，就是这三样，没有加任何添加剂。碱水，以前我们跟着老一代，用的都是那个大疙瘩碱，我现在都没弄明白那个大碱疙瘩是怎么来的。

李：现在你们用的什么碱？

于：我们现在用的食用碱，就是蒸馒头的那个碱，那个碱面熬成水。碱面在熬

于振玲展示蒿子面
（本人供图）

制的过程中，在家族传承的过程中，再加上我这么多年的实践，自己去感受这个碱怎么熬，怎么和这个蒿子一起用，它们多少的比例能达到一定的标准。还有这个口感、面的颜色、面的筋道呀，它都是这么多年不断在制作的过程中从错误中找到这个经验。

李：碱水其实也是你的一个秘诀。

于：是的。特别是熬碱，火候在什么地方，什么时候放这个碱，放多少。

李：您这个碱现在用的食用碱，但是熬制和配比、火候，您都有一个自己的经验。

于：是，我这么多年自己摸索出的经验。

李：有告诉过别人吗？

于：我所有的徒弟我都教。我带的徒弟也不少，我的每个徒弟都知道怎么做。

李：现在可以这么说，第一是选面粉，第二选蒿子，第三熬碱水，完了之后，和面呢？

于：和面更有一番说法了，特别是这个面好面坏，选材这是第一步，第二步就是和面。面和不好，擀出来的面配的（料）再好，这个面没有那种爽口的口感。所以这个面就是要好好揉，反复地揉，一定把那个筋道那个丝路揉匀了。那个丝路能拉住，这个面擀出来匀匀得就像一张纸一样。揉不到那个境界，它擀出来的就是一坨一坨的。

李：嗯，揉面就是一丝一丝揉到筋道，时间是多少？

于：时间要看面，平均揉一块面，要反复揉反复醒，要三到四次，揉好一次用塑料保鲜膜把它包装，放上那么二十分钟，再揉三到五分钟吧。

李：三到五分钟就能揉好一块面吗？

于：就是揉一次三五分钟搞好，再醒一会，再揉三分钟，就这样反复揉三到四次。

李：咱们现在这些面都是手工的？

于：全都是手工。现在我们的量也大了。以前全程的和面、揉面、醒面全都是手工，现在主要是我的这个面需求量特别大，所以和面现在有一个机器。我觉得这个机器不是和面机，就是搅拌机，就是把面粉拌和均匀。这个搅拌机比人和出来的要好。为什么呢？人和面的时候倒水的这个分量不太均匀，这个搅拌机，你把面粉、蒿子和碱水配好以后，倒到搅拌机里面拌和均匀以后，它把面搅得全部拉成絮絮以后，我们就开始揉面。这个蒿子面，揉面是最主要的一道工序。和面用人和的时候，它就是一块一块的，那就太费时费力了。所以用那个搅拌机，一次要和五十斤面。把那五十斤面一下倒进那个搅拌机里面搅拌均匀以后，把那个丝路拉好，也就是跟人一样揉得差不多的时间。

李：也就是现在因为量太大，人根本就揉不过来。

于：光和面都和不过来。那时候（一天）和四五十张面的时候，我有个姨妈就和面，等把这四十张面和出来以后手都是肿的。

李：我们现在和面和揉面由机器来做。你把这个配比都弄好，然后就用机器代替？

于：就是搅拌用机器。擀面是全程的手工。

李：擀一张面用多长时间？

于：有技巧的人也就十几分钟，十分钟左右。面和好了醒好了，（擀面）就十分钟左右。我们的案子、擀面杖都有说法。以前随便有个平板子就能擀面，但是擀出来的面薄厚不匀。最后通过我自己这些年来慢慢摸索，我就想案子、擀面杖全都成套化，也就是标准化。案子、擀面杖都是专门制作。我现在带出去的徒弟，所有的擀面杖和面案子都是我提供的。我那个面案子都是自己琢磨的，中间稍微鼓一点，那个面案子都是整个稍微有点弓形。还有一个双杆子擀面。

李：一个人拿两个擀面杖擀面？

于：是擀一张面是用两个擀面杖擀，为什么呢？那个时候别都是双张擀，但是双张擀的那个面薄厚不匀，必须要面粉撒得特别多，所以糊汤。后来我就是一张一张擀，最后发明了双擀。这个蒿子面跟平时的面不一样，稍微一接触外界的空气它就干了，干得特别快，边擀边就干了。所以我自己边擀的时候，我想是不是前面也上后面也上，这个前面、后面、左面、右面，它四擀张不就是一张面成型了，这样面也擀得特别快。所以一张面我们的店员为什么能擀得这么快，就是双擀杖这样擀，一次上两个擀杖。

李：弄两个擀面杖这个方法是你独创的吗？

于：是的。

李：您在中宁这个地方有没有看到别人这样做？

于：没有。我双擀杖擀的时候，人家都奇怪。一张面用的两个擀面杖卷到里面多不方便？你这个擀面能擀匀？我说我把面擀开以后，你看匀不匀？我们从小跟着老年人擀面的时候，都说是一擀杖搭一擀杖那样，但是我们就后面、前面、左面、右面就这四擀杖，这四擀杖完了以后就用一个擀杖把它该处理的就处理完。

李：这个面擀好就该切了吧？

于：切面主要是叠面，这个面要叠成金字塔一样，就是下宽上窄。这个流程就是叠面。

李：叠面我知道，我看过我妈用擀面杖叠面。拉出去包过来，越来越窄，来回折。这个方式方法其实都是老年人这么做的就是你传承下来了。切的那个刀有什么讲究吗？

于：刀其实也没什么，只要是快就行了。

李：然后您切面的时候有什么技巧？

于：切面是熟能生巧。不论是我的哪个学员根本不可能让他先切面，首先切报纸，报纸切得能提起来一根丝。再一个为什么切面的时候我闭着眼睛，只要是我切的面，它都是一模一样宽。全部在我这个手指上比着。

李：我知道，切面的时候，拿刀的手在刀背上顶着个劲，然后把刀拉起来的时候刚好，所以永远都切不到手，然后就靠着感觉往后挪手的这个速度，就配合得非常好，所以每根面粗细都一样。

于：人人都说出自我的手切出来的面，像机器切出来的面，多半老年人不相信。我切出来的面我自己清楚，再加上擀面，我的这个手擀了十八年面。十八年了，人都说我现在可能是不做。我现在出去出展的时候，我是自己擀面的，现在在店里我基本不擀面了。但是我天天切面，为什么要切面呢？这个切面是我的一个爱好，我不只是为了生活在做这个面，现在这个蒿子面对我来说是特别喜爱的一份事业。因为这份事业一个是成就了我的家庭生活，一个是对我的身体有益。我以前有心脏病，病恹恹的，经常往医院送，自从接触蒿子面，再没进过医院，啥原因呢？就是这个擀面杖，它对于这个手掌心起到了一定的按摩疗效。这可能是我的一个感悟吧，就是说生命在于运动。我现在切出来的面泼（晾）到那边，我就感觉它是一幅画，好像是我的作品一样。

李：完了之后这个面还有什么要晾干呀或者什么的？

于：这个面必须要晾，刚擀好的面就把它晾着，再要把它切了。

李：就是先晾后切。

于：对，它的水分一定要吹干，我们现在快捷，吹掉三分之二的水，留三分之一的水，那个面就特别脆。太软的那个面你切也切不好，下到锅里面就是黏的。面一定要晾出来留三分之一的水分就可以了。

李：这也是您的经验吧。

于：是的。以前老人擀那个面，把地扫得净净的，把擀好的面放在那个地上，他说接土气呢，其实是在吸潮，吸到一定的程度它就好切，不然面太软了。太软的时候扭着呢，一切面就切断了。为啥现在人家买回家的面时间一长就坨了，黏黏的。一个是压秤啊，他们做生意，手工做。第二，他就是想快嘛，他没有地方晾啊，所以他就把那个玉米糁子啊啥的都撒得厚厚的，其实也是一种吸潮，起到不粘合的作用。可是那个面的口感不好，不好吃。

李：所以说一定要晾面。切完之后这个面还晾吗？

于：切完以后，要是在本店现吃，我就可以不用晾了。二次晾主要为了好带，很多的顾客装包装带走。

李：炒臊子有啥讲究？

于：炒臊子的时候讲究也多了。这个蒿子面要想好吃，就是臊子是臊子、三汤是三汤，特别讲究的是菜要切成小丁。其实蒿子面特别费油，和面的时候需要油，炒臊子的时候也要油，酸汤也要油。不然这个蒿子面太寡了就不好吃。那个油就是多一点，蒿子面把酸汤浇一勺，吃得清爽可口油而不腻。我们一般炒臊子是一红一黄一青一白，就是四爽嘛。

李：我想问一下臊子都有哪些材料？

于：大肉臊子、羊肉臊子、素臊子，我们店里面就是这三样。臊子的炒法和平时的炒法一模一样，把肉丁爆出香味，不加任何东西，因为蒿子是一个野生的绿色植物，一个保健食材，所以我们店里面的臊子做法也是健康的，从来不掺杂任何饭馆的风味，我们就是家常味。

李：我们现在再说一下您的经营状况。您这店名叫振玲蒿子面，您就这一个店？

于：就这一个店面，一个制作间。

李：这个店面是您自己买下的？

于：嗯，店面和制作间都是自己买下的。

李：那啥时候开的这个店？

于：这个店是我2000年开的。刚开始生意不行，我在做蒿子面的同时，其实我还附带的好多东西。我老公回来以后，还烤过羊肉串。

李：刚开始有几个人？

于：刚开始我就带着一个店员。

李：现在呢？

于：现在我们店里面有八个人，店员都是流水作业，固定的，擀面是擀面的，切面有切面的，炒臊子是炒臊子，和面是和面。

李：店员都是哪个年龄段的？

于：我刚开始开店的时候都是十七八岁的小姑娘，现在十七八岁的都找不上了。现在我们店里都是大姐阿姨了，都四五十岁。

李：店员的待遇怎么样？

于：我这个人的管理就属于感情投资，哪个店员都是跟我干了五六年。

李：他们工资是多少？

于：每个月工资不固定，按张提成，平均店长是三千块钱，擀面的每个月的工资两千六到两千七，店员也就是两千三。

李：八个人，每个月的工资开销得几万块钱。那您店里面的生意怎么样？

于：店里面生意好着呢。

李：都是纯手工制作，主要哪些人来店里吃面？

于：我们这个店里的生意也是有季节性的。像这个学生放假的时候生意比较好，再一个每天晚上的生意特别好。中宁人有个习惯：中午吃米饭，下午一定要吃面。再加上都是老顾客，主要是上班喜欢吃面的，喜欢吃我的这个味道的，喜欢带着朋友来的，喜欢健康食材的，尤其身体有这个“三高”的人。

李：您的销售渠道都有哪些？您卖面和拿面都从哪些渠道来？

于：其实这么多年我的这个宣传力度没有跟上，就像中央电视台都做了四五次专访了，我都没放到网上去。我的徒弟都挂着我的照片在网上卖面，我都没挂到网上卖。

李：就是说您现在这个渠道还有点少。

于：其实也是因为我们就这么点人，人力还跟不上。店里面的生意其实供不应求。因为我的这些客户都是老客户。

李：您觉得在经营管理和市场方面还有啥困难？

于：主要是人，人才的培养。培养个人真的不容易。中宁县现在已经有五六十家做蒿子面的。我的徒弟多得很，我现在主要是做培训。为什么我不扩大开连锁店，原因就是在带徒弟。

李：其实您现在也没啥困难，销路已经供不应求，现在店面就八个人左右，不用去找客源就已经是供不应求，您已经很累了，是吧？

于：就像春天百货一样，我们中宁县春天百货有十几家，他们要求我给他们送面，这些地方，我从来都没有接受过。

李：您这个赚钱还是太少了，因为就您刚才讲的还是没什么营销。目前来说你们的水平已经高于市场整体水平很多了是吧？您已经做到这样了，您这两年有什么别的打算？比如去银川发展？因为您现在是自治区级的非遗传承人，这是个金字招牌，你要在银川开个店，你看之前银川开的海参炒面。

于：我这两天想着呢，我女婿现在闲着，开了个洗车行生意不行。我就想着让他在银川发展。其实我现在主要培训的学员，他们都在不同地方开店，但不能挂我的牌子。现在手工制作的这个东西，近处的我给他发面。像去年在深圳的文博会，还有山东这种远的地方，我就给他发冷链过去。我上次去惠州电视台做专访的时候，人家拿回去的那个面，人家也有冷库，看那个冷库里面的面特别好。我有个想法就是在各个地方要是开上店以后，我们是个总店专门供面。我最近有这个想法，但是我现在的身体有时候好像撑不下来的那种感觉。

李：主要还是想弄一个冷库。那咱们再说说这个传承情况。家里面现在孩子都会，但是都不做，嫌苦嫌累。然后您现在带的都是社会上的徒弟。您现在有多少个徒弟？有二十个吗？

于：有呢，五十个、一百个都有。

李：他们都是从哪里找到您的？

于：中央电视台做了几次专访。

李：您收他们学费吗？学费一个人平均多少？

于：收，外地的不挂我的牌子给他们我的配方就两万块钱。有的是一万五不给配方供原料。

李：学习这个大概需要多长时间？

于：十天左右。

李：您对这些徒弟有啥要求？

于：肯定有。必须稍微有功底，在家里面会做饭的。特别震撼的有一个四川的辣妹子，我这个徒弟琴棋书画样样精通，她是下岗职工，忽然从中央电视台看到《妈妈的味道》这个节目以后，她就想做这个蒿子面，说干就干，她过来以后啥都不会干，和面都不会。

李：一般要经历几个阶段？

于：首先是要从和面到会做饭，主要是会做饭，然后慢慢地一步一步来。最后切面都在我店里面，基本上她们切的面达不到我的眼观，都是让她切报纸。我都是手把手地教。

李：您觉得这个技艺传承最难的是啥？

于：来的多跑的也多。

李：这些人学成以后都干什么去了？

于：他们都在各个地区搞活动。多半都是开饭馆的人，忽然从电视台上看到。

李：您理想中的徒弟是什么样的？

于：一般的徒弟都是自己开分店都走了。我这个人不喜欢跟别人合着做，觉得自己能做的事那还是自己做，哪怕大的小的都是自己的事。

李：您觉得这个还有别的好的方式传下去吗，比如制作教学视频？

于：想过，但是我现在的这个思路跟不上。

李：现在的这个还要保密。您这个都注册了吧？

于：注册了，我的照片和我的振玲都注册了。

李：您现在已经传承上百个徒弟了，您真的把这份技艺传承得很好。我已经听出来了，我们现在这个传承方面是社会化传承，通过的方式就是徒弟看到您，然后慕名而来，要求就是你得会做饭，但是你也得一步一步开始干，对吧？到最后才让切面，而且一般达到您的要求、入您眼的也不多。所以说最难的还是切面。

李：我们国家和地方政府对这个非遗传承的扶持情况、相关政策，您了解吗？

于：原来就想着挣点钱把家维持好就行。现在根据社会的反映，经常出去从看到的、听到的、见到的，还有自己也有一些强烈的愿望，也想着把这个事要做好。作为一个传承人，带着身份把这个事情做好。

李：每年的五千块钱补贴，您收到了没有？

于：收到了。

李：您参加过我们的培训班吗？知道传承的责任和义务是什么吗？

于：知道，经常参加。作为传承人，我深感肩上责任重大，我一定要加倍努力，对得起这个称号。

黄羊钱鞭代表性传承人

刘秉国

刘秉国，1957年出生，大专学历，中学高级教师。宁夏非遗保护研究工作专家库专家，中卫市民间文艺家协会会员。2013年被认定为自治区级非物质文化遗产项目（黄羊钱鞭）代表性传承人。

综 述

黄羊钱鞭是流传于宁夏中宁黄羊村的一种集舞蹈、体育、健身为一体的综合民间艺术形式，由明朝后期的牧羊鞭舞演变而来，距今已有四百多年的历史。黄羊钱鞭因“黄羊村”得名，表达了中宁人向往富裕、追求幸福的心声。

黄羊钱鞭的主要道具是两根长约八十厘米、直径约四厘米的木棍，两端沿径挖空，装上麻钱（麻钱间要有间隙），扎上染成红绿两色的麻缨，周身漆成红绿相间的螺旋纹。表演者的服装以表现喜庆色彩的红、黄、金、粉色绸缎为主，宽松适宜，男女相异。表演时双手各持一鞭，在双臂完成动作的每四拍之内，双脚要随节拍踩（或走）十字步，且身体保持平衡，动作协调流畅。集体表演时要求人数必须是偶数，踏着锣鼓节拍，可变换出“剪梅花”“蒜辫子”“龙盘柱”“蛇蜕皮”等十多种传统套路。

刘秉国是黄羊钱鞭第四代传承人。由于儿时村中舞黄羊钱鞭的氛围浓厚，刘秉国自幼耳濡目染，对黄羊钱鞭情有独钟。自吴忠师范毕业成为一名乡村教师，刘秉国开启了在校园里教授黄羊钱鞭的历程。刘秉国痴迷于钻研黄羊钱鞭，在传承过程中他逐步补充完善传统的舞打表演形式。根据岁时节令和各种活动需要，刘秉国带着黄羊钱鞭活跃在城市、乡村和学校。

在长达五十载的钱鞭生涯和艺术实践中，刘秉国立足传统，博观约取，融古开今，在继承的基础上求发展，创新了表演技法，形成了鲜明独特的个人艺术风格，其艺术特点主要是脚下溜、韵律强、身姿美、情感真、神态媚，其动作特点是潇洒大方、飘逸流畅、姿态优美、形神并重。20世纪初，黄羊钱鞭进校园后，表演形式日趋走向成熟。

为了更好地传承黄羊钱鞭，刘秉国的足迹遍布城市街道和田间地头。为了寻找濒临失传的技艺，寻找经年累月的实物，他常常要辗转村队，追寻数公里，打听无数知情人，走遍了黄羊村九个生产队、余丁乡、县图书馆、县文化馆和县文化旅游广电局，走访知情人近千人，不断挖掘、探索、追寻、抢救濒临消亡的珍藏在历史岁月之中的文化瑰宝。

2013年，刘秉国被认定为自治区级非物质文化遗产项目代表性传承人。

近年来，刘秉国的工作单位中宁三中与他曾经的工作单位黄羊完小被评为非遗传承基地，刘秉国担任专职教练，开设黄羊钱鞭教学课程，推动非遗进校园。刘秉国还发表了作品《舞韵钱鞭》《情韵钱鞭》，论文《注重课程开发，创新特色钱鞭》《“黄羊钱鞭”校本课的开发与实践》《钱鞭是当地一张响当当的文化名片》《钱鞭在冲击中苦苦坚持》《我与钱鞭相伴一生》《钱鞭手艺不能失传》《“黄羊钱鞭”校本课程的开发与实践》《打造校园特色，追寻家乡文化之根》等，多次受邀参加国家、省、市教育行政部门的学术交流活动，并接受多家报社、电台、电视台专访报道。

刘秉国展示他的钱鞭（本人供图）

访 谈

被访谈者：刘秉国（自治区级非物质文化遗产项目代表性传承人）

访 谈 者：李勇

访谈时间：2019年7月3日

访谈地点：中宁县文化馆

综述撰稿：李勇

李：您能介绍下自己吗？

刘：我叫刘秉国，1957年生，今年六十三岁了，退休三年了。

李：您是什么时候开始接触黄羊钱鞭这项技艺的？

刘：大约20世纪60年代，我六七岁的时候，大人们都在表演，他们在打鞭时我就旁边一直跟着看，看着看着就把这些套路和动作基本掌握了，回到家里面就自己制作两个棍子自己打着玩。爷爷奶奶及一些老人和周边的群众说这孩子聪明得很，一学就会了。

李：您生活的地方是在哪里？

刘：我从小就生活在黄羊村，现在已经申请成为古村落了，我的老家就在那儿，以前叫作黄羊乡公所。

李：那个年代打黄羊钱鞭的人多吗？

刘：打的人特别得多，有男有女，基本上都是些结了婚的二十几岁的男男女女进行表演。

李：当时您家里是什么情况？

刘：当时我家里条件不是很好，最早的时候家里面连一张席子都铺不上，家里面特别得贫穷。

李：您家里面还有别人会打黄羊钱鞭吗？

刘：只有我父母会。

李：您打黄羊钱鞭有没有拜师父？

刘：我没有拜师父，也没有经过任何人的指点或者辅导。我是看大人们在打我就在旁边看，回到家后我就一个人在那里练，练习过程中一些套路一些打法我基本就全部掌握了。

李：您在学校里读书读到什么时候？

刘：我小学是五年制，1964年的时候在黄羊完小读小学，然后在石空中学上初中，然后高中在中宁三中，就是我现在待的这个学校。之后上的吴忠师范，学的小学教育专业，走上工作岗位后函授了宁夏大学专科，专业也是小学教育。

李：您小时候对黄羊钱鞭印象比较深刻的有哪些事情？

刘：印象深刻的就是我们的前辈在打鞭的时候被体罚得也特别严重，有的动作不会做的那些人，乡公所的那些领导把凳子放在那，然后让这些人站在凳子上，头顶上还要举着炕面子。所以从那时候开始我就想，做什么事情就要做到最佳状态，不能轻描淡写，要做就做好，不做就不做。

李：您什么时候结的婚？

刘：我大约在1981年结的婚，二十四岁左右。

李：你们夫妻俩有几个孩子？

刘：我家里有三个孩子，两个女儿、一个儿子。

李：结婚之后对您打黄羊钱鞭有影响吗？

刘：没有影响，我自己做自己的事。

李：您夫人支持您打黄羊钱鞭吗？

刘：她在家里挣工分，我就在学校教书，也说不上支持不支持。我毕业后就在黄羊完小教书，这也是我工作最久的地方，整个二十多年，2008年调到中宁三中（任教）。

李：您在从事教师工作后，有没有再做过别的什么赚钱的工作？

刘：没有，一辈子就爱好音乐和我的钱鞭事业。

李：黄羊钱鞭以前是用什么材料制作的？请您介绍一下。

刘：这个最早的黄羊钱鞭是木头的，用硬的柞木推光，用玻璃把他刮光，把两头不用的地方去掉，大致就是九十公分长，直径四公分。然后在一头凿上两个眼，最早一个眼装的是三个铜钱，两边一共六个铜钱，一对是十二个铜钱，两对是二十四个铜钱，象征着二十四节气。打上铜钱以后，把三十厘米长的麻线染成红、黄、绿三种色，螺旋状缠在木棍两头。用麻系在两头，主要代表辟邪。

李：您从哪里获得制作黄羊钱鞭的材料？

刘：小时候是木工师傅做活的时候我在旁边看，然后去山上找硬柞木，弄来阴干后，抛光打洞。

李：现在学校学生用的黄羊钱鞭是用什么材料做的？怎么做的？

刘：因为之前直径是四公分，学生一手抓两个有点抓不住。这个不能太胖也不能太瘦，所以学生现在就是确定为三公分，用塑料管制作。

李：现在制作的黄羊钱鞭与过去的有什么区别？

刘：过去制作的黄羊钱鞭用的是木头，两头是麻钱，打起来有飒飒的声音，比较干脆靓丽。现在用的垫片声音出来没有那么响亮，没有过去那么好听。

李：这是什么原因呢？

刘：首先现在是塑料的空管，声音在管中间就散失了。再一个现在垫片是铁的，以前（铜钱）是铜的。还有就是以前的麻也换成了现在的塑料丝。

李：现在新的黄羊钱鞭是您创作出来的吗？

刘：是的。这个塑料管的管壁一定要选加厚的，粗细手握起来感觉要刚好。

李：为什么想出来这样制作呢？

刘：其实我也是根据以前老的黄羊钱鞭的样子做了很多实验，目前这种也不是最佳，如果有好的材料我想还会尝试再换一下。

李：一般制作黄羊钱鞭需要几道工序？

刘：老式的工序比较复杂，首先是选材，一定要选硬柞木，比如说桃树或者枣树还有槐树的木质比较硬的，装上垫片后声音比较脆，比较响亮。第二就是阴干、凿洞，第三是打磨，穿上麻丝。现在新制的里面垫片旁边都会加入铝铂皮，防止塑料管碰撞裂开，主要是防止在冬天冷的时候塑料管打裂。

李：目前您觉得黄羊钱鞭有什么加工技巧？

刘：黄羊钱鞭选的木头一般都选直的，如果遇到弯的也有一定办法，把弯的地方捆起来，然后吊住，过一段时间晾干后自动就直了。然后用刨子刨光再用凿子打眼，最好能用碎玻璃片把木棍刮一刮，其实在过去就是用打碎的碗刮，这样防止手捏久了起泡。然后选好铜钱，把钉子钉进打好的眼里去做轴，用细细的丝穿过铜钱到两边固定死。选用红黄蓝三个颜色的麻丝，麻丝的宽度一般为一点五厘米，成螺旋状缠到棍子上，带上缨子。这个缨子的制作就是把它一头染成红色一头染成绿色。

李：为什么要选择麻来做缨？是模仿动物毛发？还是有什么讲究？

刘秉国与他的学生们
（本人供图）

刘：我也不是很清楚，我只是记得小时候这麻制作出来一个是用作黄羊钱鞭的穗子（缨），一个是我们那时候穿的鞋底。我母亲将麻用腿搓成细细的绳子，然后纳鞋底，特别结实，穿的时间长，在那个年代就是这样。

李：您现在对黄羊钱鞭的传承情况有什么看法？

刘：目前，我在逐步地进行改革，逐步进行创新，想着就是声音再脆一点、响一点，向这个方面迈进。下一步我就想着用铜管，但是管壁要厚，管壁太薄一打就扁了或者裂了。做的时候我想着用铜丝打两个小眼，外面挂一个圈耷拉在外面，上面搞两个，在面上再搞两个，也是代替了铜钱。至于这样的声音发出来好不好我还在研究。

李：您这项技艺在校园的传承展示情况怎样？

刘：我在上小学的时候也就是四年级五年级，我边学习边给同学们教，就是在黄羊完小的时候，这是一段时间。小学毕业到了初中以后这段时间就断了，尽管断了但是我在村里面一直在关注着，因为那些村民还是在打黄羊钱鞭、霸王鞭。大学毕业以后走上工作岗位了，那个时候我已经是老师了，我就给高年级同学教。那个时候是五年制，我就给四年级和五年级的学生来教授。为什么选择四年级、五年级的学生呢，因为这个年级的学生个头比较大，相对一、二、三年级，手腕有力，腿腕子也比较有劲，我是这样想的。后来我就利用节假日比如寒假给村民教，给村民教的时候，比如我们传承人刘明、刘富汉，还有我教过的学生王英荣、高如红，也给他们教。我们教上以后一般是参加庙会上的表演，还有就给村上被招收的新兵送兵，再就是参加一些公益性的活动，比如县上的体育运动会、硒砂瓜节、枸杞节，还有沙坡头国际旅游节，有外国人的那种，我们在那里展示。自治区、银川市的活动我们也参加过好多次表演。

李：您在中宁三中传承教学是一个什么情况？

刘：来三中之前基本上我一直在小学教书，一直到2008年把我调到三中的，这之前三中也没有黄羊钱鞭这项活动。当时是徐辉校长给教育局打了招呼说黄羊钱鞭可以发扬光大，于是安排夏天璐老师进行考察。但是夏老师本身不会打钱鞭，不知道是什么情况，于是去学校里面问我，我就把自己写的一些文字性东西交给了他。2008年的时候才有非遗保护的概念，我2013年被评为传承人，2008年至2013年期间，我已在三中的七、八、九年级普及黄羊钱鞭。当时进来以后，自治区搞阳光体育活动，同学们在这个操场上练习了一个多月，基本上下午就是停下课来参加练习，结果我们在全区阳光体育活动中拿了一等奖，那时候已经在学校里面传承黄羊钱鞭了。从2013年到现在，特别是成为黄羊钱鞭传承人后我觉得自己身上更有了一份责任，我更加认识到了黄羊钱鞭的重要性，所以我就更进一步地挖掘、了解研究。从这个时候我就想着用文字性的东西，不光是我会传，也要用文字性的东西描述这些东西，给后人留个东西。

李：在三中最早从事黄羊钱鞭传承的有几个人？

刘：在这个学校里面就我一个人。

李：您来学校之后有没有老师跟您一起学的？

刘：有啊，有的老师也喜欢，比如马建琴老师，目前她在中宁六中。当时她跟着我基本学习了两个动作，结果说：刘老师这个苦得很，不得了，我没办法跟你学。

李：一共带了几位老师？都是什么年龄段？

刘：前后我一共带了四个人，都是三十岁左右，都是体育老师，因为其他老师都要带主课。那时候我在操场上带，体育老师有时候就主动来学。后来我想把他们培养出来，可是他们不学，学上几节后就不学了。

李：他们这些老师有没有额外的待遇？

刘：没有，就是拿几个工资嘛那个时候。

李：您觉得中宁三中作为自治区级黄羊钱鞭传承基地在此基础上怎么样可以传承得更好？有什么经验？

刘：这一年两年我有一些想法，我也用文字方式写出来了。因为要逐步成为优秀传承基地，我的想法就是让大家更进一步地认识钱鞭的好处，它可以强身健体、益智。最早的想法就是能够把黄羊钱鞭普及到全县以致全区一部分县市，但是没有得到太多的支持，我就把本职工作做好，把县上所有的传承人请来，包括三级非遗中心的领导都请到学校来，让他们体验下我们黄羊钱鞭的传承成果。我的经验就是两个字：坚持，不坚持就无法把非物质文化遗产传承发扬下去。

李：目前中宁三中除了黄羊钱鞭还有哪些非遗项目？

刘：还有高跷、舞狮子。

李：都在校园里面有吗？

刘：校园里面就是八小的，前几年和我一样也成立了传承基地，后来因为得不到支持，那个老张就回到家里面去了，就是那个张庄舞狮。还有就是二小有个剪纸，还有渠口太阳梁有个秦腔也是进了校园了。还有中宁一小有个咪咪也在传承。但是我自我感觉我们县里面黄羊钱鞭传承是最好的，没有间断过。

李：您的孩子都多大了？

刘：我的女儿一个三十二岁、一个三十四岁，儿子今年三十岁。

刘秉国讲解钱鞭
（本人供图）

李：您的孩子们都在做什么呢？

刘：大女儿是中宁五小的保安，二女儿在汽车城里面卖小车，过去当过餐厅经理。儿子从南昌大学毕业以后留校七年，最后因为想孩子，没办法，只能把那边的公职扔掉，回来后进了天元锰业，在县城算还可以。

李：那您的孩子们都会黄羊钱鞭吗？

刘：他们都不会，虽然过去打过钱鞭，但是现在都放生疏了。以前，也传给过他们，但是由于工作原因，他们现在也都忘了。

李：您收过正式的徒弟吗？不算学校跟您学两年就走了的那种。

刘：目前正式的徒弟就是黄羊村的刘自寿，他是市级传承人，今年三十四岁，跟我是一个刘家，一个祖先传的。

李：他们是怎么找到您的？比如刘自寿。

刘：刘自寿当时我是在学校教他的嘛，他那时候考学没有考出去就在家里当农民，边种田边跟上村民打一打钱鞭，都是在平时接触中知道的。还有就是有个叫郭红玲的现在是村上分村长，打得也非常好，也是我以前教过的。

李：您认为学会整个黄羊钱鞭的套路需要多长时间？

刘：我现在是有两种打法，一种是过去的打法，过去的打法要走花子，比如说一字长蛇、剪字呀、剪梅花，还有算辫子、飞机、双八字、单八字，过去的打法就是在行进当中做一些套路，这种打法一般演完大约就一个小时，如果要排练的话大约需要一个月时间。

李：学会所有套路就一个月时间？

刘：对，就是一个月时间。

李：如果这样，按道理来说会的人应该挺多的？

刘：确实挺多的。

李：您知道现在黄羊钱鞭项目有几个自治区级传承人？

刘：目前就两个，就我和刘家祥，他迟一点，我早。

李：刘家祥您了解吗？

刘：他比我小，大约六十岁，我比他大三岁。尽管都姓刘，但是他的爷爷是平凉人，最早他们逃荒要饭到黄羊落户的。我是本地人，基本不是一个刘家。

李：您对徒弟有什么要求吗？

刘：首先要严格，这样打出来才能像猛虎下山，像大海一样波涛汹涌，打出力度来不亚于陕西的安塞腰鼓。那打起来不得了，那一场子打起来浑身淌汗。我们过去没有那个水泥地，都是在土地上打，打起来以后是你看不到我我看不到你，是这个样子的。

李：目前打黄羊钱鞭的人是什么情况？

刘：现在打黄羊钱鞭找不上男的，男的非常少，大多数是出去打工挣钱去了，剩下的就是在家里种地的这些老幼妇孺。

李：学打黄羊钱鞭需要练功吗？还是直接打就行？经历几个阶段才能学出来？

刘：直接学就行了，要练功的话最好就是每天跑跑步呀，强身健体，你的身体强壮了你打起来才有刚劲，有力。

李：您教的方法是什么？一个动作一个动作教吗？

刘：以前在学校里面呢是传统的打法，现在在传统的方面又加了一些创新的打法。我现在在三中教的一些动作和花样又多了一些，再一个我的打法适合大型的场地进行表演，行进当中的速度慢，我就创新了一些动作，目前创新了四十八个动作。我在传承过程中是一个动作一个动作地教，教给学生必须要会分解动作，教完以后必须再会串起来，串起来后能进行表演，然后再进行纠正，逐步加深记忆，最后成为成套的东西来。

李：您现在一共会多少个动作？

刘：我现在一共会六十多种动作。

李：现在老的打法一共有多少种动作？

刘：老的打法现在一共有十四种。

李：那另外那个刘家祥呢？

刘：他打的就是传统的打法，他也经常看我给学生教的那个，也吸收了一些新的东西。

李：您觉得一起互相交流创新好呢还是？

刘：那当然是一起交流互相创新的好，我现在打呢是用体操的性质在打。

李：您觉得除了校园传承还有什么传承方式比较好呢？

刘：我觉得传承必须走两条路。第一条路就是逐步在农村发展渗透，就是刘家祥现在做的，他那不止黄羊村的人会打，余丁乡的人也会。村里平时积攒不起来那么多人，他就在乡里发展，把余丁乡六个村爱好的人集中在一起进行培训，前年还发展到城关镇，城关镇有二三百人在学这个东西。第二条路还是在学校里面发展很好，但是问题是没人学，我也想着发展几个能干的、爱好的传承人，但是培养了几个都没有成功。现在人的吃苦精神比较差，我想呢就是从农村和学校两个方面发展比较好。

李：在您的传承和生活方面您有什么想法？

刘：我觉得有两句话，就是钱鞭造就了我，我也培养了一批钱鞭人才，我算了算在三中呢培养了一万多人出去。我感触最深的就是来三中发展非常快，环境造就了我，因为排的钱鞭课每天都在上，我每天都在想、每天都在研究、每天都在发展，这是我最大的快乐。

李：您评各级传承人是什么时候？

刘：我2011年、2012年评上的县级和市级传承人，2013年的时候评上了自治区级传承人。

李：在这个过程当中，当地政府给过您一些支持或者帮助吗？

刘：这个有，我来以后首先是我们县上文化馆给予的支持力度非常大，那时候我也经常过去与他们交流。

李：评上传承人后对您有影响吗？

刘：影响比较大，就是自身有了压力了，自己是自治区级传承人了，要有所作为呢，没有作为不行。既然是自治区级传承人就要有自治区级传承人的样子，作为我们县上的一个标杆，起码走在前面。正是由于这些想法，让我有了现在这样的成果。

李：以后您想从政府这方面获得哪些帮助？

刘：想着就是从资金上政府好好地支持。确实我们这个钱鞭，包括我们村上的，包括我们现在学校里面的，资金的扶持还不够到位。你想我2018年做的一套演出服到现在还没有还，这些都是我从村里收来的，包括一些服装、道具、鼓乐。县文化馆之前也给予了很大的支持和帮助，我也表示感谢，你比方说建的这个传承基地，只是这些东西就花了两万块钱，还没弄完。下一步我希望能够得到各级领导的支持和帮助，使我们的黄羊钱鞭能够更加发扬光大。

李：连续被评为自治区优秀传承基地会给予六万元补助，您这边是什么情况？

刘：资金这些方面的问题我也不知道情况。没有额外的补助，比如春节期间都放假了，我就在义务做这些。

李：那自治区传承人现在每年从三千元涨到五千元的传承补助经费您收到了吗？

刘：这个我收到了。

李：这个您是怎么用的？

刘：这些资金我基本都用在了传承事业上，比如我买的那个相机，光一个相机就一万多元钱，我把好的动作用照片或者视频记录下来。

李：您觉得现在国家对非遗保护方面的措施力度怎么样？

刘：我觉得现在国家这些措施是非常可以的，国家这几年确实对非遗传承保护付出了很大的代价，很大的心血。

李：这些您都能感觉得到？

刘：确实感觉得到。过去没有人提过呀，现在从上级一直到下面都在逐步地推进和发展，我觉得这是一个大好形式。

李：您接触这个黄羊钱鞭到现在确切有多少年了？

刘：从接触到现在一共有五十多年了。

李：那您今后会一直把这门技艺传承下去吗？

刘：只要我身体状况好的话，我想继续把这项事业做好，我的想法就是这样。比方说今年我的身体做了一个支架。如果身体允许的情况我想把它继续做好，至于领导给不给报酬或者其他的支持，我不考虑这些。

李：您觉得黄羊钱鞭对您意味着什么？

刘：意味着我一辈子离不开它，也是强身健体、益智，是我生活的一部分吧。

李：目前，人们的生活方式发生了很大的改变，从黄羊钱鞭的角度您怎么看？

刘：我觉得打黄羊钱鞭在农村让人们有机会可以互相交流，拉近人们的情感，一起赌博的少了，一些谈闲的少了，因为能够强身健体益智。我觉得打黄羊钱鞭挺好，继续可以发展，发扬光大最好。

李：近些年您觉得打黄羊钱鞭的人是越来越多了还是少了？

刘：从目前发展的情况来看，过去打黄羊钱鞭就是一个村的，现在发展了九个队，我觉得是发展了，队伍是少了。

李：您觉得您来三中传承黄羊钱鞭后生活方式发生变化了吗？

刘：发生了质的变化，有一个飞跃，想我过去就是个教书，就是个上课。

李：那您更喜欢哪种方式？

刘：当然是现在的方式了，现在这种生活方式心情愉悦，人与人之间的关系也近了，更加容易互相接触。

李：每个时代的黄羊钱鞭传承是什么样的？

刘：最早只有在春节的时候打钱鞭，那时候活跃乡村文化生活，这是一方面。再一个就是到了八九十年代打黄羊钱鞭呢正是 一个高潮时期，那时候人人都爱这个东西，除了看个电影，黄羊钱鞭在村里还是主要的生活娱乐方式。到新世纪这阶段吧，在黄羊钱鞭的传承过程中尽管有些想法但是做的还是不够。

李：那您被列入非遗传承人后发生变化了吗？

刘：发生了变化，感觉又回来了，国家很重视，进入了校园，村里也在传承。

李：您向往的生活是什么样的？

刘：我所向往的生活就是过好自己的晚年，在身体许可的情况下，把黄羊钱鞭更加发扬光大。再有一个愿望就是我那本黄羊钱鞭的书能够出版，为后代能够留下文字版的东西，让他们参考继续学习，更好地发展。

李：在过去打黄羊钱鞭的生活中给您印象最深刻的有哪些？

刘：在20世纪70年代左右，传承过程中情绪有过低落，原因就是得不到社会的认可。还有就是最近十几年我觉得也有失望过，原因就是我当时是中学老师，进学校来评个职称，从我的角度上讲评职称需要一些奖状呀、一些材料呀，但是评职称的时候不让这些进来。来学校以后让我是教音乐，人家说你既然是教音乐的那你就要有音乐的一些东西来，钱鞭这不属于一个范畴，尽管你有辉煌的时候但是那些成绩不能够作为评职称的条件。当时情绪很低落，最后也是自己调节过来了。最后发表了七八篇论文，论文对我评职称帮助很大，这些论文就是我对黄羊钱鞭的实践、挖掘、整理和经验。

李：这些论文都是写黄羊钱鞭的吗？

刘：有四篇是写黄羊钱鞭的，有三篇是写音乐方面的东西。

李：您还有没有什么心愿？在黄羊钱鞭方面。

刘：第一就是希望能成为黄羊钱鞭国家级传承人吧，哈哈。再一个就是能够把我这个书出版出来，干了一辈子了给后代留个东西，这就是我的愿望。

李：好，谢谢您，今天就先到这儿。

舞狮代表性传承人

张正洪

张正洪，男，1947年生，汉族，中卫市中宁县石空镇黄庄村人，2013年被认定为自治区级非物质文化遗产项目（舞狮）代表性传承人。

综 述

张庄舞狮自清朝开始，至今已有一百七十多年历史，张氏家族是河北移民，为了生存自创了一系列武术套路，并将武术演绎成了舞狮，直至民国三十年，张庄舞狮才达到最高水平。因为其动作灵活多变，不仅能强身健体，而且具有较高的观赏价值，所以逢年过节张庄舞狮都会受邀外出表演，在宁夏多地享有较高的知名度和美誉度。在张正洪的记忆里，父辈们将舞狮和武术结合，可以完成耍翻天印等高难度动作，如今这些过于危险的动作已经不常出现在表演中。舞狮是一项需要技术、体能和持续训练的活动，张正洪幼时苦练武术和舞狮套路，为传承这项非遗付出了汗水与辛劳。

张正洪舞狮所用的狮头系购买所得，狮身则是他采用麻编亲手制作。他所传承的张庄舞狮有两个特点，一是上桌子上板凳上得高，二是“地蹦子”要得好。“地蹦子”指的是狮子在地上滚来滚去吃绣球的表演。舞狮表演里包含了许许多多基本的套路，舞狮表演的精髓就在于如何把这些基本套路组织起来。张正洪在传承张庄舞狮套路的基础上还利用多媒体积极学习吸收其他流派舞狮的套路，兼收并蓄。

自2013年申报了非物质文化遗产传承项目后，张庄舞狮的影响力甚至扩散至国外。2014年，张正洪应邀带领舞狮队前往非洲贝宁进行为期十天的表演，此后更是将这一传承上百年的技艺发扬光大。为了将张庄舞狮这一优秀民间文化传承下去，在多方邀请下，张正洪在闲暇之余到中宁县第八小学无偿授课。2013年9月，张庄舞狮经审批进入校园，中宁县八小成为自治区级非遗传承基地。张正洪一直积极参加非遗进校园活动，在中宁县八小传承张庄舞狮，取得了良好的社会效益。

访 谈

被访谈者：张正洪（自治区级非物质文化遗产项目代表性传承人）

访 谈 者：李勇

访谈时间：2019年7月4日

访谈地点：中宁县文化馆

录音整理：李勇

访谈整理：王晓芹

综述撰稿：李勇

李：张正洪老师您好。我们对您做一个传承人口述史的采访。其实就是聊聊天，聊聊您个人和您掌握的舞狮的这门技艺，我问您答就可以了。

李：您今年多大岁数？

张：七十四岁。

李：七十四岁，是几几年的？

张：1946年的。

李：噢。那您这个舞狮的技艺是从什么时候开始学的？

张：哎呀，1953年学的。

李：1953年八岁的时候？

张：嗯，1953年学的。

李：那个时候是怎么想起来去学舞狮呢？

张：我父亲、我爷爷都是玩舞狮的，都是练武的。

李：本来是练武术的？

张：嗯，练武术，还有舞狮。我们张庄这个舞狮是祖传下来的，靠的都是自己。我们那个家传舞狮、武术都不向外传。到解放以后，才逐步地向外扩散。在家乡都是自己家里人在搞。

李：哦，就还是受家里面的影响。那您说说您八岁那时候生活在哪一个地方？是在哪？

张：张庄嘛。

李：中宁县。

张：中宁县张庄。

李：当时在这个张庄，舞狮的人多不多？

张：那个时候有十几二十个人。

李：都会？都是老把式？

张：嗯。俺们老爹在那个时候，就是解放前到1960年这个时候神气得很，他们那个时候经常舞狮，在这个枣园、中宁、鸣沙、恩和，走的好多地方，都摆着十八个桌子，都要好几米高的。那个时候他们都可以要翻天衣，我们现在不会要翻天衣，不敢要翻天衣，翻天衣危险得很。现在我们把这些东西都没有学，没有练这个功了。

张正洪表演打钹
（本人供图）

李：那当时您家里面是什么情况？

张：家里我们都是农民嘛，都是种田的么。

李：这个张庄基本上都是姓张是吧？

张：嗯，都姓张。也有几户姓马的，还有几户姓周的。

李：都是亲戚关系？

张：嗯，有亲戚关系。

李：那就是说这个是祖传了。您知道张庄舞狮最早是从什么时候开始传下来的？

张：从清朝时候。到现在已经一百七十多年了。

李：最早是谁去学的呢？

张：我们祖爷叫个张志业的。

李：他可能也是别人教的是吧？

张：我们祖爷爷过去是河北人。我们是从河北迁移过来的，到我们这个地方以后就以划皮筏子维持生活。

李：那怎么又会这个舞狮，又会武术的呢？

张：听我爷爷讲，他们在这个渡口上划皮筏子，也发现有些闲人打个群架报个仇啥了的，从那个时候（为了自保）就是学这个武术。我们学这个武术还经过两个师父，一个孙师父，一个是谢师父，就经过这两位师父培训。

李：当时您是跟着谁学的啊？

张：我跟我父亲和爷爷学的。

李：您在学校读过书吗？

张：读过。

李：什么时候读的书？

张：五几年读的。

李：也就刚解放？

张：啊，解放以后。

李：解放以后，那您读的小学是吧？

张：小学，我小学将（刚）读到六年级就不读了。最后家里困难，也没有劳力，我就不读了。

李：您小时候有没有特别印象深刻的事？比如说舞狮、武术，有没有什么印象深刻的，或者练的时候怎么样？

张：我开始学武术的时候，也挨了不少打呢，那也是招式要得不对，老人就朝勾子（屁股）就是一脚。

李：所以说您在学艺过程当中，这个挨打的过程是记忆深刻。

张：嗯，就是的。

李：有没有要得特别好的时候受到大家的鼓掌呀，有没有这种时候？

张：这种也有。有一次我们要，那个人特别多，最后，人挤的观众看不上，我们就弄到那个台子上面又给要。

李：哦，其实当时也是特别开心吧？很多群众喜欢就吆喝的让再换个地方演。

张：不是，主持那个区长，他把我们叫到台子上面要。

李：那是什么时候？

张：小的时候。

李：五几年是吧？

张：1954年或是1955年。

李：那时候可能你也就九岁、十岁？

张：十岁。

李：那时候您的爷爷还舞着没？

张：嗯，也有。

李：他那时候是一个什么状况？

张：俺们爷爷他那个舞狮、武术练到家着呢。从中卫，你马跑多快，他随后就能走多快。

李：就是说您祖父的技艺比您父亲还厉害？

张：还厉害。那个狮子要了出来整个和活狮子一样。我们张庄舞狮那个时候在全县是有名的。

李：当时是什么时候？就是解放之前就有名？

张：嗯，解放之前就有名。

李：你们兄弟有几个呀？

张：我兄弟四个。

李：都会舞狮吗？

张：除了我，只有老四会，老四当兵之前会。

李：哦，那您小时候跟这个弟弟一起有配合吗？

张：没有。他都是我教出的。

李：他都是您教出来的？他是不是传承人？

张：不是的。

李：他为什么不评传承人？

张：我们传承人，从爷爷到现在我是第六代传承人。

李：您是第六代，您是不是去过非洲？

张：去过么。

李：等会儿我们谈谈这个非洲的事啊。我们再接着说说您个人，您什么时候结婚的？

张：我就1963年。

李：您家那口子是干啥的？农民？

张：农民么。

张正洪在八小开展传承活动（本人供图）

李：她会不会很支持您舞狮？

张：她也不管这些事。

李：后面您生了几个孩子？

张：生了五个么。三个女子，两个男的。

李：嗯，您觉得结了婚之后，有了小孩之后，对您舞狮或者练武术有啥影响没？

张：没有影响。

李：那您从八岁开始，一直就练这个舞狮，武术也带着练着呢，然后一直在从事这个。那么您赚钱方式都有哪些？除了种地。

张：就是种地嘛，再没有啥。

李：什么也没做？也没做过啥生意？

张：没做过生意，我1967年在煤矿上当过工人。

李：1967年在煤矿当工人？

张：当了十三年，二十一岁的时候，也就是1967年去的。

李：当了煤矿工人之后您这个舞狮、武术停了还是也练着呢？

张：闲的时候也练练，每年在这个春节期间回来了就搞起来。我们那个时候不管咋说舞狮是每年春节都要搞起来，到各乡各队要一要，娱乐娱乐，是这么个情况。不是常年搞这个东西，也是在春节期间才组织起来。

李：煤矿人知道您会舞狮不？

张：知道。俺们乡上那个剧团到煤矿上演出去了，他们知道我会这个（舞狮），就把我捞到（叫到）舞台上，连俺老四。

李：您家老四也在煤矿上啊？

张：没有，俺老四在这个剧团里。

李：然后就把您也请到台上要了一段，那时候您是二十多岁吧？

张：嗯，二十多岁。

李：这个记忆很深刻啊。您这个张庄舞狮，狮头是那种自己做的吗？

张：也是别人做的，买来的。我自己不会做。

李：自己不做？

张：那个除了狮子头，皮和毛是自己做的。

李：那个狮头是买来的，不是分南狮和北狮之说吗？

张：现在分南狮北狮，南狮的狮子头和北狮的狮子头不一样。南狮的那个狮子头大央（大气）毛绒绒的，北狮的是光不溜溜的，南狮北狮要法都不一样。

李：那咱们这个张庄舞狮是属于哪一派？属于北狮？

张：算是属于北狮。

李：最早都属于北狮，现在要要也都把南狮的这些套路混进来了。

张：我上来以后就把南狮的套路和北狮的套路编在一起了。

李：狮头是您自己买的，然后那个毛呢？

张：皮毛都是自己做的。

李：那个是怎么做，用什么工具？

张：开始的时候用这个麻。狮子皮编好以后，在大锅里煮，煮成绿色。

李：就煮那个麻？

张：对，煮这个麻。

李：皮有了，毛在哪呢？

张：毛就是麻，皮是布做的。

李：那个毛都是用麻做的啊。

张：嗯，用麻做的。后来我们又用毛线做。不种麻了，买不上麻了。

李：当时为什么用麻呢？

张：过去再没有其他东西。

李：真正的羊毛啥的能用吗？

张：那不行。

李：为啥不行？

张：那个羊毛短得很嘛。要是纺成线以后（就能用），我们现在就是纺成线以后用这个毛线制作的。过去没有毛线，就用这个麻制作的。这个麻做成毛的形式，在皮上面粘好以后，用针线缝住。皮上面把毛编好，编成这个长三米。

李：三米长？

张：狮子皮是一丈多，嗯，也就三米，编成三米长。

李：然后这样搭起来搭到狮背上了？

张：用麻编成辫辫子，辫子编好以后，再煮绿，然后晾干，披到狮身上就自然分开了。

李：煮绿是啥？

张：这个你不知道，你没见过那个东西，煮蓝、煮青，这都是那个染料么。

李：为什么要用绿色呢？

张：唉呀，这个我就说不上，我想（可能）这个绿色比较好看一点。

李：您的祖父他们玩的这个狮子，也都是绿色？

张：都是绿色。一直传承的就是绿色。

李：那个麻它煮一下就变软了，是吧？

张：嗯。软了，然后色也就上去了，然后晾干。

李：这个皮呢？就普通的布么？

张：对，普通的布。

李：那个布还需要怎么处理吗？

张：不处理嘛。

李：那个布是啥布，就是我们农村那种？

张：就缝衣服那个白布，做衣服那种棉布。

李：棉布啊。狮头是买的，毛是用麻自己编织，然后煮绿，煮完之后染上色，是绿色，之后晾干。皮三米多长，布是普通的棉布，然后这个狮子的架构咋出来呢？狮子的样子是怎么出来的？

张：狮子不是皮缝好以后，这个狮头往上面一连嘛。

李：就绑上去？把狮子头绑在皮上就行了？

张：那个皮上面都缝的绳子，用绳子捆，把狮子头固定到这个皮上，用绳子主要是这个拉力大嘛。

李：噢，你前面狮头跳着，后面跟上，拽着劲呢。

张：啊，拽着劲呢。

李：张庄我们这边舞的狮子，就是您这个做法，在中宁县城或者周边有咱们这种狮子么？

张：有呢，刘庙那有。

李：他那个方法跟您的一样吗？都差不多？

张：我开始要这个东西，不管到哪个地方要狮子，我是拿绣球顶的狮子。我到恩和，街上的人挤的人都过不去。那个时候，没见过刘庙他们要狮子，我也没见过他们上过桌子。77年的时候，我去中宁要，他们背上皮（狮子皮）还跟上我们，看我们狮子上桌子。

李：张庄舞狮的特点就上桌子上板凳？

张：嗯，就是么。我们张庄舞狮还有一个特点就是地蹦子要得好，俺老爹活的时候，那个地蹦子要得特别好。

李：地蹦子是不是就是在地上滚来滚去啊？

张：对，狮子在地上吃绣球么，滚来滚去，来回要。

李：您的印象中就是您的父亲玩这个地蹦子玩得特别好？

张：嗯，特别好。

李：那您祖父是不是就功夫特别好，是练家子，从小练习，平时没啥事，在腿上绑那种负重，然后再练腿力、胳膊的这种练空拳，练手力吗？

张：像俺爷爷那个时候，你有十几个人，根本靠不到跟前。

张正洪讲述自己的舞狮人生
（本人供图）

李：就真正的是会武术啊。

张：现在来说，俺们现在都要的“花架子”。

李：“花架子”？

张：嗯，没有真功夫，都是花架子。那时候是大集体，为挣几个工分都没有时间练功，就没有功夫。我学的时候开始还练了好长时间，后面就不练这个东西了。所以我现在身体这么好，也是练武术的原因。

李：咱们做好的这个狮子，有啥讲究或有啥说法？我听老一辈人说，要狮子图吉祥、图吉利，还有就是闹个热闹。从您这，您觉得我们这个耍狮子主要是为的什么？

张：我觉得就是为了闹个热闹。

李：所以说在节庆的时候，您就早早地准备，然后就开始耍狮子。是乡里面去找您呢，还是您自己就开始练了？

张：每年村上组织起来搞这个东西，每到春节跟前吧，就喊着把人都召集起来。最早是我老爹把爱好这个东西的人都组织起来，就开始练。一般练都要三个月呢。要练三个多月，练得腰腿都特别软。

李：就是要练三个月才能出去演出？

张：嗯。三个月才能出去。

李：出去就是到各个村里，到别的村、到别的公社去演出，都是人山人海是吧？就是您说的走不过去都是踩着人往过走吗？

张：嗯嗯，就是的。

李：现在是不可能。

张：现在人少，没有过去的景象，看不到那么多人。现在在我们县上正月十五都没有过去那么多人。

李：您这个狮子是融合了南狮和北狮。那这个狮子有没有给它起名字呀什么的？

张：没有起名字。

李：没有起名字，有公母之分吗？

张：没有。

李：那带着的那个小狮子，没什么说法吗？

张：小狮子就是玩个红火（热闹）。那个都是弄到一块耍，大家都看这个狮子耍得好，就是这么个意思。

李：您知道舞狮有多少种套路吗？咱们现在这个张庄舞狮有多少种？

张：这个舞狮的套路啊，按道理说不是死的，都是活的。这舞狮的套路，你就拿黑狗圈椅来说，这就是一个套路，就是把这个狮子来回耍，一起一坐耍这个狮子头。还有这个狮子滚绣球等，就是这些个套路，把这些套路灵活组织起来就行。

李：一直在变化之中？

张：对，一直在变化。狮子耍好耍坏，不是在你这个套路上说，套路都是死的，这个套路都是在哪个环节上搞，它不像武术。

李：武术？

张：啊，武术的套路多，武术的套路比个例子，这个兔子蹬鹰啊（等等）。

李：大鹏展翅？就像这些武术套路？五六十年代那个狮子套路跟现在都不一样？

张：大致上一样。但是有咱们自己创新的，因为我自己当传承人以后就增加了一些套路，就是我从电视上、微信上，看他们耍的这个套路，我（如果）觉得这个套路好，就在教娃娃耍的时候把这些个套路教给他们。

李：就是说您也一直在创新，也在借鉴别的地方的舞狮的套路，跟我们这个原有套路相结合，就玩得更让观众喜欢。

张：啊，就是的么。

李：现在张庄舞狮有在学校里面传承是吧？

张：在八小么。

李：那这个八小是传承基地吗？

张：嗯，八小是自治区级传承基地。

李：您是什么时候评的自治区级传承人？几几年？

张：我是2013年。

李：那您什么时候到八小去传承这个的？

张：从非洲回来后，是2014年。

李：那咱们聊聊这个非洲和进校园这个事。当时去非洲是2014年？

张：2014年。

李：您去非洲之后，印象很深刻是吧？

张：深刻。非洲贝宁回来以后，俺感觉自己也有点骄傲，为啥呢？就说是我们张庄，张庄舞狮出了国，有这么大的名气，也是个骄傲。不但是中宁县的骄傲，也是张庄人的骄傲。所以从这一点，我回来以后，馆里（县文化馆）还是刘馆长，刘馆长那时候还在中宁，就说叫我要搞这个基地。这个基地咋搞呢？我也不会搞这个东西，不知道怎样搞。唉呀，刘馆长那个时间也下了好大决心。最后我就说行，就说搞么。因此，我们这个出了国回来以后也要搞个名堂，不能让我们张庄的这个祖传下来的东西失传了，我现在也就是眼睛睁着，能教出多少个（徒弟）算多少，从这一点俺们才进校园的。

李：进了校园之后，如果说我们这个自治区非遗中心每年搞个文化遗产日活动，你们现在还能组织起来张庄舞狮队吗？

张：组织倒能组织起来，现在就说是徒弟娃娃打工着呢。

李：如果组织这个队伍……

张：只能在春节期间组织。春节就都闲了，他们都没有啥活，能组织起来。

李：您组织过吗？去年组织了嘛？

张：去年我们到市上去这个舞狮大赛，俺们去比赛，前年比了一次，去年比了一次。

李：前年我是评委，我看到了你们上那个桌子，在那广场上对吧？那时候得了第几名？

张：第二名。

李：第一名呢？

张：不知道。

李：去参赛，是在您的指导下，然后把他们带出去（比赛）是吧？他们这个套路能不能按照您的要求来？

张：能行。那些基本上就是张庄舞狮的套路。

李：那这些人都是张庄的人吗？

张：张庄的人。

李：他们自己有没有这种感觉，就是说他是张庄的人，张庄那个地方就有舞狮这个传统，我们年轻人也就要一起过来，哪怕一个月去看一次，他们有没有这种意识？

张：我就说我们这个张庄舞狮是怎么叫成张庄舞狮的。在原先开始的时候，大队不支持，我们张庄舞狮是自发的，自己捐的钱把这个张庄舞狮搞起来的。所以我们叫张庄舞狮一直到现在。区上，在这个非遗上面也是认可我们是张庄舞狮。

李：我知道这个张庄舞狮的来历。咱们在2014年进入中宁县八小之后，您是亲自过去给学生教授舞狮的这个套路吗？还有谁教？

张：再没有人教过，就我教。

李：您觉得他们学得怎么样？

张：啊，现在那些个学生娃娃吧，也聪明，一教就能记住。

李：就您一个人过去教的话会不会感觉很累？

张：累是累。

李：有困难吗？

张：没，也没有啥。

李：那学校有没有给您什么支持或帮助？

张：学校就是一个学期给点钱嘛。

李：那你们这个在校园里面有没有参加过什么比赛啊？在教育系统或者在县上有没有演出、比赛？

张：县上演出，这个县上文教上要搞个什么东西，都去表演。

李：那有没有获过什么奖？

张：2015年正月十五，文教局请着去舞狮，获了个一等奖。

李：当时那些表演的都是您带的学生吗？

张：是。

李：他们（耍）的套路都是咱们张庄舞狮套路?

张：张庄舞狮、武术的套路。

李：您觉得现在校园里面的这个传承方式可行吗?

张：可行。现在你在农村组织不起来，为啥说组织不起来呢？现在的家长对学生这个学习他抓得紧，这个武术没人学。首先是家长不同意学，所以你只能在学校里，学校能搞这个东西。

李：学校里面就是利用这个学生的课余时间、体育课来开展这个张庄舞狮的传承，在村子里面也没人去学。

张：村子里面没人学。现在小娃娃家长不让去学，大的现在就不爱学。我现在徒弟二三十个，一上四十几、五十几岁就不玩这个东西。

李：您一共有五个孩子，三女两男是吧？他们都多大岁数?

张：大丫头今年五十了。三个丫头大，两个儿子小。大儿子今年四十。

李：都在四十岁到五十岁之间啊。他们都在做什么？大丫头做啥的呢?

张：都在农村里。

李：他们会这个舞狮吗?

张：不会。

李：都不会？他们有练吗？还是都不喜欢?

张：没有没有。只是大儿子练了几天，到最后也不练了。

李：您招过徒弟吗?

张：我招的徒弟就是在俺们本家、本队，教了有二三十个徒弟。

李：二三十个徒弟啊。

张：嗯，现在有五十几、六十几岁的，都不练这个东西，不搞这个东西了。现在只能是有几个二十几岁的每年到春节还得搞起来。

李：二十多个徒弟，现在年龄大的都五十多岁，那您什么时候教给他们的?

张：那是五几年、六几年就开始教的，我也算是第一批老人教的。过来就教给这些个我的兄弟，这些个侄儿娃子、孙子了。

李：那时候为啥那些老人要教给您呢？

张：我那个时候是我老爹一定要叫我学呢，我也爱。

李：您爱这个？

张：嗯。

李：那这些徒弟基本上都是张庄队上的？

张：都是俺们张家的。不是兄弟就是侄儿。

李：噢，对。他们就是知道张家祖上有这个东西，有这门技艺，都会舞狮子，所以说都找上门来找您来学习这个？他们中有特别喜欢的，也有一般的，有逼着学的吗？

张：没有。都是自己喜欢学的。

李：学这个舞狮，您觉得需要多少时间？必须得会武术？

张：我们先学的武术，后学的舞狮。先开始练就练的是武术，把把腿呀，踢踢腿呀，打打空拳呀，拔拔筋啊。到最后，把整个脚腿活动软了，再跟你教点武术，先练武术，舞狮是在最后才练呢。

李：其实这个时间可长可短，短了可能几个月也能学会，这是花架子。

张：花架子么，几个月就学会。

李：真的要是把武术这种东西搞出来的话，那可能从小就要练啊。

张：对，从小就要练。

李：但是现在已经没有从小练武术的了。

张：没有从小练的了。

李：就这个阶段应该是先练武术，从小拔拔筋、压压腿、踢踢腿，把身体练好，第二个才是舞狮学习的阶段。您一般用什么方法教这些徒弟呢？自己去一个动作一个动作演练？

张：嗯，一个动作一个动作教。

李：您做一个动作他们就跟着做？

张：就是的。

李：现在这个舞狮，您觉得最难的地方是什么？

张：舞狮在我考虑就是要狮子头的这个人要吃力一点，难度大一点。耍狮子头，腰腿啊，特别这个臂力，胳膊，你经常抱上十几斤二十斤东西，你不是三分钟两分钟就要完了。你最低也得个十几分钟，二十分钟。你在这么长时间里耍这个东西，臂力要是不行的话，你就支持不下来。我耍狮子头耍了下来，身上那个汗呀，衣服都渗透了，（汗）不停地往下滴。那个苦不是一个小苦呢，不是简单的苦。所以在这个方面来说没有一点能耐的人也耍不下来。

李：您觉得什么样的徒弟是个好徒弟？

张：啊，武术耍得好，舞狮耍得好，这就是好徒弟。

李：您觉得舞狮这门技艺，还好往下传吗？

张：对我来说，说个大实话，现在啊，我觉得难往下传。小的呢现在不学，大的呢到时候就不玩了。小娃娃现在对学习抓得紧得很，对这个东西不专心，家长没人支持。学生娃娃也不爱这个东西。现在八小传承这个东西，有的娃娃爱得很，有的娃娃绕个三哈（下），就觉得腿疼的、腰疼呢，说我不玩了，老师硬逼着叫玩呢，呵呵。

李：问题是什么呢？问题是不是舞狮赚不上钱？

张：哎呀，我是个当大老粗当到底的，也就说个实话。现在来说，政府对这个东西一点都不支持，过去还能到政府拜个年呢，干个啥呢，还给一千块钱还是八百呢，现在一分钱都不给。所以现在叫别人去耍都没人去耍。

李：这个也是，整个这个环境啊、社会的变化。您接下来对舞狮这门技艺的传承有什么打算没有？就是有啥想法没有？

张：我现在的想法就是把我所学到的这个武术啊、舞狮这个东西，在我能动弹的时候，能教出多少、传承多少就算多少。不能把我的（技艺）带到墓里面了，都糟了，可惜了。

李：我们来谈一下国家和地方政府方方面面的扶持情况。最近几年国家不是出台了一些政策，比如说评这个传承人呀，还有给自治区级传承人的资助，五千块钱您收到了吗？

张：收到了，去年才开始给的五千块钱，前几年还是三千块。

李：对，前几年我们也在呼吁。光自治区级传承人就一百七十六名，所以说一个人五千块钱，也不是一笔小钱，而且年年都在给。

张：也不是个小钱，就是的。

李：所以说，相当于快翻了一倍了，应该是第二年拿五千块钱。对于国家的这些政策和支持措施，您有什么看法？就是您觉得这个整体上国家还是很支持的吗？

张：整体当然是国家支持，政府也支持。现在就是下面政府不支持。也不说是人家不支持。现在这个政策，他们不敢动弹，有些东西他们经济（钱）没有，有经济（钱）也不敢动弹，也不敢胡乱花呀！

李：对，这些您也了解。所以说在这过程当中，作为传承人还是要尽自己最大的力量。

张：尽自己最大的力量。有一次区上非遗中心给我打了个电话，说让我们舞狮去，最后我给他们（舞狮队员）到处打电话，都不在家，组织不起来。传承人也有困难呀，使（喊）不动人么。

张：您是自治区级的传承人，您知道市级的传承人有几个？

张：有一个？

李：谁？

张：张雄。我的侄儿娃子。

李：您的侄儿子，多大年龄？

张：二十多岁。

李：他基本上都会您的套路？

张：嗯。

李：现在您接到的政府给过您的一些支持和帮助都有哪些？就像您刚才说的进校园呀，或者是这个传承资助呀，传承基地的补助呀。

张：这个话就要从1992年开始说。1992年我才说是政府不支持，是说生产队、大队不支持。俺们以张庄的名义把这舞狮搞起来，就是张庄舞狮，以张庄舞狮的名义搞了起来。我们组织起来，最后到2001年，文化馆把我们张庄舞狮申报为这个非遗项目。

李：应该是2010年到2012年？

张：噢，申报到县上、市上。从那个时候文化馆也给我们张庄舞狮好大支持，给我们买的狮子头、狮子皮，买的服装。

李：成为传承人之后，对您有哪些方面的影响？对您生活有影响吗？

张：没有影响。

李：我的意思就是说您的这个感觉，比如说自己的意识也不一样了，您成为传承人了，这些影响。

张：噢，这个，我当传承人以后，感觉自己也有点骄傲和那个。

李：自豪？

张：啊，也有一点自豪。当传承人，好像是这个每年县上文化馆召开个会议、学习班呀，区上召开学习班呀，感觉我们传承人，好像是社会地位提高了。

李：有社会地位了。

张：嗯，就是。

李：您1952年左右开始耍狮子，一直到现在对吧？

张：嗯。

李：这六十年左右，您有能力、有精力的话，打算一直要把这个传下去吗？

张：要传下去。

李：那这个舞狮，对您来说意味着什么？比如说它真的是跟随了您一辈子，是您生活的方式之一。

张：是为了搞个红火（热闹）啊，出国以后到现在也是为了给老先人，为了给国家争光啊。

李：您今后最想做的事情是什么？

张：唉，现在岁数也大了。

李：有没有就想着看这些学校里面的学生，能把这个狮子舞好，看他们参赛呀啥的，或者是村里面这些年轻人过年过节回来之后参加一个中卫的比赛呀，这样就把它红火地给他闹起来，不让他断。您心里是不是这样想？

张：就是这样想的。

李：所以说您在自己心里对这个舞狮还是很特别的，一直都很热爱，也想把它传下去。现在的传承方式也就两个。一个是村里面年轻人也都会，平时去打工，过年过节能把这个延续下来。再一个就是学校里面一直开展传承，所以也就可以了。

张：啊，就是。现在就是岁数比较大了，如果我再小个二十岁我还想多教点人。现在岁数不饶人。

李：还有什么遗憾？就觉得现在还可以去做？

张：唉呀，现在我的生活当中是没有啥遗憾，感觉非常骄傲。

李：非常骄傲。我个人感觉您对狮子的热爱是从骨子里特别热爱，从八岁开始啊。

张：嗯，就是。

李：也是希望这个（技艺）能通过村里面、通过学校把它一直传承下去。再一个就是当了传承人之后，你也特别自豪。特别是出了国之后，更是觉得，唉，这个张庄舞狮真还不错。

张：就是。

李：优秀的传统文化，还是非常有魅力的。

张：我没想到一个舞狮都到国外去耍的，哈哈哈哈。

李：对，所以说当了传承人之后您就是打心底的自豪，希望一直传承下去。

张：嗯。

李：行，今天的采访就到这儿，谢谢。

舞狮代表性传承人

李丰春

李丰春，1946 年出生，宁夏中卫市中宁县人。2013 年被认定为自治区级非物质文化遗产项目（舞狮）代表性传承人。

综　述

中宁刘庙舞狮发祥于原东华乡刘庙村，至今民谚尚云："中卫的狮子到处有，刘庙的狮子带了头。"可见刘庙舞狮在中宁县的影响力。刘庙村舞狮的耍法分为文耍和武耍两种。文耍指耍绣球、上桌子，主要刻画狮子温驯的性格，有搔痒、舔毛、打滚、抖毛等动作。武耍指狮子和拳术套在一起，表现狮子勇猛的性格，有软拳和刀、棍、枪、鞭等各类器械。

李丰春祖籍中宁县新堡镇刘庙村。自十岁开始学习舞狮技艺，师承武术、舞狮高手武进玉。当时的刘庙村里不少男性都师从武进玉学习舞狮，塑造了浓郁的舞狮文化。李丰春的大伯李做新也向李丰春传授了舞狮技能。

李丰春熟练掌握了制作狮头的技能。狮子头用纸糊成。先用泥做成狮子头的模型，等干了再在总模型上糊十二三层纸，再糊两层白布、两层棉布作表皮。等纸壳干掉后轻轻从模具上揭下，再用扎扫帚的芨芨草绑成圈，把狮子头用绳子缝到圈上，固定好，晒干以后开始上色。现在常用广告颜料上色，上色后还要再上两遍清漆，清漆干了之后再上一遍色，这狮头就做好了。狮身用皮做成，狮身的要点是要有三排毛发，毛发可以用毛线制作，把毛线剪成合适的长度缝上去，狮身就做好了。最后将狮子头和狮子皮连在一起，头部披红挂绿，拴上铃铛，一摇哗哗作响，尽显狮子威武雄壮的气势。

2013年，李丰春被认定为自治区级非物质文化遗产项目代表性传承人。为了更好地将刘庙舞狮及舞狮制作传承下去，李丰春积极开展传承培训、带徒授艺。他利用农闲时间制作舞狮，特别是狮子头，将传承人带在身边手把手教授技艺，使得其能更好地掌握制作技巧，将技术传承下去，保证传承不断。

李丰春还在闲暇时间开展舞狮培训技艺交流，借助春季传统文化活动，特别是借助春节社火展演，进一步展示刘庙舞狮的传统。同时，积极参与村内、镇内、县内主要活动，既丰富了群众的日常文化活动，又保障了舞狮的日常训练。

随着刘庙舞狮及舞狮制作的品牌效应不断提高，前来选购相关产品的客商也逐渐增多。在做好传承培训的同时，李丰春积极开展产品研发，丰富产品样式，满足不同市场需求，将制作的舞狮产品销售到了周边吴忠、青铜峡等地，扩大了市场，提高了刘庙舞狮的知名度。李丰春现在担任中宁县第五中学舞狮辅导老师，在校园中传授中宁舞狮制作暨表演技艺。

访　谈

被访谈者：李丰春（自治区级非物质文化遗产项目代表性传承人）

访 谈 者：李勇

访谈时间：2019年7月5日

访谈地点：中宁县文化馆

录音整理：李勇

访谈整理：王晓芹

综述撰稿：李勇

李：您说一下您的名字和年龄？

春：我叫李丰春。今年虚岁七十四，实岁七十三。

李：您是几几年生的？

春：1946年。

李：您是从什么时候开始舞狮的？

春：开始学是1956、1957年的时候。

李：大约也就是十岁、十一岁？

春：哎，就是十岁开始学的。

李：您当时是为什么学这个舞狮呀？

春：那个时候学舞狮重点是学耍武着呢。

李：武术？

李丰春表演武术动作（本人供图）

春：对，我们刘庙村那个时候不是有个武进玉嘛，武进玉在中宁县是武术第一，在全西北来说也是数得上的。

李：他是多大年龄？

春：当时武进玉那个时候就是六十多岁。

李：您十岁的时候他就六十多岁了？

春：哎，六十多岁了，他儿子跟我同岁。

李：那他儿子咋这么小？

春：他以前生的都是几个丫头，最后生了个儿子。

李：您学舞狮跟武进玉有关系吗？

春：有关系嘛，武进玉那个时候就给我们教狮子、教武着呢。

李：那您的父母没有从事这门技艺？

春：我父母没有，我父母都是务农的。

李：也就是说您受这个武进玉的影响？

春：我大伯也是干这个活的，我大伯那个时候就跟上武进玉耍拳，以后耍狮子。

李：那您当年想起来学这个原因也就是看你大伯还有武进玉他们一直在耍这个，对吧？

春：哎，对。

李：那个时候大约是什么时候，五几年？

春：也就是1956年、1957年开始学。

李：那这个武进玉当年在西北算有名的是吧？他舞狮也舞得好吗？

春：他重点就是拳，耍武的，他在西北没有人打过他的。

李：那您说说您生活过的地方，地方在哪？

春：在新堡镇刘庙村八队。

李：您生活的那个地方是什么样的一个地方？是很多人都会舞狮？

春：对，过去很多人都会舞，都会耍。

李：这个武进玉就住在刘庙村吗？

春：对，武进玉就住在刘庙村，武进玉他住在现在的七队。

李：连着的？

春：嗯，连着的，我们是八队，他是七队。

李：您说当时村里面有很多人都会舞狮，大约有多少人？

春：哎，人多，都是老一辈，我三爷爷就是学武的，也耍狮子。

李：也就是说再往上推一辈，您三爷爷也是学这个的？您三爷爷叫什么名字？

春：李如桐。如果的“如”，桐树的“桐”。

李：您刚才说的大伯叫什么？

春：李做新，新旧的“新”。

李：他那时候跟武进玉学的，那您三爷爷呢？

春：三爷爷也是跟武进玉学的。三爷爷他是有点底子，我的爷爷那会儿也开始学武，耍武。

李：您父亲没学，您三爷爷、大伯、三叔都是跟武进玉学？

春：都是跟武进玉学，中宁县的武术都是跟武进玉学的，大部分都是。好多老一辈都是跟武进玉学的。

李：您家里是个什么样的情况？就是您的父母都是种田是吧？

春：父母都是务农的，我们弟兄四个，我是老二，老大完了，老三前年也完了，基本上我们三个都是干木工活的。老四在区工商局上班。

李：为什么呢？他读书读得好？

春：嗯，他读书读得好，宁夏建校毕业就分到区工商局了。

李：弟兄四个都会舞狮吗？

春：老大那会学过，以后就再不要了，上三十几他就不干了，我就开始干。

李：您大哥叫什么名字？

春：李玉春。

李：手把手教您的师父是谁？

春：我大伯。我大伯自己制作狮子，我大伯一直干，现在我也干着呢。

李：您在学校里面读过书吗？

春：我读了六年，小学。

李：在哪个学校？

春：刘家大庙小学。

李：小学那时候大约是几几年？

春：我读书迟，八岁才读书的。基本上就是个1954年读书的。

李：然后就读了六年？ 1960年就不读了。您小时候印象深刻的事有哪几件？

春：印象深刻的？

李：武进玉，当时您十岁他就六十岁了，您对老爷子印象特别深刻吗？

春：我印象深刻的是他是哥老会的大爷，我们解放以后都叫的是武大爷。在那个时候乡公所斗了他，有时候就细麻绳子把他绑了，绑了以后，绳子解不开，放几个人都解不开。武大爷笑了一下说："哎，连这个都解不开？"别（他）手一分，绳子断了。呵呵，我就见了这么一回。最后他要那个小洪拳，那个狮子大张口，一个手一遮，另一个手把人从头顶提了过去。我三叔比我还结实还高，我三叔吓得喊着呢，人快落地的时候，他一把抓住脚腕子把人提起来了，倒着把我三叔提起到他身后边了。武进玉，印象最深的就这两件，我亲眼见的。

李：所以说这是真功夫啊。

春：真功夫，我们这以后才跟上他学武的。之后是低标准，肚子吃不饱还学武呢，腿都拉不起，路都走不动。以后又是“文化大革命”“社教”这些，学武就都扔下了，要不然的话我的武都学出来了。

李：那您什么时候结婚的？

春：结婚的时候是1967年，二十一岁结婚的。

李：您对象也是务农的？家里面介绍的吧？

春：嗯。

李：后面生了几个小孩？

春：四个小孩，三个女儿一个儿子，儿子最小，儿子现在是白马乡的副乡长。

李：女儿呢？

春：女儿两个务农着呢，老三在银川呢。

李：他们都会舞狮吗？

春：不会。三丫头小的时候学了几天，学劈叉、弯腰，跟头打得相当漂亮。结

李丰春表演武术动作

（本人供图）

婚后就再不去了。

李：结婚和有了小孩之后，对您这个舞狮有影响吗？

春：有，我儿子还学着呢。我儿子上大学之后就再没学。

李：我的意思是结婚之后您这个舞狮就舞得少了吗？

春："文化大革命"结束以后才又开始舞的，中间停了好多年。那个时候没人敢搞，"文化大革命"谁敢要？那一要就是牛鬼蛇神。

李：您能通过舞狮赚上钱吗？

春：哪里能赚上。我们过去要狮子到哪里要钱？狮子都是白要着呢，没人给钱，到哪里要就是肚子饿了到哪里吃点饭，肚子一吃饱就行了。

李：是吗？

春：过去就是过年赶庙会要个狮子。过年那几天全县各村都赶庙会，从初一一天一天排着到正月十五。庙会上要，再平时也不要。

李：那您用的这个狮子是怎么来的？自己做的吗？

春：自己做。

李：咱们玩北狮嘛，那这个狮头和身子都是咋做的？

春：制作狮子头用一块我们中宁打炕的炕面子，六十公分见方的炕面子上面，用泥把狮子头的模型做出来，等干了以后再用纸糊，糊十二三层纸，再糊两层白布、两层棉布。糊好以后干了活活揭下来就有了轮廓。之后再把扎扫帚的芨芨草绑成大小合适的圈，把狮子头模型轮廓用绳子缝到这圈上，固定好，晒干以后开始画，等干了以后，再上两遍清漆，清漆等干了之后再画头，这头就做好了。头做好之后就开始做皮，把皮踏上以后，皮上有三道绳子，绳子拴好以后，把买来的毛线剪这么长，用缝纫机一转一转踏好，这狮子皮就做好了。脊背上的彩布都挽好拴到头上，头上要有六个铜铃子，狮子要开铃子当啷当啷响。

李：张庄舞狮他们会制作这个吗？

春：他们不会。

李：他们做狮身，头是买的。你们的狮头是自己做的？

春：我们的狮头自己做。

李：您做的那个头都是扁扁的那个（狮子）头吧？

春：圆圆的，脑门大大的、鼓鼓的，我前年还做了十几个。

李：刚才您这个技艺说得有点快，我再问一下，您这个材料是哪里来的？

春：材料就是废纸，废报纸，过去用的是小麻纸，那个麻纸子拉得好得很，现在的报纸都脆得很，没有麻纸拉得好。

李：用砌炕的（泥）做出来，把纸粘上去？

春：是用纸打的糨糊，还有骨胶，一个狮子头是二两骨胶，骨胶熬了再把糨糊打上，刷上才能结实，不然光面打的糨糊用上软得很，胶和上才能硬，必须要用胶。

李：造型做出来然后再画？

春：嗯，圈绑好以后就画好。

李："圈"是什么？

春："圈"是芨芨扎的嘛。

⊥ 李丰春接受采访（本人供图）

李：芨芨草？

春：芨芨草窝的圈，窝好，用麻绳绑上。

李：用的材料就是纸、麻、芨芨草箍到一起？

春：哎，箍到一起，重点就是废报纸多，糊个十一二层，再糊两层白布，白布糊好以后，再糊两层细白纸，白纸糊上就画。报纸糊到上面画上就不好看，密密麻麻的，必须要白纸。

李：这个方法是以前人就这么做的吗？

春：以前就这样做的，从我大伯手里就开始这么做的。

李：现在做的跟过去做的材料都不一样了吧，因为纸不一样。

春：过去狮子皮用的是麻，没有毛线，过去我们也编过狮子头，狮子皮也编过，用大麻，用锅把绿颜色煮上，把那个色染出来以后晒干，再编辫子，上完辫子之后两边再披下来，用针线缝到皮上，现在是毛线就用缝纫机一踏。

李：所以说，现在和以前还是有区别？

春：哎，有区别。

李：您现在用的工具都是啥？就是用缝纫机、毛线，狮子头呢？

春：狮子头就是用泥抹，用毛刷子刷糨糊，刷胶。

李：形状是咋出来的？狮子头形状？

春：形状就是脑子里装的要什么形状就做什么形状。

李：那您小时候见的狮子头形状是什么？

春：我小时候见的狮子，他们做的那个狮子头长，长头，不好看，到我们以后狮子头就做成圆的了，圆头比长头好看。

李：为啥以前做成长头呢？

春：过去他们做的都是长方形的，不好看。

李：狮子头还有长的吗？您见过以前那个狮子头之后，您觉得南方的狮子头和北方的狮子头差别大不大？

春：大嘛，南方的更像狮子。

⊥ 李丰春讲述自己的舞狮人生（本人供图）

李：咱们这个形状是怎么来的呢？

春：我们自己做的比买的要轻，重量没那个重，新堡镇给我们买的那个狮子重量重得很，绕上几下就（绕不动了）。我们做的那个狮子总共就三四斤重，那个头轻，耍起来好耍。

李：所以现在做的这个轻，我们这个狮子可以一口气自己做，从狮子头到狮身，一般做这个需要几道工序？

春：好几道工序，光拍泥滩就是四个小时，糊好、绑圈一个多小时就出来了，绑圈快，圈绑上画也得三四个小时，画好以后上清漆，重点踏那个皮得一两天。

李：这样下来也十多天，十多天能做一个吧？

春：就是十多天。你必须要等到模型干了再糊，纸干了才能揭起来。

李：您觉得最关键一步是啥？

春：最关键的一步就是模型，模型做不好狮子头就做不好。

李：您做这么长时间，您认为怎样才能把它做得更好？把握哪几个方面？

春：一个就是模型，第二个就是胶，胶要配好，胶少了软得很，胶多了又硬得很，胶刷不好，舞的人打上了就是个窟窿，就是个洞。

李：胶是咋弄的?

春：胶就是那个颗粒胶，木工使的那个，现在没有了，我去年中宁县城跑过来都没买上一两胶，到几个老木匠家里，两个人给我凑了半斤多一斤胶。

李：为啥没这个胶了?现在?

春：现在不用这个胶了，现在用乳胶，现在都不用那个骨胶、皮胶了。

李：您觉得主要就是胶的问题，模型这些您都会?

春：都会。

李：这些您都传给别人了吗?

春：传很快，只要有人学，一看就会，只要我做两个头，他在旁边看着就能会。

李：看两次就会了?

春：嗯，能做上。重点就是画。

李：画的这个造型是以前您祖上就是这样画的?

春：哎，就是这样画的。

李：所以说过去狮子的样子和现在的样子都差不多。用的材料可能稍微有点区别，但是八九不离十。

春：哎，八九不离十，过去刷的是桐油，现在是清漆。

李：材料有的地方变一变。

春：桐油不好弄，桐油要熬，要用锅熬，熬不好不行。

李：您有没有像传承基地呀这些地方?

春：有，以前就是庙上嘛。

李：庙上?

春：狮子头、狮子皮都在庙上放着。

李：这个东西放在庙上，有讲究没有?

春：庙上过去把这个狮子当神耍的呢，现在都简单了。过去狮子出门，第一个先到庙上上香、敬神，敬罢、鞭炮放罢再下乡，现在也就不管这些了。

李：您这几个孩子年龄都多大了?

春：儿子最小都四十多了。

李：三个女儿都多大？

春：大的五十二了，二女儿四十九，三女儿四十五了。

李：您有没有想过把这些舞狮的东西教给她们？

春：教了，现在就是没人，没办法耍起来。本来干我们这个活，你不管谁上去，耍个几分钟下来就是一身汗。再一个耍狮子，腰腿练不好就学不成。你像劈叉、翻跟头这个都是力气活，武术这个东西根子练不好你就上去耍不成。再一个你这个武术练好你要和狮子套呢，基本功不行，狮子头这么一绕把你打倒了，你还耍舞呢？

李：刚才说到家里几个孩子也都有学，但是因为生活、工作也都不做了，这些您教过别的徒弟吗？

春：徒弟都教过，我们狮子组织起来光耍头、耍拳的要二十多个人，连打鼓的、敲其他乐器的，要三十个人。

李：徒弟大约有多少个人？二三十个？

春：有二十来个人。

李：都是哪里人？

春：都是本村的，都是八队、九队的。

李：这个村里的人是不是都知道这个地方有这个传统？

春：哎，知道呢。

李：那您对徒弟有啥要求吗？

春：第一个，徒弟来必须要把腰腿都活动好，劈个叉、翻个跟头必须要做到，做不到就不行，起码腿要踢起来，踢不起来不要，腿踢不起来那个鹞子翻身剪脚打不起来嘛，咋能练舞呢。

李：一般学会这个需要多长时间呢？

春：光练腰腿基本功没有两年是不行的，最少得两年。我们那个时候都是超过五年的。我十岁的时候去，武老师就不让你进屋，给你教上几个动作就让自己院子里练去，练的验收上了再给你教拳，验收不上就自己干啥了干去。那时候相当严呢。

李：所以说一般要经历哪几个阶段才能出徒呢？

春：第一个那就是腰腿要练好，腰腿练好再开始给你教拳，一式（招式）一式地要给你教好。上去以后不停，你要能把这一路（套）拳耍好才能上场，耍的时候中间你要是耍错了、忘记了，那你就再练去，练不好就不能上场。

李：那一般您主要用什么方法教他们呢？

春：那就言传身教嘛，你自己给他做个动作他自己照着学就行了嘛。

李：您觉得学这个舞狮最难的地方是什么？

春：最难的地方就是耍番天印，上面一个桌子反放着，四个腿子朝天扎（放）着，就在四个腿子上站着耍，这个是最难的。两个人练这个基本功，就是冬天那个庙院里栽四个一米高的柳木棒，柳木棒还不要干的，就那个活的、软和的，你上去觉得闪着、软的呢，就在那个上面练。两个人要是在那个上面练着掉不下来才能上桌子，你要耍着中间掉下来还不行，再练。

李：见过，当年我是评委。在中卫市广场，你们这个获得第一名，张庄获第二名，你们当时就是在这个凳子上翻过来耍的。

春：嗯，番天印。

李：当时那两个人是谁呀？

春：过去呢就是刘明和、刘明义，这都能耍。再老一辈薛正刚都是耍过的。现在是刘志军、刘建兵，刘志军耍头，刘建兵耍椅子，这两个人。

李：他们多大年龄了？

春：都四十多了。

李：四十多岁还能玩这个动作？我以为是二十多岁的人。他们从小练的吗？

春：从小练的。你想一般平面桌子上去耍，一般小伙子都能上去耍。

李：他们是传承人吗？

春：传承人，我下去就是刘超嘛。

李：刘超是谁？

春：刘超是九队的，刘超是中卫市的传承人。

李：最近几年国家出台了一些政策、措施，比如说评传承人，申报成功会给一些资金的支持，这些措施您都了解吗？

春：大概就是每年年底12月份给的钱。

李：五千块钱，现在是五千嘛。这个您收到没？

春：哎，收到了。

李：因为全区有一百七十六名区级传承人，所以说这些钱不是一笔小数。然后还有优秀传承基地都给补助的。您参加过这些非遗的活动吗？区上的？

春：区上的？区上就是办了两次学习班嘛。

李：如果说区上现在有一个演出，就是“文化和自然遗产日”需要一个舞狮队，咱们现在能组织起来吗？六七月份。

春：组织不起来了，今年过年的时候乡政府来的乡长，挨家叫着呢，叫不来，（人）不在家嘛，连一半人都没有了，有的是在厂里上班的，农村都没几个（人）了，都在城里跑。前年过年腊月都没事干，都在庙门上晒太阳呢。那些娃娃们都放假要着呢，我说：“来来来，都过来，没事干我给你们教着耍狮子、耍拳。”一听教呢，那些碎怂（娃们）就说：“你一天给我们多少钱？”哈哈哈，现在没人学了嘛。再一个，农村现在没娃。

李：哦，没孩子了。

春：没孩子了，都在城里念书着呢。都是过年回家待上几天就走了。农村现在不好组织了。

李：所以说在农村传承基本上就是不行了，过年的时候可能还行。

春：过年的时候要不全活（完整），你想全部的人都来，这其实不可能了，耍不起来。2012年到现在六七年没耍了。

李：六七年为什么没耍？

春：为什么没耍？唉，2012年在余丁乡比赛，六个狮子队，给我们个第二名，奖金三千元，工资一千五百元，镇上一分钱都没给人家发，人家使气（生气）都不要了嘛，从那会儿就散了。

李：所以说这也是面临的一些问题，是经济上的问题，钱上的问题。人的积极性调动不起来。

春：就是调动不起来嘛。

李：我们来谈一谈您对舞狮的理解，生活变迁的感触，对生活经验的总结。从您接触舞狮到现在，算起来就是六十年了，如果有条件的话您愿意传下去，传给别人吗？

春：如果有条件的话我非往下传不可。前年少桥有个小伙子，他二十六七了，别（他）不知道听谁说了跑到我家里来，他还买的一个羊羔子，提的一条烟，我教了二十天，自己跑了，不学了，别（他）腿和胳膊疼得扎（举）不起来了，就不学了，别（他）说回去晚上上炕都滚着往上上。哈哈哈哈，别（他）不学了，自己不来了。有人学我就非往下教不行，我不能带到棺材里去吧。

李：这个舞狮伴了您一生，您觉得影响大不大？意味着什么？

春：影响大嘛，我现在身体这么好，还和这个有关，从小练武练的。我现在身体哪里都没有毛病，国家免费年年检查（体检），一检查哪里都好着呢。这武术练了对自己身体肯定好。

李：现在那些老手艺，包括舞狮渐渐都没有了，您怎么看？

春：哎呀，痛心得很，没办法，没人学么，你给人家教这个不学嘛。别（人家）一张嘴说学那个干啥呢嘛，你学的武术再高，人家手指头一勾就把你打死了。哎呀，你说那个话不对嘛，你像我这七十几了身体多好呢。

李：现在您对年轻人有啥期望？

春：希望他们都能学舞狮。去年新堡中学来了六个学生，我正好在家里做狮子头呢。一个娃看了说，哎呀，李师傅你给我们教。我说能行，只要你们学，谁来我都给教。结果就看那一回就再没见过这些娃娃。

李：他们兴趣还是有啊？

春：兴趣是有。舞狮这个东西就是力气活，现在年轻人都浮华的怕使力气了。这个东西全凭力气耍着呢，你上去少耍一下，狮子头看着死吧吧的，耍得不好看。

李：舞狮的发展什么时候最丰盛？

春：最丰盛的时候是2000年到2010年。那个时候，到武术场面拉开耍，人也全，人心也齐，家什（道具、乐器等）用板车一拉，那个时候最好。

李：那八九十年代呢？

春：八九十年代也还好着呢，“文化大革命”结束以后，77年、78年县上搞了几次武术表演，那个时候狮子还没开始耍呢，光我们这些会武术的人集中起来在县里办个学习班，互相交流耍着呢。到了88年、89年才开始耍的，这之间漂（停）了将近十年都没有耍狮子，那个时候一提起就是牛鬼蛇神，都骂的。

李：今后您有没有什么打算做的事情？比如说舞狮传承这么难，都没人愿意学，您有没有什么想法？

春：就是想着尽量要传下去呢，不过，我想着我完了，刘超还能教下去。问题是现在没人学。

李：刘超现在是您徒弟？哦对，他跟他爸学的。

春：嗯，他跟他爸学的，我们都是一个师父教的，都差不多。

李：互相都有交流，刘超多大年龄？

春：刘超今年六十。

李：刘超是市级传承人是吧？

春：是的，好像是中卫市的。

李：现在比如说一个市的、自治区的传承人，他伙上几个他的徒弟能不能把狮子舞起来，能弄上个三对狮子？

春：能扶起来。

李：嗯，因为这样扶起来之后，在我们参加全区表演的时候才能形成一个队伍，才能有自治区级非遗传承队伍。现在好多评上传承人了也没动弹的，慢慢断掉了。

春：哎呀，六七年没耍了，即便就组织起来，人也不全活（人不够），人也得有时间练，最少得半个月练习。因为年代久了，好几年不耍了，要是搁着平常耍个三五套还行。耍番天印的刘志军不敢上了么，吃太胖了，走几步路就喘开了，这几年贩枸杞子一天老坐着，腰都吃得那么结实，耍不动了。

李：刘志军是谁？

春：就是耍番天印，耍狮子耍头的。刘建兵是拿椅子的，耍番天印拿椅子也很重要，那个稍微不注意拿不住就掉下去了。

李：这两个人都在呢吗？

春：都在呢。

李：那刘志军也会武术是吧？

春：他也会。刘志军耍武也耍得好呢。

李：是吧？之前都跟谁学的？就庄子上都互相学？

春：都互相学，过去会耍的老的老了，耍不动了，死的死掉了，都是七八十岁的。剩下五六十岁的，还有四五十岁的，最年轻的都四十多岁了。

李：二十几岁的基本都没人学了？

春：哎，二十几岁的都没人学。

李：您觉得对舞狮有什么遗憾？现在。

春：人说干啥的爱啥嘛，有时候做梦都还耍狮子呢，哈哈。没人学嘛，我说你个娃娃来，你们谁来我都给你们教，我白给你们教。都不学嘛，人家还倒问我要钱着呢。

李：现在社会变化这么快，但是不管社会变化怎么快，从您心里，从您的角度来讲，您还是特别热爱这个。

春：特别想把这个传下去。

李：第一热爱舞狮，第二想把这个传下去。刚才您说做梦还要狮子呢。

春：哎，做梦还要狮子呢，现在好多年不干了，做梦还做呢。

李：那已经印到您整个的身体里面了，离不开了。现在可能是年龄大了，狮子也舞不动了，木工活也不能做了，好在现在家里边孩子也都挺好。

春：孩子谁的（日子）都能过去，也不操啥心。

李：行，那今天采访就到这。谢谢！

传统舞蹈隋唐秧歌代表性传承人

蒋汉清

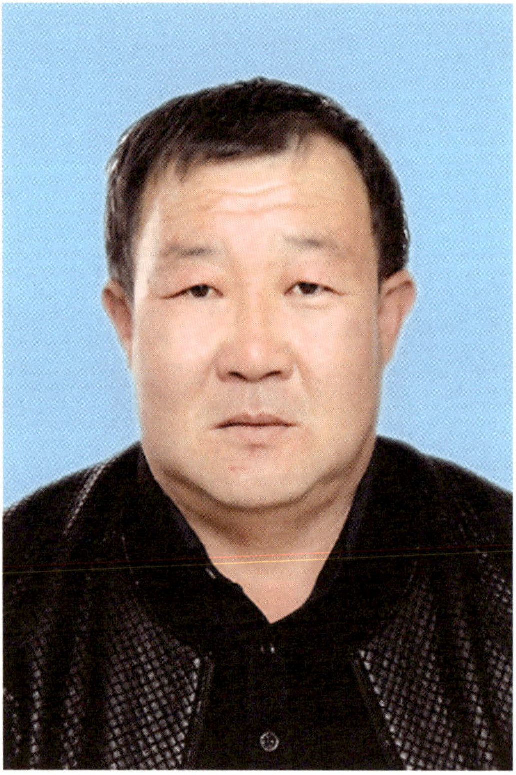

蒋汉清，1966年出生，汉族，宁夏中卫市中宁县人。2013年被认定为自治区级非物质文化遗产项目（传统舞蹈隋唐秧歌）代表性传承人。

综 述

隋唐秧歌就是流传在鸣沙曹桥一带颇具特色的社火形式。隋唐秧歌又叫“跑大场”，是一种古典宫廷式民间舞蹈，其独特的表演形式蕴含了农民“驱除邪疫”“祈保平安”的美好祝愿。表演者由六男四女组成，着古装，分别扮作唐王、娘娘、大臣、宫女、武士。表演颇有传统戏曲的韵味，不同角色各具风格，整个舞蹈既有很强的规律性，又错落有致，张弛相间，一气呵成。扮演唐王的班头拜年时还会在表演过程中即兴“说喜”。通常在年节中，秧歌队白天要秧歌、拜年，夜晚还唱一些折子戏，因此秧歌队的成员吹、拉、谈、唱样样皆会。

蒋汉清自小非常喜欢观看本村老一辈人表演的隋唐秧歌，经常在秧歌队彩排时在一旁模仿。1989年，蒋汉清任曹桥村委会团支部书记，负责文艺宣传工作。由于工作机缘，蒋汉清跟随李兴成开始学习隋唐秧歌。当时的隋唐秧歌在曹桥村广受欢迎，逢年过节的庙会、各类仪式上都少不了隋唐秧歌的身影。蒋汉清的家人也非常支持蒋汉清从事隋唐秧歌表演。

隋唐秧歌一般由十人扮演，其中一个人扮演皇帝，一个扮演大臣，还有四个宫妃，四个侍卫。皇帝手持万民伞，大臣手持梅花翎，用以区分身份。隋唐秧歌里既有固定的套路，也有即兴表演的部分。蒋汉清多年来凭借对隋唐秧歌的热爱和不断的学习摸索，已基本掌握了隋唐秧歌的传统套路和技巧，其动作干净利落，飘逸沉稳，极具观赏性。

随着人们娱乐方式越来越多样，曾经广受欢迎的隋唐秧歌在传承上遇到了困境。当下年轻人对参与这一民俗的积极性并不高。为了解决隋唐秧歌面临的困境，推进对隋唐秧歌的保护传承，地方政府及相关机构都投入了政策和资金支持。2013年，蒋汉清被认定为自治区级非物质文化遗产项目代表性传承人。蒋汉清表示，在被评为传承人前，他一直以为隋唐秧歌只是一项乡野的娱乐活动；随着隋唐秧歌被评为自治区级非遗项目，蒋汉清本人也被评为自治区级传承人，他逐渐感受到了隋唐秧歌所承载的文化价值与民族血脉，也感受到了自己肩负的责任。他身体力行，每次活动期间都争取用拍照、录像的方式把隋唐秧歌的套路固定下来，保存下来，让隋唐秧歌的套路在未来也能得以续存。

访 谈

被访谈者：蒋汉清（自治区级非物质文化遗产项目代表性传承人）

访 谈 者：李勇

访谈时间：2019年7月5日

访谈地点：中宁县曹桥村

录音整理：李勇

访谈初稿整理：冯小媛

综述撰稿：李勇

李：您叫什么名字？

蒋：蒋汉清。草头蒋，汉族的汉，三点水的清。

李：您是哪一年出生的？今年多大岁数？

蒋：1966年，五十三岁。

李：您什么时候开始接触这个隋唐秧歌的？

蒋：在1988年就开始跟上我的师父李兴成学的。

李：李兴成，是哪几个字？

蒋：木子李，高兴的兴，成功的成。

李：当时您是怎么想起来学这个隋唐秧歌的？

蒋：主要是我当时从学校毕业后，在村上担任团支部书记，当初我们村的文化这一片就属于我管，首先是搞这个春季文化活动就由我负责。

李：所以说您就接触了这个东西。

上 蒋汉清接受采访（本人供图）

蒋：嗯，就接触了这个。

李：您当年生活的这个地方叫什么地方？您介绍一下这个地方。

蒋：我们这个村叫曹桥村，有三千八百多口人。

李：您从小就在这里长大的是吧？

蒋：对。

李：您小时候听过隋唐秧歌这个东西吗？

蒋：听过。

李：其实您小的时候就见过这个东西，因为它是村子里的东西是吧？

蒋：嗯。听人说，就是我们村的老人都说，以前我们这个村子刚解放的时候就有这样的一个活动，那时候耍得很有名气。特别是我们这个村以前叫老五营，当初呢他们要到鸣沙州那个地方耍，人都对耍的这个特别感兴趣，因为这个有喜庆、祝贺这方面的色彩。

李：当时村里面搞这个的人多吗？

蒋：村里面不多。

李：您是正式去跟着李兴成师博学的这个？

蒋：对。在小时候，基本上因为那个时候都是搞大集体生产，对这些（文艺）都不重视，光抓了生产。从改革开放以后，对这个农民文化生活才有所要求。1982年，我们村就是我的师父李兴成组织了一班人开始耍，到目前为止，在我记忆当中已经有五位老同志他们都相继过世了。

李：也就是说那时候表演的时候，你知道就五个人就会表演这个？

蒋：不，他们每次连打鼓的都是十个人到十五个人。我们当初耍这个主要是跟李兴成带的三个徒弟一起耍，就是这些人他们当时岁数都大了，是老同志。李兴成他把这东西挖掘出来，找的也是以前见过或者参与过的这些人，他们就组织起来开始把这个东西耍了起来……

李：当时您家里面是什么情况？您是1988年就跟李兴成学这个技艺，当时您家里同意吗？

蒋：嗯，当时我还没有结婚，我家里是父母健在。

李：他们支持您学习这个吧？

蒋：因为我在村上干工作，这也是我的一种责任。

李：您说说李兴成他家里面的情况。

蒋：李兴成他是我们村里的一个孤寡老人。

李：他是跟谁学的这个？

蒋：他说他的师父叫李珍。

李：哪几个字？

蒋：木子李，珍藏的珍。

李：他是几几年出生的？

蒋：他去世的时候都是八十多岁了。

李：他什么时候去世的？

蒋：这个我也记不清楚了。

李：您估计他是1930年左右出生？ 1940年左右出生？还是1920年左右出生？

蒋：好像是一九二几年出生的。

李：他没有说过他跟着学的那个人多大年龄？

蒋：他十几岁的时候接触李珍，他师父估计也就是四五十岁。

李：那个人应该是清朝末年的人是吧？

蒋：嗯。

李：那时候跟人家学都是在这个地方？

蒋：都是在我们这个曹桥村老五营，这个隋唐秧歌它出处就是在我们曹桥村，以前就叫老五营。

李：噢，从这里出去的？

蒋：嗯。

李：您跟李兴成学的这个隋唐秧歌他是言传身教给您一点点说还有演示吧？

蒋：就是的。从服装、道具、走的这个套数、阵法都是他教的。

李：您在学校里面读了多少年书？

蒋：十三年。

李：小学在哪里读的？

蒋：我们曹桥完小。

李：初中和高中都在哪里读的？

蒋：都在鸣沙中学。

李：上过大学了吗？

蒋：没有，我高中没有考上就回乡了。

李：没有考上就回乡了，就跟着搞文化宣传？

蒋：嗯，我是1987年毕业，1988年就到村上当了连队队长，当时我在村上搞青年团工作，是共青团书记。

李：对隋唐秧歌有没有印象特别深的什么事？比如说小时候过年的时候人山人海抢着看这个隋唐秧歌或者是怎么样？

蒋：就是1986年、1987年我师父李兴成他把这个东西挖掘出来，我上学的时候我就感觉那时候的人特别喜欢这个东西，每到我们村耍完以后再参加镇上的表演，还要到鸣沙去参加表演，特别是人气节、鸣沙的庙会。而且我们村当时的老书记他也喜欢这个，那时候我们就利用春节这几天挨着队拜年，谁家里有喜庆事还入户去表演庆贺。当时我的师父李兴成就说这叫撂挑子，撂挑子就是即兴发言，到哪个家遇上啥事，他能说上事，也就连说喜的一样。

李：就是说他能演能说。您小时候就有这种印象？还是高中毕业之后？

蒋：小时候就见他们挨家串户耍着呢，人家也特别喜欢，一到每家门上就要上一会儿。

李：您小的时候就知道？

蒋：知道，我在十几岁，当时这个开始耍我就知道。当初我们村这个文化活动搞得还是比较好，每年都有秧歌，还有高跷。八几年的时候我们村的高跷在中宁县是很有威望的。

李：那您什么时候结的婚？

蒋：我1989年结的婚。

李：您夫人是做什么的？

蒋：她是种地的。

李：后来有几个小孩？

蒋：两个，一男一女。

李：您结婚有了小孩之后，对您这个秧歌表演有影响吗？您家小孩都喜欢这个吗？

蒋：我媳妇支持。因为我长期玩这个，主要是一个工作的需要，如果我不是在村上干这项工作，也许……因为他要这个也是换代着呢，每一年或者两年人就基本上是该走的走了，就要补充人员。我在村上有工资，每年就主抓这个东西。

李：您毕业之后就在村上工作，有做过生意吗？

蒋：没有。

李：这个隋唐秧歌就是您过年过节的时候，组织起来热闹热闹？

蒋：嗯，主要就是一个春节。

李：那我想问一下，这些我记得拿的这个虎撑，还有什么东西？就是一个虎撑？

蒋：嗯，当时演皇帝的拿的是虎撑，装大臣的拿的是一个梅花翎。

李：梅花翎，然后呢？还有啥道具？

蒋：扮演皇帝的还拿一个伞，就是万民伞，大臣拿的一个梅花翎，还拿着一个拨浪鼓，当初那个大，现在都是小小的。

李：拨浪鼓是用来干什么？

蒋：拨浪鼓就是一摇帮帮响的那种道具。

李：刚才您说的那些道具您介绍一下用什么材料做的？

蒋：虎撑，最早是从师父那里就传承下来的，这个东西过去用生铁打出来里面卷上珠子。

李：那虎撑有啥意义？

蒋：他主要是在演的时候起到一个指挥作用，一般就把虎撑捏在手里，当要变换队形的时候，他就唰唰一摇大家就都知道了，就开始变换队形。

李：那大臣手里面拿的那些东西，拨浪鼓呀，万民伞啊这些都有啥讲究没有？

蒋：万民伞按他的出处当时是从皇宫出来的，拿它是为了显示一个气派。但是大臣拿的这个也说不清楚。在我们后来人都说的，装大臣要拿剑之类的，但他们是逃避世道，害怕人认出他们是皇帝跟大臣，所以他们只能伪装，就不能带那些东西。

李：现在我们做这些工具是沿用以前的还是发生变化了？

蒋：现在就是一个虎撑是围绕原先那个形状做的，当初也是生铁做的，因为要着给摔坏了，生铁没有办法焊，最后我们又翻新用熟铁做的。

李：现在这个是不是更好一点？剩下那些东西不能补？

蒋：可以说是更好一点，这个东西因为转着甩着都坏了。我们当时这个梅花翎，首先我们必须要保证它有梅花形状，三个环子这样一个梅花。

李：为什么要用梅花呢？代表什么意义？

蒋：这个没法说，反正我们就是严格按照师父说的没有做修改。

李：可以说是原汁原味。那咱们再讲讲隋唐秧歌的整个演绎的流程，您先讲讲这个是怎么样的一个背景故事？

蒋：这个就是考究，他们有的说是安史之乱时期的，有的说是隋炀帝出逃时的。因为当时发生政变了，皇帝他要出逃呢，他必须带他的妃子、大臣，而且要有保护他的，所以这个队形就形成了一个皇帝、一个大臣，中间就有四个妃子、四个武士，阵形就是十个人。他是为了出逃，当时按说城门都是官兵把守，他正儿八经是出不去的，只能化妆，他们绝对不是穿的是皇服。

李：他们是为了逃出城？

蒋：嗯。实际最后为啥传到我们这边了，这就无法考证。传说就是当时皇帝出逃了他跑到灵武，说路过我们鸣沙州，当时他还是有官兵队伍的，他们就在这个地方要过一次，就让我们这边看到了，最后可能有专业人士就组成了这个班子，就是隋唐秧歌队。

├ 将汉清在讲述他的秧歌人生（本人供图）

李：您觉得这个故事的背景就是出逃，皇帝出逃就是隋炀帝或者是唐朝安史之乱哪个皇帝到灵武来，这个事情的发生您觉得别的地方有没有这个？

蒋：据我的师父李兴成说别的地方没有。

李：就宁夏这个地方有？

蒋：嗯，就是宁夏有这个。因为中间有套路，他光知道有这个。

李：您能讲一下这个套路吗？

蒋：套路我师父说他们一出场，他们都挺讲究规矩，第一是拜，拜就是第一次出场先给人亮相，皇帝要做这个拜的手势。

李：为什么要做这个拜的手势？

蒋：这是一个节目，开始必须他要先拜一下。拜一下要上一个套路，每个人都是当面亮相，一组一组地亮相。一拜完立马过来双梅花开始转圈子，就是来回绕着。

李：第一是拜，第二就是绕。

蒋：对，它是双梅花。

李：双梅花绕的是S形状吗？

蒋：对，它是一路一路地转。

李：第三种呢？

蒋：第三就是四门斗地。

李：哪几个字？

蒋：四，门是门，斗是斗争的斗，地就是土地的地。他这就是要的四个拐子（拐角），套路里差一个人也不行，多一个人也不行，就是每个拐子始终要有两个人，一共是八个人。还有两个人就在里面变换不同的位置，而且是四个拐子哪一个人都要走到。四个拐子每个人有各自的动作，武小生有武小生的动作，不同的人物他就做不同的动作。

李：噢，四个拐子代表四个城门，还有四个围墙、四个哨所，然后他在上面摆各种造型。

蒋：嗯，而且是在运动当中摆着呢。第四个就是五盏灯。

李：哪几个字？

蒋：一二三四五的五，盏就是一盏灯两盏灯的盏，灯还是灯火通明的灯。

李：五盏灯是什么意义呢？

蒋：它这个是一种戏剧，它是在四个拐子的中间，它这个耍的套路就是五个位置在变，不停地动作。

李：四门斗地过来就是五盏灯，他们互相都在变化位置吗？

蒋：嗯。

李：然后呢？

蒋：当这个耍完了以后，按我师父说的就是一个蛇蜕皮。蛇蜕皮就是倒着它从前往后，就是为了最后退路收场子。

李：蛇蜕皮是第五个吧？

蒋：是的。蛇蜕皮就是转换成一个队形，大家转成一个双梅花，扮演皇帝的他就到中间，他就开始耍，按我师父说这就是撂挑子，他见什么就能说什么，但是我师父他爱唱小唱，当初能唱秦腔，各方面他都能唱。比如说一家院子有树，我记得他说："新盖的房子四拐子扎呀，院子里栽的是摇钱树啊！"他就跟说喜的那样，撂得特别好。而且如果耍着耍着耍乱了，阵形里有一个跑着绊倒了，他立马摇虎撑大家就收拢了。

李：就是说他的应变能力特别强，见什么说什么？

蒋：嗯，我知道他说过："傻傻的小孩绊一跤啊，一脚踏起了金元宝了。"唱特别好听。他在撂挑子的时候就圆起场子，场子圆好以后他就最后队形一换就退场了。他是有上场还有退场。

李：把这个整个演绎一遍的话，现在是有七步是吧？加退场？

蒋：嗯，这七步都是师父李兴成创造出来的。他说当时他们耍的路数多呢，当时还没有解放，他们耍的比这个多，他也忘记了，然后他就挖空心思地找。他就找的我们曹桥村连他一起耍过的朱建华、彭福寿，他们老爹当时都活着，他们都是坐到一起慢慢说，最后就成了这几个套路。

李：您觉得这七步里面最关键的是哪几步？哪个最讲究？

蒋：最讲究的是五盏灯。

李：就是四个拐子、四门斗地结束之后，回到五盏灯的时候，这个最讲究，为什么？

蒋：因为这个一要就是四个拐子在中间，就是说，有一队到中间来，它与其他几个队都对应要着呢。皇帝连大臣这两个是一局，他们做的是武小僧的角色，他们两个人就要表现一个对打的架势，打得啪啪啪。到两个娘娘她们之间也是对接做花子做拜，她们在中间一做再到四个拐子一做还是这个动作。所以说这个动作多而且套路是五盏，五个地方人人都到，不是说站到哪个拐子上要，它是在运动当中变换着呢。

李：那您觉得玩这个东西，你要把这个队伍组起来是现在容易还是以前容易？大家都喜欢吗？

蒋：以前容易。以前是不出工资，而且有兴趣的人叫着都能约合起来。到我干的时候就是村上给义务工才组织起来。像这些年人的意识就是要出工资。

表演进行中
（本人供图）

到现在呢因为农村基本上都空壳了，多一半的人都进城了，首先一个武小生他要十四五岁到十八岁的娃娃要才能打起来，才能跳了起来做动作。

李：您觉得整个这个隋唐秧歌有什么寓意？刚才我感觉第一就是给大家带来热闹、红火，第二就是在这个说的时候，就是撂挑子的时候，其实是给人造型，让人充满正能量，充满好的喜庆的东西，是不是？

蒋：对。

李：那它还有什么寓意呢？就是您觉得给老百姓带来了什么？我们一般人为什么爱看？

蒋：第一首先是有音响，第二个人们能看到古代的，穿上这个服装再戴上口条人就爱看，而且我们的服装都是古时的。但是与这个戏里面唱戏的服装也还不一样。

李：这个服装怎么不一样？

蒋：服装它是隋唐时期的，但是这个服装还不是龙袍，不是大臣穿的那个（服装），还不能有龙啊凤啊的，有娘娘穿的服装，还要考虑丫鬟的。第一次的服装是我们的老书记他专程到西安挑的。九几年又兴起来要，这个服装又不行，又专程到兰州买戏剧的那个服装，可以说是挑扎实了。当时到兰州我也去了，这么个不合适呀那么个不合适。因为好多有镶龙的镶凤的就不行。因为这个就是保证你是出逃的场景，又不能显出来你是皇帝、大臣、妃子娘娘的。

李：所以说武生戴八角帽，妃子穿的比那个丫鬟好一点，又不能像妃子穿得那么好。皇上戴的是口条。

蒋：从我的观点看就像书生一样。

李：您觉得现在的表演一年一年的跟以前比有区别吗？

蒋：有区别啊。区别是现在越来越老化了，为啥说呢？以前参加的人多，都是正儿八经的小男孩要着武生呢，娘娘都是十八九岁的姑娘，到现在呢就开始农村娃娃进城念书了。可是我们这个传承就比较麻烦了……我只能就是把皇帝、大臣的角色传给我们市级传承人谭基忠。

李：哪几个字？

蒋：谭，基地的基，忠心的忠。

李：他是跟您学了多久？

蒋：当老李要不动了，我就带上了他，我演皇帝的时候，他就扮演的是大臣。这两年他是扮演皇帝，大臣另外又安排了一个，因为我有工作各方面顾不上。还有就是要传承，我必须有我的接班人。用的这些个演员，装娘娘这个就是以前要过的，她们现在岁数也大了。

李：现在这个年龄构成是多大？

蒋：一般都是四十五岁以下，都是结了婚的，没有结婚的现在绝对不参加。因为现在这个条件都高了，他们都认为这个不怎么样。

李：结了婚的就是扮演娘娘是吧？

蒋：嗯。我们现在这个武小生还用的是女的，纯粹没有男小孩、男青年。

李：现在就说是咱们十个人的队伍都是女的，都是四十多岁。她们平时在干嘛？

将：有的人当了奶奶了，有在银川的，有在县城的，基本上在家里就很少。唯一的一个好处就是每年春节她们都回来了都约起来。

李：四十多岁还演娘娘？

蒋：没办法呀。现在农村的这个男孩基本上就没有了，这个姑娘、小伙子都是进城上班打工的，能真正回到农村待个一月半月的很少了。

李：咱们这个演完之后他们有报酬吗？

蒋：有啊。

李：那报酬哪里来的？

蒋：报酬就是我们村上筹一点，还有上级像我们中宁县文化馆、文体局每年社火春节文化调研给的补助拨一点，但是工资都不高，我们最高就是一天三四十块钱。

李：现在基本上是您在把这个队伍拉起来，因为您在这个村子上是书记，有这个优势在，如果是普通的一个老百姓，可能拉队伍的这个困难度会更大。

蒋：就是的。但是，现在对我们隋唐秧歌，我们的文化馆也特别重视，我们的乡镇也很重视。他们给到我们村的任务就是每年必须把隋唐秧歌给拿出来表演。

李：就是每次社火的时候你们必须拿出来？

蒋：嗯。每次必须把隋唐秧歌拉出来表演。

李：这也是代表你们村里面的一个品牌活动，只要一提曹桥村就能想到隋唐秧歌。您到现在也从事这个相当于三十多年了对吧？三十来年您觉得自己有什么创作动力？或者有什么心得？

蒋：心得，我认为这个是有必要发展的，而且这个有传承的价值。从我来说这是历史的渊源，也是我们这个村的文化，我也特别喜欢这个，总希望发展起来，首先一个每年春节我们村不搞这个，他们就觉得不热闹。

李：您感觉这个隋唐秧歌是在过年期间必须要办的一件事？

蒋：嗯，是的。

李：村里的人有期盼没有？就是说他们看了多少遍但是还想看？

蒋：对，他们每年必须要有这个活动出来转转热闹热闹，有点喜庆来打破这个死气沉沉的日子。

李：我们谈一下这个传承。您说是有两个孩子啊，两个孩子多大年龄？

蒋：女儿二十七岁，儿子二十四岁。

李：他们在做什么工作？

蒋：女儿在银川瀛海水泥厂，儿子在我们中宁一个私人公司上班。

李：他们看过您的表演吗？

蒋：他们都看过，他们在小的时候就看，对这个都知道。

李：就这个技艺和套路啥的您给他们讲过了吗？

蒋：嗯，讲过。现在这些年轻人，对这个有点古典的这些他都不太喜欢，也没有想学的念头。

李：您招过几个徒弟？跟着您学这个隋唐秧歌的都有谁？

蒋：有谭基忠，他是市级传承人，现在还有一个吴海云。

李：谭基忠是演皇帝的，吴海云他是什么级别的传承人？

蒋：他还没有，他就是爱好。

李：现在就这两个人吗？

蒋：不是，以前跟着一起玩耍的还有陈立明、陈阳，都是男的。

李：现在这些人都在干什么呢？

蒋：有的人到城里了，有一个养牛的，现在农村是聚不住人的。

李：他们都是哪里人？他们是咋找到你的？

蒋：他们都是我们村的，这么多年来他们闲了的时候就要，当他要过一两年以后，他在自家的生产发展过程中就改行了。

李：您觉得学会这个隋唐秧歌的整个套路，包括擢挑子，需要多长时间？

蒋：真正要把这个套路学好，也就是说全部是新人手必须得学半个月。

李：哦，需要半个月，擢挑子就不好说了是不？

蒋：擢挑子就不好说了，以前是我师父李兴成他能擢两句，到我这里口才这方面应变能力就小了，像我就要擢过两次，说说我们镇上领导如何、今年发展啥的，就是赞美政府，在哪个方面取得成绩，这个古代的东西再宣传你也要按现在的政策宣传。

李：主要两个徒弟就是前面说的他俩？

蒋：嗯。

李：一般经历哪几个学习阶段才能出徒？第一就是先当小武生，然后慢慢当大臣，再当皇帝？还是一般都就是这样？

蒋：一般都是这样，套路是一模一样，每一个不同角色的动作不一样，只要套路步伐能掌握得住就可以。

李：主要用什么方法？就是在演练过程中言传身教吗？

蒋：就这样言传身教。像现在他们要我必须要盯着，要让他们共同研究哪个动作不咋样啊。

李：您理想中的徒弟是什么样？

蒋：首先一个是他们爱好这个东西，无论干不干，首先思想上要认识到爱好这个东西啊。再一个是他是在本村居住的，在我们村里有产业他出不去，他才能在我们这个村子待着。

李：您觉得还有什么其他方式让这个隋唐秧歌传下去？

蒋：因为这几年上级部门对这个传承人也特别要求，让进校园、进各方面。作为自治区级传承人，我这个思想也有压力。嗯，就是老在想这个问题。但是从我个人讲，进校园在我们恩和镇就只有一个完全小学，但是现在完小学生特别小，从个子上说要这个不像那么回事。你像以前我们拿起来耍，学生个子高又大，而且他们硬气，现在这个又软个子又矮。

李：就是那些小学生年龄还不到。

蒋：嗯。这是一个。第二个就是去年我们镇上说人数不行就搁到镇上单位，镇上单位正好有上班的这个“三支一扶”的，传承上我来教，有这个想法。但是到了真正选人的时候还是难，因为这个干部啊也许有待一年、待半年

表演隋唐秧歌
（本人供图）

的，不稳定。我在这个方面想了好多好多的，去年来了一个民院老师，他就亲自到这里从服装、怎样演、套路各方面和我沟通，想象的就是扩大，也就是为了传承。但是这是一个老故事，你再一扩大、服装一改变，叫隋唐秧歌你必须要有隋唐秧歌而且要古典，变队形呢少一个人也不行，多一个人也不行，这是一个死的套路……

李：就刚才您说的这个事，您觉得现在还好往下传吗？或者说您希望这个隋唐秧歌一直传下去吗？

蒋：从我的内心来讲当然希望传承下去好。

李：这也是村子一个历史悠久的品牌活动。国家近几年出台的一些保护民间文化的政策措施，比如说评这个传承人，对于政府这些措施，您大致知道吗？

蒋：知道。

李：您有什么看法吗？或者就这些措施，这边当地的政府对您有哪些支持和帮助？还有就是成为传承人后对您有哪些方面的影响？

蒋：影响就是说使我真正知道国家对这个非物质文化遗产进行保护，这是很好的做法。地方政府这方面，我参加过我们自治区文化馆每年对传承人的培训，我们市级、县级的培训都参加，文化传承经费也给着呢，而且他们都挺关心的，每年都来调研个一次半次的。就我们隋唐秧歌传承基地吧，各方面领导特别是像文化馆刘馆长、王部长在这方面都相当支持。

李：您成为传承人之后和没有成为传承人之前比，有啥感觉？2011年评县级，2012年评市级，2013年是评为自治区级。

蒋：我以前没有被评为传承人，对于这个隋唐秧歌是干也好、不干也好。但是当我作为一个传承人，我就有了一份责任啊。在这个隋唐秧歌发展传承方面我也接触了很多外地人，特别是中央电视台有个夕阳红栏目，有一个记者，忘记姓啥了，他和我加微信，他跟我聊，还说邀请我到全国哪个乡看看，他对这个传承很热情，他希望能传承发展，我也得到他们的这个指导。

李：今年下半年有第五批国家级项目申报工作，您知道吗？

蒋：知道。

李：您通过什么渠道知道的？

蒋：我们到文化馆开会，因为我们隋唐秧歌已经申报了国家级就是没有申报成功。

李：你们是2014年申报的，现在是2019年，两次都没申报成功是吧？

蒋：两次了都没有申报成功。

李：您觉得原因在哪里？

蒋：从我看，我们文化馆从市级到县级，还有我们的这个村啊，非遗保护各方面的一些宣传，就我们隋唐秧歌，还达不到国家级这个标准。从我个人讲，我认为国家的非遗保护相当地严格，不是那么轻而易举的，特别一个是要传承下去，而且面很广的才能行，但是这个隋唐秧歌套路就是形不成大格局。

李：您认为是因为项目本身的局限性。就是说不能有更多人去参与到里面去，只限于十个人。

蒋：对。

李：评为传承人后，这个经费给到您手上，您是不是也一直有压力？

蒋：对。因为这个经费也不是说用于我个人，首先我们隋唐秧歌参加这个遗产日活动，设备、人的花费，还有当时买一些小物件，像鞋子啥的都是我个人掏钱。这几年几乎是每年我个人约着大家也就是说以其他形式把大家聚到一起，大家吃点喝点唱一唱，形成了这个隋唐秧歌以我为传承人的一个中心，这是我的具体做法。而且我们每年要社火的人集体合影，我都洗好照片发给大家，人人一份，也就是说他参加了隋唐秧歌的表演你给他们留下了一定的纪念。

李：也就是说您每年招呼一群人把这群人固定下来是吧？

蒋：对，就是这样。

李：所以说您还是在用心去做这件事情。因为您是自治区级传承人，要把这个技艺保留住。

蒋：对。

李：我们再谈最后两个问题，您今后最想做的事情是什么？

蒋：首先我尽的义务是把我们隋唐秧歌的活动照片管理好、服装管理好，也就是说让他的形在，这个要保护好，这是作为传承的依据。

李：嗯，一年一年的见证。我给您提个建议啊，明年要申报自治区级传承基地。这不是有个房子嘛，我上次来的时候还挺好，现在就成这样了，把它再收拾一下。您这个是传承基地了吗？

蒋：不是，但是我们申报的和打造的就是自治区非遗传承基地。

李：我建议您现在申报一次隋唐秧歌的传承基地，因为申报自治区传承基地每年有两万块钱补助。

蒋：嗯，这个我也知道。

李：但是这个不一定每年都能补得上，就是你要做得好，你资料提供得好，然后你才能申报。

蒋：对对对。

李：还有门口的广场可以用于排练，屋里面可以把这些细节都摆好，您的一些道具都放好，作为一个陈列展示，又有排练的空间，您已经达到市级传承基地的要求，而且实际上已经在开展工作，所以说也达到了申报自治区级传承基地的条件。为了更好地传承这个隋唐秧歌，我觉得您应该每年，就今年开始，慢慢把您刚才说的那些照片和文字，包括视频资料都整理好，申报下一批自治区级传承基地。

蒋：嗯，可以。

李：您从事这个隋唐秧歌已经三十来年，有没有什么还要完成的心愿或者还有什么遗憾没有做好的事情？

蒋：在这方面我也想过，有一个遗憾就是隋唐秧歌要的局限性，要真正地完成下去困难很多，因为现在就是一个“人”的问题，没有人，现有的人都老化了。以前我们县剧团他们要了一次，他们打的是隋唐秧歌，但是我去看了以后，他们的皇帝穿的是皇袍，大臣拿的是剑挎的是腰带，这个娘娘穿的全部是长的，但是真正要隋唐秧歌穿的是短裙，他们整个穿的是戏曲服装，套路他们也是随便的。

李：您是说社会上会也有玩这个的，但是他没有掌握这些核心的东西？

蒋：对。

李：对于这种情况，您是不是应该想个方式方法告诉他们这样是不对的？

蒋：因为他们只是就那次，俺们文化馆说他们不是正宗的也就不了了之了。

李：那您还有没有完成的心愿吗？比如说申报国家级项目？

蒋：嗯，能申报自治区级传承基地就是最大的希望，还有一个最大的希望就是真正地要传承下去，不要丢了断了，我要想尽一切办法传承下去。

李：行，今天的采访就到这里，非常好。谢谢。

黄羊钱鞭代表性传承人

刘家祥

刘家祥，1959年出生，黄羊钱鞭第四代传承人。2017 年被认定为自治区级非物质文化遗产项目（黄羊钱鞭）代表性传承人。

综 述

出生在黄杨村的刘家祥自小就受到村里舞钱鞭氛围的熏陶，自十岁就开始接触黄羊钱鞭，并且他就读的黄杨小学也经常集体组织舞黄羊钱鞭。这些环境氛围和实践，让他很快就学会了舞黄羊钱鞭，并且成长为黄羊钱鞭的“舞王”。

刘家祥还精通黄羊钱鞭的制作方法。黄羊钱鞭最早用牛筋条制成，后来改为柳木，上面包上缎面做装饰。经过不断的实践与实验，刘家祥发现并利用现代管材 PPR 管的优势制作黄羊钱鞭，还在管子里加上弹珠增加挥动时的声响，使舞钱鞭更具观赏性。

2002年刘家祥接替并担任黄羊钱鞭队伍的建设与领导工作，并在原有套路基础上不断创新、改进，令钱鞭艺术更具观赏性。曾先后获得过中宁县社火鼓乐大赛优秀奖、元旦农村文艺调演优秀演员奖、优秀传承人奖；连续两年获得余丁乡文化传承人“先进工作者”称号；自治区“新春乐”第十三届社火大赛金奖；2017年，刘家祥被认定为自治区级非物质文化遗产项目代表性传承人。2017年5月受邀代表宁夏回族自治区赴北京参加“乐谷·华录音乐嘉年华全国非物质文化遗产系列展演”获得国内外媒体人的关注，并接受《中国城市报》专访报道。

访　谈

被访谈者：刘家祥（自治区级非物质文化遗产项目代表性传承人）

访 谈 者：李勇

访谈时间：2019年7月3日

访谈地点：中宁县文化馆

录音整理：李勇

访谈整理：杜丹

综合撰稿：李勇

李：您先介绍一下您的名字？

刘：我叫刘加祥，今年五十九岁了。

李：是哪一年生的？

刘：1959年生的。

李：您什么时候开始接触这个黄羊钱鞭的？

刘：我接触是从上小学的时候。

李：小学几年级？

刘：也就三年级的时候。

李：那时候是几几年？那时候您多大？

刘：那个时候我也就十岁。

李：十岁，也就1969年左右吧？

刘：嗯，对。

李：您是从1969年小学三年级开始接触这个，当时是怎么想起来学这个手艺的，您父亲是怎么组织这个的？

刘：那个时候，也是学校组织起来打钱鞭。我们小时候的老师（人名没记住）今年也过世了。

李：说说您当时生活的地方，黄羊村是吧？

刘：过去叫黄杨，我们那个学校，过去是寺庙，解放了以后破四旧立四新，就把那个寺庙拆了就盖成了学校。

李：您父亲叫什么名字？

刘：我父亲叫刘恒。

李：是哪个 heng？

刘：持之以恒的恒，恒大的恒。

李：说说您当年家里啥情况？

刘：哎，我家里当时好困难的，我们家里姊妹三个。父亲过去在部队上当兵，在云南，他是个军医，解放以后复员回来，还发的兵役证，就彭德怀签字的那个兵役证，我到现在都留着呢。父亲回来以后，那个时候是大集体，就先放个民兵组长当，民兵就是边干活边背枪。那个时候大集体养蛇，冬天还要往田里拉肥。有一次那个拉肥的车翻了，父亲被砸着压到里面。那

⊢ 刘家祥表演打钱鞭
（本人供图）

时候人也不知道把东西掀掉再往出拉人，就光知道把人从胳膊那里往出拽，把人腰就拽断了，当时就转到中宁、银川都救不好，最后转到兰州医院里，也接不上，最后我父亲就疼死了。那个钱鞭就交给我三爹刘明，我们文化馆那个历史纵横里面都写的。我是跟我三爹学的。我父亲去世了后，妈就改嫁了。我是在我二爹跟前长大的。我妈改嫁带我走呢，又怕过去受气呢，待在别人家里不可能不受气，就把我和我姐两个在家里放着呢，我就在我二爹二妈家里长大的。那个时候家庭情况又不行，后来没人供着念书。

李：您跟您三爹学的打钱鞭，您三爹是谁教的？

刘：我三爹是我老爹教的。

李：那您老爹是咋会的？

刘：我老爹那个时候是跟着我爷爷学会的。当时那个叫放羊毛，那个时候就放羊着没事干，发的工资是铜钱，铜钱没处花去，就弄一个绳绳子拴在裤袋上，跟羊一样跑呢跳呢，猛然发现这个铜钱发出来声音好听得很。

李：这个技艺是自创的还是跟谁学的？

刘：在我爷爷手里就是自己放羊的时候自己弄的。

李：也就是没有人教？

刘：嗯。

李：您在学校里面读过几年书？

刘：我念到高中。

李：你小学在哪读？黄羊小学？

刘：小学在黄羊，初中跳了两个地方。我们那时候念书好穷的，就光上午去，也没有好好念过书，在猪场里面（干活）。高中就在那个化肥厂里，中宁化肥厂，我们学生给配的校车。

李：那您小时候印象深刻的事有哪些？小时候的事现在还能记得吗？

刘：那个时候，我们全中宁县，只有黄羊的钱鞭最有名，我们小时候还有民兵的部队站岗还护着呢。那个记忆最深刻的就是，我三爹带着我们（打钱鞭）。

那个时候打钱鞭的时候又没有好场地，全都是在那个土地里，走上一圈圈，把坑洼处踏平，平场子。

李：您是什么时候结婚的？对方是干啥的？

刘：1982年结婚，对方也是农民。

李：这么多年，您都做过哪些挣钱的事？

刘：过去都办喜事，娶媳妇，在中宁县，有个开门仪式啥的，就会请我们（去表演），一人给一百二十块钱，就那样，吃喝不管，直接坐车过去就行。

李：也是通过这个黄羊钱鞭能赚上钱，是吧？

刘：嗯，对。这个黄羊钱鞭有名气了，别人一听就知道了。打起来红火，过去有人找着请。

李：那时间长吗？

刘：时间长，那个时候，做广告啥的都会联系我们，能把人都聚齐了，就答应人家参加，如果人数不够就不敢答应，就怕误人家事。

李：您刚才说的这个钱鞭的鞭咋做，用什么材料？

刘：牛筋条。

李：这个是从哪里来的？

刘：过去就是我们那个后山里，就现在我们那个大佛寺后面还有呢。

李：那个棍子是怎么做的？

刘：那个棍子我们当娃的时候做的是八十五公分长，大人就是做的九十五公分，比我们小娃长十公分。就是用柳树苗子发上来那个三厘米粗的枝条做成的棍子。

李：那咱们以前的时候，最早的时候是用啥做的？

刘：最早的时候就砍的那个牛筋条。

李：哦，最早是牛筋条，泛黄色是吧。

刘：嗯，你看我用 PPR 管子做出来的上面有一层那个黄金纸，那个代表过去的牛筋条。

李：那咱们中间有段时间是用柳木做的？

刘：对。柳木那个东西脆着呢，刻出来的声音好听、干脆，可是那个东西损耗大得很，也做不起。后来用竹竿子做上还是不行，因为那个东西一干就瘪了，一瘪就破了，也没东西修。再一个它还带着节呢，一节一节的不光滑。到最后也做不起了，我就慢慢发现了 PPR 管子，我觉得这个东西好，甩不折，我们打肯定打不折。我发现这个以后就在中宁市场上转着看，就选那个 PPR 管子中带着绿色塑料的，因为硬气、不软。

李：最早是用牛筋条做的，里面那个槽槽子是咋抠的？

刘：过去那个牛筋条的丝是直的，要用刀子把它憋上劲，刀片翘一下，那个丝就剥开了，然后用刀尖稍稍压断一点掏成那个圆弧。当时家里没有钢筋，就用那个火钳子一烫，整个里面就光堂了。装麻钱、铜钱的时候用两厘米长的钉子打进去，把（钉子的）梢子一钩，就成功了。

李：拿钉子往里面穿？

刘：嗯。放的时候，一个槽里面放两个铜钱，因为放一个没有碰击声，你放两个铜钱就有声音。

李：这就是老式的制作的方法？

刘：嗯。做到中间用柳木的时候，木匠就用那个钻钻开了。有了电刨子了，他就把尺寸量好，就直接打出来了。

刘家祥表演钱鞭
（本人供图）

李：您觉得什么样的材料做出来好？还是以前那个筋木条子？

刘：以前那些东西都没有了，稀少得很，现在我用这个 PPR 管子做这个东西是最结实的，还省了人工物力。这个东西打不折，这个管子是白色的。那个时候三中校长给我说，跟上海 PPR 管厂试联系一下，能不能给我们配成这个红色的，紫红色的或者黄色的。联系后说就是那种白色的，没有彩色的管子。当然用那个彩色管子做出来就更好了。

李：那你们往上面缠的那个黄纸，缠上就行了？

刘：那个金黄色纸，因为里面它带着胶，整个缠出来显得光，镶铜钱的那个槽用刀子刮开，铜钱放里面有声就行了。

李：这样出来效果也很好？

刘：嗯嗯，效果很好。不过柳木棒干了发出来的声音更干脆，这个声音就是有点闷。

李：柳木的声音更好听啊？

刘：嗯。

李：那咱们做这一个需要几个工序？

刘：工序你要说那就多了，第一个就是砍伐选木棍，按大小尺寸调整好，必须统一都是直径三厘米，细也不行粗也不行，它的长度限制在学生八十五公分，大人九十五公分，比娃长十公分。

李：然后呢？

刘：然后剥皮，把皮弄掉以后就打光，用砂纸打光。后面就是割槽。作料是柳木棒的时候就会说是霸王鞭，就广告词，弄成白马尾的那种样子。黄羊钱鞭也叫霸王鞭，实际就是那种白马尾，画成那种道道（一条一条）的样子，出来就那东西。

李：霸王鞭是政府叫的？

刘：霸王鞭就是戏剧上的，实际就是红缨枪（穗子）那种拉的道子。

李：现在黄羊钱鞭都是要自己做，是吗？外面没有卖的这种成品？

刘：没有的。

李：您做一个黄羊钱鞭多少钱？

刘：那就看这个东西的材料价格，每年逐步涨价。

李：基本上大约多少钱，现在？

刘：我过去给三中做下来一根十五块钱，这几年 PPR 管子也涨价呢。

李：所以说要做一个各种材料都好一点的钱鞭，下来一根比如说四十块钱，您是不能做得很好？

刘：一根就在四十块钱左右。一根管子是两米，做的是两份钱鞭。

李：您觉得这个黄羊钱鞭制作最重要的是哪一步？是不是抠那个槽槽？

刘：对，最主要的是抠槽槽。如果把这个支起来放不住，支的时候边子就打斜了，那就不好看了，也容易折。有道红线，必须从红线那里用六公分的钻头。我原来做的时候不知道，用手电钻钻，还拿火钳实验过，防不住一打斜，那个管子就整个废掉了。还有就是过去的铜钱都宝贵，现在不见了。我原来保存了一副，搁家里面没注意，被别人把铜钱偷着拿走了，都没保护好，现在只能说用垫片代替，只是用铜钱做出来的发音都不一样。

李：那您用铜片试试？

刘：铜片我也做实验了，原来我们村上打了几个铜片，我也做了两副，村上钱

刘家祥接受采访
（孙小媛摄）

鞭也多，现在不好管理，趁人不注意别人抽上就拿走了，不好管理。

李：现在您用的什么工具？

刘：用电钻、电刨子。你把尺寸量好，位置放好以后，双手推着就跟刨床一样，打出来标准，也方便。

李：黄羊钱鞭制作这么长时间，慢慢就积累下经验了是吧？就刚才说的这个电钻，其实打眼是最重要的？

刘：对，那个眼还不能打通，打通就不结实了。

李：您说这个黄羊钱鞭，就您知道的，比如说是一边红一边黄这个穗穗子，以前就是用麻做的，现在用的是绸子，颜色有啥讲究没？

刘：颜色没有讲究，颜色过去就是跟咱们的服装搭配，一边红一边绿，我们打起来，男人打红色朝上，女人打绿色朝上，这个飘起来就是红绿搭配，就好看，有喜色。

李：那您讲讲黄羊钱鞭这个套路，您现在会多少种套路？

刘：过去的三种套路，我现在整个就是从花鼓灯的鼓点、安塞腰鼓的鼓点、秧歌鼓点来配合着打。不过我要是听到其他的鼓点，脑子里能记住，回来我就用笔记下来。学着多动脑子，原始的东西不能扔，再加上以后慢慢学的延续下来，我也加入经典动作，整体就显得活泼可爱了。

李：以前的时候就是说三种套路，您父亲传给您三爹，您三爹传给您？

刘：对，过去就那三种套路，始终打的都是鼓点、花子，不过就是没有现在的名称叫得好听。

李：现在就说老的那三个套路您知道叫什么名字吗？

刘：就是一个双鞭、一个单鞭，退场的时候蒜辫子。单鞭那个叫过街。

李：过街？哪两个字？

刘：过道的过，街，方言，我们把街叫 gāi。

李：以前三种套路一个是过街，一个是啥？

刘：蒜辫子，就是两队打完以后打着要一个圆圈，鼓点架在中间，两队过来过去交换跑。

李：就跟编辫子一样？

刘：对，拧出来就是蒜辫子那种形状。

李：过街、蒜辫子，还有一个是什么？

刘：一字长蛇。

李：这是老的三种套路，到您手里面以后，您借鉴了安塞腰鼓或者是各种秧歌的鼓点，还有些是花灯的鼓点，创造了新的套路，有多少种？

刘：我创的现在有八种套路。

李：这八种是已经把以前的三种加在里面了？还是说您新创了八种？

刘：我加在里面。鼓点一变，我马上就把动作变出来了。

李：这八种套路都叫什么名字呢？

刘：一是四方纵队，在原来基础上，老鞭加上，第一个就是错步，第二个就是鲤鱼跳龙门，第三个就是追月，这是我自己在原有的方队里面打的几个动作。

李：第二个套路叫啥？

刘：第二种借鉴的是花鼓灯的鼓点，第三种就是利用安塞腰鼓的鼓点。

李：第二种名字您记得吗？

刘：第二个套路叫金边飞舞。

李：第三个呢？

刘：金边织梦。

李：这都是您自己起的名字？

刘：过去咱们有梦想，希望好好打，有朝一日国家对这个东西一重视，就好了。

李：第四个呢？

刘：大节里面包含很多小的节拍，就在里面整个组合呢。

李：名字可能没有八个，可能就这三个名字差不多了，是吧？

刘：就是我给你说的错步、鲤鱼跳龙门、追月、对打，这是咱们第一步动作里面的，就是在方队里面变动的。第二个就是过去老年人打的那个剪子、蒜辫子、皮刀。

李：那金边织梦里都有啥？

刘：有回族那个摇头摆尾，就是脚后跟提到屁股上的那个动作，利用飞舞的那种大动作，第三个就是利用蒙古人大踏步摔跤的那种动作。

李：后面还有名字吗？

刘：后面有小节动作，名字还没想好，我就想着把这些个动作打精打好。

李：那您是新创了五个套路，结合老的三个，一共是八个套路，现在主要就是把这个套路教到哪里？都谁会？

刘：现在男人里面，就是徐力志他们两口子做这个动作比较方便，男女搭配，没有拘束。

李：在咱们黄羊村里面有多少人从事这个？平时都自己打工？

刘：实际就是大型活动时参加的有一百二十号人，平时过去就像中宁县大型商场开业，就找上六十到八十人过来。

李：都是村里面找的？

刘：村里面都是些小媳妇，男的少，现在中宁县开了牧场以后全进牧场打工了。过去牧场没有建的时候，基本上男女对半，打出来气势就是豪派，现在就是全部进了城，农村想组队都没人了。

李：年龄阶层都有多大年龄？

刘：年龄五十多岁的，我们都不在家里练，到过年前提前组织起来练，教动作练鼓点。

李：这个黄羊钱鞭八个套路学会需要多长时间？

刘：下来四十分钟，学会的话不到一个月吧。如果练的天数少，就只能比画几下。

李：这些人一般都是过年时一叫都能回来？

刘：对，我都加了微信，有微信群，群里面我就认准一个，打的好的你就带队，有啥事你给我打电话发微信，在群里面往出找人。

李：现在这个黄羊钱鞭除了咱们中宁县黄羊村有，还有哪个村有？

刘：还有新堡镇，去年我们玉林小学我也给教了，简单地教了一个礼拜，就再加上这个丰收节，搁在一块出来了。

李：您现在是自治区级传承人，市级传承人有没有，您的徒弟有没有？

刘：刘丽、郭红玲，在我们村上当副书记，是两个女徒弟，也是市级传承人。

李：这两个人都喜欢这个吗？

刘：喜欢，因为这两个人是本村的，又在本村找的对象，没有出这个村，小时候就跟上学着打呢。

李：那这些徒弟学成之后，她们再有传承吗，平时你教她们就看她们自己学了？

刘：这两个人一直是我教的动作，我就担心教着教着变质了，整个把这个东西就失传了，反正看着是有个模样呢，但不扎实，没有过去那种扎实的基本动作。当然刘丽是我在村部单独给她教了段日子，我给她说这个脚步咋出、咋扫，她让我给她打着做示范，说我咋打出来好看霸气呢，她打出来就不行。我说那你就要把动作抠着要到位呢，你要当我的徒弟，你就要把功夫学到位，不能把这东西忘掉，你要是学个假把式，这个东西就没有滋味了，这还算啥非遗，过去老年人传的原生态的东西都失去了。

李：对！那您一共带过多少徒弟？

刘：带的多了，就说打的不怎么样的也要十几个人呢，不过往上申报呢，我就申报了那两个。

李：那这十几个人现在都在村里吗？

刘：在村上呢。

李：他们都做什么？

刘：这个刘丽就是打工，这几年给人搞绿化呢。郭红玲这两年是我们黄羊村的副书记，还年轻呢。

李：多大年龄？

刘：也就不上四十，都三十多岁。

李：那您理想中的徒弟是什么样的？还是您觉得现在这两个女徒弟就是最好

的了？

刘：就是能打动，这两个在女的里面就是最好的。现在我希望能培养男的，男的能打出霸气来，腿法整个扫出来像武打的那种。我今年5月份去银川，有个体育老师采访我，让我比画几下，他们就说我腿法硬，跟武术系的一样，最后还说来我们黄羊村看一下。

李：您有几个孩子？

刘：三个，我儿子上高中那时候，就在练钱鞭。两女一男，女儿最大，已经三十六了，二丫头也三十四了，因为那时候间隔生的。小儿子那时候计划生育抓得紧，但那时候重男轻女，非要生个儿子，最后生了儿子，今年二十九了。

李：那他们会黄羊钱鞭吗？

刘：会，二丫头当时还参加了大武口第五届少数民族运动会，那个丫头比我都打得好，那些人都夸我，技艺有传承了。大丫头没玩过。儿子上高中时就跟着我对打，跟我一块配合着研究这个东西。

李：那您二丫头就是八个套路都会？

刘：二丫头现在已经不会了，已经结婚有家了，我儿子都毕业工作了，都长时间不怎么接触，也不太会了。

李：您的这些徒弟都是怎么找上您的？黄羊村的都知道您，他们都来找的您？

刘：对，玉林乡的都知道。

李：也有政府的行为来邀请您？

刘：对，政府组织往一块集中，在乡上我一个人教着呢。

李：对黄羊钱鞭的传承方式您还有什么想法吗？一个是在村子里吆喝起来，建立品牌，过年时要把队伍组织起来，以这种方式在传承；另一个方式就是进校园，您觉得这种方式好吗？

刘：进校园挺好，因为这个学生娃学起来也快，他们集中在一块，教上反应快，腰腿都软，你给他抠动作他就能做出来。咱们村上都是上年龄的媳妇子，现在人都普遍进城，村里都没人，集中起来就是腿脚七扭八扭，连鼓点都顺不到里面，老是迟半拍、慢半拍呢。黄羊村现在培养了五个小娃，这次去市上表演，就让五个小娃在前面带队表演，咱们到哪儿，人都说咱们黄羊村后继有人。从娃娃抓起，这是个好主意，不过娃娃一长大就各奔前程去了。

李：您觉得现在还有啥困难？

刘：困难就是人的这个各种物质需求高了。前两年的活动，村上一天给补助六十块钱，现在换了书记改成三十，积极性都打击了，没人参与了。

李：您是2017年被评为自治区级传承人，您觉得被评为传承人和没评之前自己的生活有变化吗？您的想法和价值观您觉得有变化吗？

刘：以前就说从县级传承人被评上以后，我是家里老婆始终不支持，她就说，累死累活的嗓子都喊哑了，哨子吹上再比画着教，你图啥。在村上我跟队员是一样的报酬，队员六十我也六十，他们三十我也三十，我老婆就不愿意，就问你传承人在哪里，你有啥好处呢？家里不让搞。还好我升到市级、区级，政府对我各方面评价已经认可了，各方面就有压力了，自己心里有了压力了，不管村里其他队员积极不积极，你要起带头作用，政府在上面通知你了，赶紧往出排练还是啥的，你就要做好心理准备，不管是教鼓点呢还是教啥呢。

李：政府现在每年的补助金五千块钱收到没？您对这个资金的支持有什么想法吗？

刘：收到了，国家现在对非遗文化重视了，对传承人起到了保护作用，也就给了心理上的支撑点。你没有这一项支持，就跟刚才我说的，老婆骂着呢，你一天外面蹦蹦跳跳回来睡家里动弹不了图啥呢，所以就说给点支撑也能带动积极性。

李：您在黄羊钱鞭今后的发展方面有什么打算没？

刘：我积极性高呢，现在就是缺少人手，现在都是女的多，家里长辈要支持，我的工作就好做了。如果家里丈夫不支持，妇女家里事情也是比较多。

李：那您儿子不就是一个很好的传承吗？

刘：儿子工作呢，没时间回来，但是我传承人就主要是儿子。

李：您传承人报过您儿子吗？

刘：报过，不过就在书里面写过，但儿子一工作，也没参与过。

李：您觉得黄羊钱鞭算是您现在生活方式的一部分，对吧？您也离不开它。每个时代都有每个时代的发展，80年代到90年代，包括到现在的黄羊钱鞭，您觉得有区别吗？感觉整个都有变化吗？

刘：就是以往三种动作打厌烦了。我为啥要创作，创作就是有新鲜感呢，你把老的套在里面，欢欢地跳出来，这个东西就有味道了。

李：要传承下去就还是要有发展和创新，您就是坚持做这个？

刘：我就坚持要传承，坚持要做，这个现在就是缺人手，比如我现在固定一个男的，心和不到一起就干不了，你说这么跳他那样跳，就和不到一起。

李：刚才您说您现在特别想有一个年轻小伙子跟您一块，这样的人是不是不好找？必须要在村里面？

刘：我过去做工作挑了一个人，那个打鼓也会打，但是做工作他不干（打钱鞭）。今年也入党了，会打以前的老动作，新动作干不来，现在他不害羞了就好办了。

李：您对未来还有啥打算和期望吗？

刘：我们现在年龄大了，我担忧一点就是，钱鞭慢慢就变质了，原生态的东西就没有了。这个要重视人才培养，把东西传承到位，钱鞭娃娃打的那种都是自由活动，要想把钱鞭的动作传承下来，基本功就要扎实呢，基本功不扎实，你打出来也就没味道了。

李：您现在收入的主要方式就是搞绿化，一个月两千八百块钱，还有别的收入方式没？黄羊钱鞭还能带来收入吗？

刘：没有，这些年人全部进了城，以前还可以，打钱鞭的生意很红，有做广告的、大型活动都有聘请，过去人都很高兴，现在人都是往钱上看。

李：今年春节您还有啥打算吗？

刘：春节就是政府文件支持，有啥活动提前通知，我积极组织。

李：好，谢谢。

山花儿代表性传承人

张正国

张正国，1959年出生，汉族，宁夏海原县史店乡人，高中文化程度。2013年被认定为宁夏自治区级非物质文化遗产项目（山花儿）代表性传承人。（武宇林摄于2015年）

综 述

张正国的家乡海原县位于宁夏南部山区，是宁夏花儿民歌的流传区域之一。儿时的张正国和小伙伴经常到山里拾驴粪，用作烧饭、烧炕的燃料，那时她就曾听到过当地群众嘹亮而沁人心脾的花儿歌声，并不由得随声附和。儿童时期接触到的民间音乐的耳濡目染，给她留下了深刻而美好的印象。1979年高中毕业后，从小热爱歌舞的她考入宁夏海原县文工团，并不断成长为一名优秀的秦腔演员，曾出演过《铡美案》《搭件衣》《玉虎坠》《串龙珠》《赵氏孤儿》《薛刚反唐》《回荆州》《法门寺》《金玉奴》《窦娥冤》《斩黄袍》等秦腔剧目。

在从事秦腔演唱的同时，在本团女演员马金莲美妙的花儿歌声的感染下，她也学会了演唱宁夏花儿民歌。后来，又受到当地花儿名歌手马生林、马汉东的影响，张正国习得了花儿演唱技巧。近些年来，海原县文工团相继编排上演了一系列花儿歌舞剧，张正国作为主要演员之一，在各剧中担任领唱或担任重要角色。在《海风吹绿黄土地》中，她担任主唱并跟随剧组随同宁夏党政代表团赴福建厦门、泉州等地演出；在《大山的女儿》中，她饰演剧中的母亲；在《回乡婚礼》中，饰演新娘的婆婆，该剧组曾赴北京演出多场。1993年，她被选拔参加宁夏民间艺术团，跟随宁夏政府代表团出访日本参加文化交流活动，演唱了花儿民歌，受到国外观众好评。张正国在海原县文化馆从事群众文化工作多年，不仅擅长演唱花儿，也擅长表演秦腔，长期以来致力于花儿民歌及秦腔的演唱事业，也曾参加过西北五省区的花儿大赛并获奖。她积极参与海原县花儿

张正国演出秦腔的剧照
（本人供图）

进校园活动，多次为当地中小学生传授花儿，受众千余人次。她也经常深入基层，指导乡村群众演唱花儿及排练秦腔，开展各种文艺活动。

笔者于1999年7月第一次在海原县见到张正国老师。当时，笔者正在日本留学，利用暑假回国来海原县进行田野调查，为完成“中国西部花儿民歌研究”博士论文而搜集资料。与笔者同行的还有日本岛根县松江市的石井美已、石井静慧夫妇和丰田睦常先生。在进行花儿民歌调研之后，一行还要到海原县农村的郑旗乡进行兴建中日友好希望小学的相关工作。海原县文化馆及教育局的同志向笔者推荐了本县最有名望的东乡族花儿歌手马生林，以及张正国。在县文化馆领导的热情安排下，我们一行连夜来到县文化馆歌舞厅，聆听了张正国老师和马生林老师的花儿交替演唱。她当时身穿月白色的上衣，乳白色的裤子，清爽淡雅，一条乌黑发亮的长辫子搭在胸前，格外醒目，显得十分朴实而俊俏。她手拿麦克风，在舞台上声情并茂地演唱了几首花儿民歌：“想起过去六盘山下的固原，十年那个九旱靠老天；光秃秃的山黄尘尘的塬，白茬茬的山地里没有绿片。”“想起过去尕妹妹和少年，祖祖辈辈把汗流干；破烂烂的衣衫黄面面的脸，吃不饱肚把腰苦弯。”这两首传统花儿描述了固原地区严酷的自然环境和过去农民生活的凄苦。在马生林老师演唱之后，她又演唱了当地流传的两首传统花儿："远看黄河一根线，近看黄河是海边；远看尕妹小金莲，近看是一朵牡丹。""圆不过月亮方不过斗，十三省好不过徐州；辣不过胡椒香不过酒，好不过尕妹的舌头。"张正国不愧是专业歌唱家，只听她歌喉一展，高亢嘹亮的歌声顿时响彻歌舞大厅，场上翩翩起舞的年轻人也被这动人的歌声吸引，纷纷停下了舞步，静静地欣赏这感人的花儿。在县城的歌舞厅里，能够听到乡土气息浓郁、用当地方言演唱的花儿民歌，对于在城里长大的年轻人来说，也算是件新鲜事。张正国老师和她的歌声都给笔者留下了难忘的印象。

2015年5月，时隔十六年，笔者带领研究生来到海原县再次采访张正国老师，看到她依旧神采飞扬，身穿时尚的短裙套装，一头披肩卷发，风采不减当年。在一个多小时的采访中，张正国老师一会儿讲述，一会儿演唱，娓娓道出了她的花儿人生故事。

访 谈

被访谈者：张正国（自治区级非物质文化遗产代表性传承人）

访 谈 者：武宇林、王瑞

访谈时间：2015年5月5日

访谈地点：宁夏海原县海原宾馆

武：（晚21点许）张老师，您好！不好意思，这么晚了，刚下长途大巴就赶过来接受采访，辛苦了！

张：（笑）没关系！我们王新林馆长昨天就通知我了，说你们计划今天采访我以后，明天一早就要离开海原县回银川了，所以今天再晚也得来，可不能让你们白等啊！

武：太谢谢了！再次见到您很高兴！张老师和十多年前没有太大变化，还是那么年轻、时尚、有活力。张老师是哪一年出生的？老家是哪儿的？

张：我是1959年出生的，老家是海原县史店乡米湾村。米湾村是一个挺大的村庄，包括七个汉民村、两个回民村，是一个回汉杂居的大村子。

武：那当时您家情况怎么样？

张：我家是贫农，父母都种地。

武：您家里兄妹几个？

张：我们兄妹八个，一个儿子、七个女儿，我是老八，姐妹里面我算是老七，最小的一个。

武：那父母肯定特别疼爱您吧？也供您上学了吧？

张：（幸福地）嗯。我一直上完高中。我们家就我一个上高中了。那时候，上高中都是推荐嘛，村里面推荐了我。

武：那您上面的六个姐姐和一个哥哥上学了吗？

张：我的四姐上过学，可能是五年级吧。其他几个都没有上学。

武：是这样啊。听说张老师多才多艺，又会唱歌，还会演秦腔，也会唱花儿什么的。那您的父母是不是也都爱唱？

张：我父亲喜欢，他比较乐观一点。我父亲在他们那个年代当过农业社的社长，算是村主任之类吧。记得父亲当时还在我们那个庄子搞了夜校，他还组织那些农民搞文艺宣传队。我四姐喜欢文艺，"文化大革命"的时候她是红卫兵，参加了文艺宣传队，唱戏也唱歌。

武：您从小喜欢文艺，是受姐姐的影响吧？

张：对！是受了我姐姐还有我父亲的影响。我父亲虽然他不那个啥（不唱），但是他鼓励、支持我们唱。他还会敲鼓什么的。

武：那就是说，别人唱秦腔的时候，他给敲鼓，在乐队给演员伴奏？

张：对，对！就是给唱戏的人伴奏。

武：那家人一直都生活在农村，您又是怎样走上文艺这条道路并成为文化馆的专业歌唱演员的呢？

张：我小时候就喜欢唱歌，喜欢在家里边跳边唱。过去，农村里有那种熏蚊子的火盆，是用羊粪蛋烧的。我有一次跳着唱歌的时候，不小心把火盆踩翻了，里面的火炭全部扣到我的脚上，把我的脚都给烧伤了。呵呵！

武：哦。看来您从小就痴迷唱歌。

张：（笑）嗯。我从小就喜欢。很小的时候就听见过花儿，它给我一种很特别的感觉。那时，离我家不远的山上有回民，和我们的村子离得很近，就隔一条沟，他们在沟那边，我们在沟这边，但路是通的。过去，农村做饭烧炕不是都烧驴粪嘛，所以我们小时候就上山里去拾驴粪，就能听见那些回民在山上唱花儿。我从小爱唱歌，但花儿却听不懂。听他们唱的时候，我就在想，这是啥歌啊？听起来很开阔的感觉，却不知道叫啥歌。

武：那时候您多大？

张：那时候我已经上五年级了，有十二三岁了。就听见他们唱的花儿特别好听，很豪迈，能把人内心的东西一下子释放出来的感觉。人家那边一唱，我也感觉自己特别地兴奋。我们一起拾粪的小孩有很多，他们一唱，山里面有回音，我们也就跟着回音“啊啊啊”地喊。等上高中的时候，正好是“黄帅”[①]这些“反潮流”的人出现了，我们就学她，不好好学习，整天跟着宣传队的人跳舞、唱歌。也就是赶上了那个时代，在学校里，学不学无所谓，反正也没有人管。结果，我们的学习不好，成绩都特别地差，就是跳舞、唱歌还行。毕业的时候，正好是1977年，我们是七七届的，赶上恢复高考。而我却没有考上大学。

武：那没有考上大学怎么办呢？

张：1978年又考了一次，还是没有考上。1979年我就考到县文工团去了。那时候兴唱秦腔，我在农村的时候就唱过《一包红糖》什么的。我的嗓子也好，所以就考上了。当时，差不多二十岁了，年龄比较大了。到文工团后，先要练三年基本功，跟老演员跑班、站脚、当猴娃娃，练完三年之后才能登台唱戏。

武：您说的“当猴娃娃”是什么意思？

张：就是站班，拿着刀，拿着枪，他们演戏，我们跟班。比如说，他们喊：“喽喽们？”我们就喊：“在！”也可以说是跑龙套嘛。不过，我们不是科班小生，科班小生是那种从小就进戏班的。而我们是跟班学生，一边练功，一边跟他们跑龙套，一边学习。就这样苦练了三年基本功。

武：您说的三年基本功都包括什么？

---

① 黄帅，“文化大革命”时期北京的一名小女学生，被树立为“反潮流”的典型。

张：主要有压腿、踢腿、走圈马、把天、码架子、扎功、滑手、拿顶、下腰、劈叉、拉膀子、跑虎跳……就练这些。

武：哇！听上去好多、好难啊！是不是全都学会了？还要考试吧？

张：我全都学会了，学完了要考试的，不会就考不过去嘛。我们那时候练功可苦了，压腿压得腿上的毛细血管都伤了，一片淤青，连床都爬不上去。年龄大了练功很难，人家年龄小的还可以，没这么痛苦。

武：师父是不是要求也很严格？

张：是啊！师父是从陕西请来的，科班出身。

武：那时候你们除了练功，是不是还要练习唱戏？您是唱什么的？

张：我们除了练功，也要练习唱秦腔。我刚开始学的是生角，小生，小生学完了之后，因为我的嗓子细得很，又换成正旦。还是不适合，他们说我的脸型像老旦，结果又换成老旦了。呵呵！

武：那您学的还是挺全面的。

张：还可以吧。我生角也可以，老旦也行。给你们看一下我的剧照。

武：哦，这是演老旦的剧照，唱得真投入！那你们当时都演过哪些剧目？

张：我们演的秦腔主要有《铡美案》《搭件衣》《玉虎坠》《串龙珠》《赵氏孤儿》《薛刚反唐》《回荆州》《法门寺》《金玉奴》《窦娥冤》《斩黄袍》，还有《安安送米》，安安是一个小孩的名字，总共有一二十本，这些全都是古戏。还有一部现代戏：《娃们的婚事》，这是张明功编的。包括后来的花儿歌舞剧《海风吹绿黄土地》《大山的女儿》，这都是张明功编的。

武：是个了不起的编剧呢。您在秦腔剧目中都扮演什么角色？

张：我在《清风亭》里面演老旦，在《卖妙郎》里演的是小旦。这个戏里的儿子叫妙郎，他家穷得过不下去，媳妇为了让她老公公能吃饱饭，就把自己的儿子卖了。

武：还演过哪些？

张：（笑）我演的可多可多了，上面说的那些戏里面都有我的角色。练功三年后，出师了，开始登台演出，前后演了很多年秦腔。

武：海原县文工团后来改成秦腔剧团了吧？

张：就是。以前叫文工团，1979年成立海原县剧团，一下子招收了六十个人，其中四十人有来自陕西宝鸡的、咸阳的，还有甘肃白银那边的，从外地来的人特别多，都是能演戏的人。本地的就收了我们二十个学员，也是最后一批学员，从那以后再没有收过学员。当时组建了一个大团，叫“海原剧团”。刚成立的时候，主要是唱秦腔。1996年的时候，文化体制改革，又改成了文工团，我们的全额工资也改成了原来的百分之六十。

武：海原县剧团也是经历曲折。就是说，当时剧团从陕西和甘肃招收的四十个人都是成熟的演员？

张：嗯，都是会演秦腔的中青年演员。而我们二十个学员中，最小的十二岁，还有像我们这样十九岁、二十岁的，算是年龄比较大的。学员是三年制，三年以后，我们通过考试，转正了，就可以演戏了。

武：你们那会儿是每天都演戏吗？

张：几乎是每天晚上都演，卖票。

武：观众多么？

张：多！那时国家给钱，我们都是义务演出，每晚都演。工资都是全额的，由县政府拨款，不是剧团挣的钱。

武：那时候下乡演出吗？是不是一年都很忙？

张：下乡啊！经常下乡。那时候很忙，一年一直忙到春节。当时，秦腔剧团刚成立的时候特别吃香，我们哪一个乡都去演出，海原县的这十几个乡我们都跑遍了。那时下乡，坐的是退休下来的军用卡车，我们把铺盖都扔在卡车上，然后就下乡了。有时候一个乡和一个乡离得不太远，我们就背着铺盖走一个通宵到那里。那时，一年演一百场或二百场，是有任务的，不完成任务不行嘛。

武：那您从不到二十岁进剧团学唱秦腔，一直唱到啥时候？

张 :（笑）直到现在我都还在唱啊！前些年，我还当了四年半海原县文工团团长。2003年，我还带了海原县文工团的十二个人到北京中央电视台表演口弦、歌舞呢。后来，因为生病做了手术就辞了职，不当团长了。后来县文工团也不存在了，我又转到县文化馆工作，也一直都在唱秦腔。各乡镇都有自发的秦腔班子，他们演出的时候，都会叫上我参与。比如说，他们演《铡美案》，我就去演老旦、演太后；他们演《卖妙郎》，我就演小旦。穷、老、丑、俊，我都包了，都能演，呵呵！比如说，《窦娥冤》里面那个老婆婆，我也能演。只要是老旦行当的我都能演呢。

武：张老师多才多艺。那除了演秦腔之外呢？

张：现在，按照文化馆的安排，有时演秦腔，有时唱歌。像老干部局举办红歌演唱比赛时，他们就请我过去帮忙。近年来，我们县文化馆举办了一个百姓舞台，由我负责组织，每周一、三、五唱秦腔，二、四、六唱歌。每周五下午，我还给学员们教形体操。因为学员们都是业余的，有时候站姿不好看，我就给她们指导，练练形体，教教动作、表情。演出时，脸上的表情不能太僵硬。每周的工作我都安排得满满的，每天很忙的。不过都是下午，两点到五点。

武：那请张老师再说说是什么时候开始唱花儿的？

张：是在剧团的时候开始学唱花儿的。我们剧团里有一个演员叫马生莲，她是回民，经常唱海原的一首花儿民歌《绿韭菜》，是李成科作的词、编的曲。我唱花儿最早就是受了她的影响。

武：张老师进剧团时也就二十岁，那唱花儿的历史也三十多年了。李成科是？

张：他是当年海原县文化局的局长。

武：这首花儿是不是在原生态基础上改编的？

张：我觉得不是的。那时候是文化下乡嘛，到民间搜集花儿民歌什么的，县文化局搜集了四本，全部都是民间的。可是，有的是有词没有曲子，文化局的李成科局长就给编写了这首花儿，就是马生莲唱的《绿韭菜》。

武：马生莲多大年纪了？

张：她今年六十多岁了。当时，1979年成立县剧团的时候，她就是一个很成熟的演员，差不多二十九岁，或三十岁，可以登台唱戏了。马生莲是唱正旦的，现在在银川呢。我最初是听她唱花儿的。之前记得县里出版的一本书上面，还有她唱花儿的照片呢。

武：就是说她是您的花儿老师。当时，你们秦腔剧团里也有回民吗？

张：有啊！六十个人里面，马生莲、米秀英、冯艳舞、马晓梅，还有谁记不起来了，有五六个吧。

武：马生莲是唱正旦的主要演员，同时也会唱花儿？

张：她嗓子好，唱花儿可有味道了！我是受了她的影响，她唱《绿韭菜》的时候，我也唱，我是跟着她学会的。

武：就是说，你们唱秦腔的人也有各自的其他爱好？

张：有呢！有唱花儿的、唱流行歌曲的、唱眉户剧的、唱碗碗腔的、唱黄梅戏的、唱京剧的，唱啥的都有呢。

武：哦。挺有意思。你们虽然是秦腔剧团，但是演员们爱好广泛，会各种才艺。

张：对！我们演出结束，闲下来就坐在一起唱，各唱各的。上台的时候，都唱

⊥　2004年张正国参加花儿歌舞剧《海风吹绿黄土地》赴福建演出合影（本人供图）

秦腔、眉户、碗碗腔之类。正因为马生莲唱花儿，我就跟着唱花儿。对我有影响的还有一个唱花儿的人，他就是马生林，东乡族。我听他唱的第一首是《黑猫卧在锅台上》。他们都是我的花儿老师。咱们就生活在宁夏回族自治区嘛，受他们的影响比较多。

武：您学会唱花儿之后，表演的机会多吗？

张：挺多的。2006年，我去兰州参加过西部五省区的花儿民歌比赛，得了铜奖，另外还有一些奖状呢！我唱秦腔还获得过金奖呢！

武：真好！那您唱过的那些花儿歌词还记着吗？

张：我记不太清楚咋唱了，当时有老师教，还有伴唱团。要说唱花儿，我参加的花儿歌舞剧比较多。

武：是吗？你们县上这些年创编的几部花儿歌舞剧您都参加了吧？

张：（笑）对！三部剧我都参加了。《海风吹绿黄土地》中，我是主唱；《大山的女儿》，我演的是剧中的母亲；《回乡婚礼》，我演的是婆婆。

武：有印象。我记得在《回乡婚礼》的一场剧中，有新媳妇洗手之后，婆婆要用衣襟给媳妇擦手什么的情节，也是必不可少的一个重要角色呢。那您最后是哪一年就不再演出了？

张：从北京演完《回乡婚礼》之后，我就再也没有演出过。2009年，《回乡婚礼》在银川武警礼堂首演成功之后，又到北京去演出，去了中央党校等一些机关、学校，我们在北京演了将近四十天。演出回来以后，由于演出经费等一些问题，就改成比较短小的旅游版了，由中卫市歌舞团接手，主要在中卫沙坡头旅游景区演出，绝大部分演员都换掉了，我们也都没有去。

武：据我所知，中卫歌舞团《回乡婚礼》剧组属性为民营文艺团体，在中卫沙坡头景区每年从“五一”到“十一”演出好几个月，反响很不错的。近两年又入驻离银川市不远的国家旅游景区沙湖剧场演出，也挺受各地游客欢迎的。张老师是这个剧组的老演员了，也是有很大贡献的呢。那《海风吹绿黄土地》演了几年？

张：《海风吹绿黄土地》，我是主唱、领唱。我们跟随宁夏党政代表团到福建厦门演出回来以后，也就再没有演成。因为主要演员都走了，跳槽的跳槽了，结婚的结婚了，调走的调走了，演员、伴舞的都走了，就没法再演了。

武：是这样啊。那您是哪一年调到文化馆的？

张：2006年5月份我调到文化馆，主要负责群众文化，下乡辅导。

武：都辅导什么？

张：广场舞、秦腔、小品、快板表演，也辅导花儿。但是，现在回民村子都不唱花儿了。现在的人不知道怎么了，让唱几句花儿，就问："有啥好处吗？"我们给你教东西就是好处啊！花儿就是好处啊！有些人的认识还不够嘛。

武：像您经常下乡辅导的都是年轻人吗？

张：中老年比较多。现在，每个村都盖有那种挺大的文化站，好儿百平方米。我们去了之后特别受欢迎，大家都非常得热情。

武：那你们是不是把广场舞也都教到下面的村里了？

张：（笑）对啊！文化站的站长都找来那种广场舞光盘，专门编辑好的，给每个乡、每个镇、每个村都发下去。

武：那这些广场舞主要都有哪些乐曲？

张：《苦咖啡》啊，《小苹果》啊，《最炫民族风》啊……好多好多的，我都记不起来了。

武：这些您是不是全都会跳？

张：也不是。我是挑着跳，那么多，我也跳不动。一个广场舞也就八个或十个动作，是循环的，教会以后，她们自己就能跳了。

武：这些广场舞的歌曲、音乐网上都有吗？

张：嗯，有呢！我就是在网上下载的。

武：那些村里面是不是也有演出呢？

张：（笑）有啊！群众积极性可高了。他们现在都有活动场所，有排练厅，条件可好了，风吹日晒都避免了。我还给农民们辅导社火表演、秧歌、骑驴子、

《回乡婚礼》在中央党校演出受到好评

⊥ 张正国参加《回乡婚礼》在北京演出的报道（本人供图）

耍旱船、舞龙舞狮等等。

武：张老师真厉害，一个人带动一大片。每天这么忙，能顾上家吗？什么时候成家的？

张：我是1983年结婚的，我爱人是上海人，他的父母是当年支宁到海原县的，就再也没有回去。他家是上海浦东的，来自大城市。

武：对！当年确实有不少上海、北京大城市的志愿者来支援咱们宁夏边远地区，从此就安家落户，一代又一代留了下来，挺感人的。那他父母当时是什么情况？

张：婆婆对我说，他们从上海来到宁夏海原，有八个儿女，四个女儿、四个儿子。当时的日子可苦了，只有老大成亲了。婆婆就到海原县新仁镇那边的陶瓷厂工作，自己带着两个儿子，日子过得可艰难了，我婆婆每次说起来都哭。不过，等孩子慢慢长大以后就好了。

武：那您和她儿子又是怎么认识的？

张：呵呵！我们认识的时候可搞笑了。我那时候在县城上高中，他在县印刷厂捡字车间。那时候中学生要“学工”“学农”，下工厂、下农场劳动。我们下工厂，正好就来到他所在的捡字车间。他帮我捡出来我名字的三个字，我们就认识了，但那时候还不是找对象的那种。之后，我女同学的丈夫和我丈夫是同事，经他介绍，我们再次认识了。可我老公得过小儿麻痹，留下残疾，腿不好，那时候我看不上，拒绝了好几次。后来，我到剧团工作，我们团里的一个人又一次给我介绍他。我说："你别说了，这人我知道呢！"就这样，又拖了将近一年。我老公摄影技术不错，有个朋友那时候跟他学照相，剧团的姑娘们都喜欢照相嘛。演出回来之后，就到他家去看照片。我那位朋友经常在我面前夸赞他的人品。就这样，直到第三年，结果还是找成了。我们结婚后，老公的确对我特别好。虽然他外表不完美，但心地特别好，对我没的说，特别支持我的工作。我有事外出，他都用自行车接送我。可惜，2009年他过世了，是家族遗传性心脏病。

武：太遗憾了，还那么年轻。

张：那时候，我们正要到北京去演那个《回乡婚礼》花儿歌舞剧，我老公刚过世还不到一个月，我不想去，可演出队非要我去。当时，我特别难过。你们看这张合影照片，我嘴都肿了，心情特别坏。就这样，在北京待了那么长时间。回来之后，天已经冷了，也到了烧锅炉取暖的季节了。我儿子在家，大儿子当时都参加工作了，二儿子还在上学。我看到儿子为了烧锅炉取暖，脸弄得黑黑的，就像个烧煤工一样，我心里可难受可心疼了。

武：大儿子今年多大了？成家了吗？

张：大儿子今年三十一岁了，1984年出生的，还没有成家，在宁夏一家大企业工作。老二是1987年的，已经成家了，两口子现在都在杭州工作，儿媳妇是湖北的。两个儿子都上了大学，老大上的是武汉交通大学。

武：儿子们都很优秀。真好！那您两个儿子对您唱秦腔、唱花儿的态度怎么样？

张：（欣慰地）特别支持！我大儿子唱歌也可好听了。他们都经常回来看我。

武：真不错！张老师现在的生活很幸福啊。那您现在作为花儿传承人，平时都喜欢唱哪些花儿？

张：我最喜欢唱直令，就像《一把胡麻撒上天》《绿韭菜》《白牡丹》这些。

《一把胡麻撒上天》在《海风吹绿黄土地》花儿歌舞剧里面也唱了："一把胡麻撒上天，会唱的花儿有万千，六盘山唱到南海边，转回来再漫上三年。"还有就是《四姑娘》："石头崖上的山丹花，悬溜溜的掉下；故乡的尕妹妹来，要和你试当着对下。花儿红不过皂角莲，（水红花儿开），山里头好不过六盘山，人里头欢不过少年。"

武：张老师，您觉得在花儿传承方面怎么做比较好？

张：我们这里的回族人口比较多，在回族地区，花儿还是要唱的，这样更加容易沟通。我们每次到下面农村也唱花儿，也唱秦腔，也都有回族群众在那里观看。我们还有 KTV 式的音响设备，人来能点歌，能唱歌，也能唱花儿。现在，我们搞的"百姓舞台"非常透明，群众可以自由参加。我们有时候还到小学校园里去教花儿，马汉东老师去得多，我去得少。我经常下乡辅导，每次下乡都十几天。下面的群众也常给我打电话，盼着我下去给他们教一教。我也乐意下乡，反正两个儿子都大了，有工作，都自立了，我的精力就主要放在了群众文化工作上。

武：真好！张老师的生活充实而有意义。时间也晚了，我们就先谈到这里吧！谢谢您了！

山花儿代表性传承人

冶春英

冶春英，出生于1963年，回族，宁夏海原县贾塘乡人。2013年被认定为宁夏自治区级非物质文化遗产项目（山花儿）代表性传承人。（武宇林摄于2015年）

综 述

冶春英的家乡宁夏海原县贾塘乡贾塘村，这里一直有着唱花儿的传统，其家族中，奶奶、父亲和几个姑姑都擅长唱花儿，她本人也从小喜爱唱歌，尤其喜爱民歌。在父亲等家人的影响下，冶春英自小对花儿情有独钟。结婚后，由于丈夫的理解和支持，她从三十岁开始唱花儿，2002年参加了在海原县举办的花儿歌会，第一次登上了舞台演唱花儿，获得二等奖和三等奖，此后陆续参加各种花儿歌会并获奖。2014年参加了在宁夏银川举办的“第十二届中国西部民歌（花儿）歌会”，获得“花儿传承奖”和铜奖。冶春英作为当地土生土长的民间歌手，花儿的演唱风格质朴清新，歌声高亢嘹亮，婉转甜美，乡土气息浓郁，具有鲜明的宁夏农村地区的民歌特色。她经常演唱的花儿民歌有《打马的鞭子闪折了》《四姑娘》《人里头好不过少年》《三十三个荞麦》《尕妹是牡丹花中王》《一把胡麻撒上天》等。冶春英作为自治区级非遗传承人，不仅自己热心演唱花儿民歌，还带动儿子、女儿和孙子传唱花儿，成为宁夏地区一家三代人传承花儿的典范。

2015年5月，我们来到海原县文化馆调研，拜访了王新林馆长。其间，巧遇冶春英来到文化馆办事，馆长热情地向我们推荐了她，说冶春英也是海原县的自治区级非遗传承人之一，花儿唱得很不错，并把她领进办公室和我们见面。她头戴一顶淡蓝色布帽，性格开朗、活泼、洒脱。尽管事先没有约定，她还是欣然接受了我们的即兴访谈。

访 谈

被访谈者：冶春英（自治区级非物质文化遗产代表性传承人）

访 谈 者：李勇

访谈时间：2020年9月23日

访谈地点：中卫市海原县文化馆

录音整理：陈瑜

综述撰稿：李勇

李：您叫冶春英，自治区级传承人，2013年评上的。您今年多大岁数？哪一年出生的？

冶：1963年出生的。今年57岁。

李：您从什么时候开始接触花儿的？

冶：我家的老根根是东乡族的，青海那边东乡族人，所以我们祖祖辈辈都唱花儿。我父亲给地主放羊的时候，他就一直唱花儿。我五个姑姑也一直唱。

李：当时是怎样想起来学习花儿的？

冶：2002年的时候，海原举办首届花儿会，我和我女儿两个人参加了。我女儿那时候才十四岁。小的时候就会唱，就是一直没有出过台。

李：在家里吗？

冶：就在家里唱着玩。一些小女娃娃、媳妇儿都唱着玩。就是我们从一开始就会唱但是一直偷着唱，不公开唱。烧火做饭唱，洗碗也唱。我母亲就说羞死了，说我这个女儿没羞，唱的这是个啥嘛，唱这些歌被外面的人听见笑话呢。我母亲就把门关了。我就一直偷着唱，但是到2002年开始我就登台唱，也就不羞了。第一次上台时，我羞的身上都是那个汗，羞得了不得。那时候不理解，感觉这是一种没羞的事情。现在开始理解了，这是一种情歌。比如说阿哥阿妹这是一种情歌，就开始理解了。我们现在是成年人了也就不羞了。

李：说说您当时家里的情况。

冶：那时候家里穷得很。我母亲生了我们五个女儿没儿子。我是招了个女婿，在娘家里还是算唱出头了。要是在婆家就没有这个资格。我女婿也比较开放，他上过学，现在在海原县交通局呢。他的思想开放。我母亲不让我唱，他就说让我唱。他说喜欢唱就让她去唱，不然憋死了，你不让她唱她就会哭的。我老公就理解我，到现在都支持我。我家里很多人都唱花儿，我儿子女儿孙子都唱花儿。儿子女儿都拿过金奖、银奖、铜奖。因为好像有这个遗传呢，我的儿子女儿唱得相当好。我老了，现在气短了，唱不好了。我的几个妹妹姐姐也都爱唱歌，就是受那个封建思想影响都不敢在外面唱，都偷着唱。现在开放了，我们都到 KTV 里面去唱。儿媳妇的生日、孙子的生日，我们都去 KTV 里面唱。

李：您这个花儿是跟谁学的？有没有师父教您？

卜 冶春英2002年在宁夏（海原）首届花儿节上演唱花儿（张正国供图）

冶：原来自己就会唱。我们那个时候在家里拉家常、烧火做饭时自己就会唱。上台的时候马汉东老师给我指点了指点。妥艳老师我们都是马汉东指点。包括我的儿子女儿都是马汉东老师指点的。

李：您那时候在学校里读过书没？

冶：读过，但初中没毕业就把我扯回来了，扯回来叫我挣工分。回来就学着在农业队里抓粪背粪。

李：小时候您印象深刻的事有哪些？比如说提起唱歌开心的事儿有没有？或者是特别苦闷的事有没有？

冶：我小时候虽然吃不饱穿不暖，但心情特别好，特别高兴。因为农村上有放电影，演的那些老电影。当时不给饭吃饿着肚子也要看电影。把那电影一看啊，第二天到学校，老师就问了："同学们，昨天晚上都看电影去了没？"都说去啦。老师说："谁能把这个电影给咱们讲一下？"我就能讲出来。我就举手把这个电影从头到尾都给他讲下来。电影插曲，谁会唱？我就会唱。那个《洪湖赤卫队》，那个全曲我都能唱下来。现在不行了，脑子不行了，记不下东西。这时候只要看电影，电影的那个插曲我都能记下来，就是有时候有的词忘了。只要我能把那个调子记住我都能给他哼下来。一

冶春英2009年在第七届中国西部民歌（花儿）歌会上获得银奖（本人供图）

般看个两遍三遍那所有的歌词我就能都记下来。就爱好这个东西。

李：您什么时候结的婚？对方是干什么的？

冶：对方在海原交通局呢。我那个时候才十七岁。后来有四个孩子，两男两女。

李：那结婚有小孩之后对您这个唱歌有影响吗？

冶：肯定有影响呀。以前我偷着唱着呢，可是儿女大了就支持我。我2017年到内蒙古还拿了个金奖。当时在彩排的时候我那个嗓子干得很、尖得很。哇地上去一唱，唱了几句人家就把音乐掐掉了，那些评委就给我竖了个大拇指。我想从我哇的一声起他们就把我的金奖给定了！我唱的时候我那个嗓子干净得很，嗓音洪亮得很。

李：您唱的花儿属于六盘山花儿？

冶：嗯，六盘山花儿，宁夏花儿。

李：您会唱青海的花儿和甘肃的花儿吗？

冶：其实都会唱，只要一听就会唱。爱这个东西啊，他只要这里唱，我那边听过我就能把他那个节奏跟上。就是歌词记不全。

李：您经常出去唱的花儿有哪几首？或者比较满意的。

张：我就唱《打马的鞭子闪折了》，我外面唱的都是他们没人唱的那个花儿。大家都唱的几十年了我脑子都听着起了老茧了，最不爱唱了。我喜欢唱的就是这种欢快的。我就觉着歌词美的，听着好听。人容易理解的一些东西我喜欢唱。那个直令我就觉得都是那一个调，大家都唱那个，我就觉得没意思。比如说《打马的鞭子闪折了》，这是一个水壶花令，我改的歌词。

李：这个是宁夏花儿吗？

张：不是，这个其实是青海花儿。我就是把歌词改了，把调也改了，就唱的和别人不一样。

李：您会唱青海的花儿也会唱宁夏的花儿？

冶：是的。也会唱六盘山花儿。

李：那您能说说青海的花儿、宁夏的花儿各自的特点吗？

冶：其实都是差不多，就是地方的方言吐字不一样。您看您讲的就是普通话，我们就说的是海原话同心话。方言不一样，所以吐字不一样，唱出来也就不一样了。其实东西是一样的，他就是那么唱着呢。人家青海就是带着人家青海的方言，唱出来的就和咱们不一样。其实就是一个东西。

李：您带过徒弟没？

冶：带过。大多数都是在手机上教的。她喜欢学，但是没有地点教，没办法教，我就加微信。我给她唱上一首，你学去。学会你再唱着歌来我听。听一下看唱得对不对，对就算合格了，不对就得再学。其实就是没地方学。

李：您招的徒弟都是哪里的人？

冶：到处都有。我2016年在宁夏艺术学院去培训了一个月，我们那个班也几十个人呢，同心的、泾源的都有。

李：您觉得唱花儿的时候最难的地方是什么？

冶：有些人嗓子不行，他就唱不出来，唱出来就跑音跑调，折不过来，难折得很。他就说，老师啊我不会。我就说你听啊，多听听，手机打开灌耳音一遍一遍地给我听，灌耳音的时候先把他那个节奏掌握住，然后你慢慢再出声，再记歌词。他们几个就一夜弄会啦。

李：您理想的徒弟是什么样子的？

冶：我理想的徒弟就是天生的嗓子要好。我的小女儿就是高八度，她的节奏感特别好，唱出来特别好听。我就感觉这是遗传。

李：您希望传下去吗？

冶：当然想要传下去。现在固原有几个媳妇儿也跟我加了微信，也学着呢。我给她唱一首花儿她就听去。她们说老师你给我发个伴奏，我就发个伴奏。我比她们年龄大。她们都四十多岁了，也爱好这些东西。我就说只要你们爱好，我肚子里的这些水水我不全放出去我死了不就是全没了吗？

李：最近国家出台了一些保护民间非遗的政策。并且申请非遗传承人成功之后，国家都会给一定的资金支持。对于政府这些措施您知道吗？

冶：原来给的有两千块、三千块钱，去年给的五千块钱。这也感谢共产党，感谢政府。但是当地文化馆一点都不给我们支持。

李：现在的文化馆他们连自己的地方都没有，也没法支持你们。

冶：对着呢！

李：民间非遗文化其实还有很多空白的地方需要挖掘。还是要发挥个人的主观能动性，要自己喜欢，然后自己就多付出一点。其实国家还是很支持你们的。只是现在国家正在脱贫攻坚，需要用钱的地方太多了，好多人饭都吃不饱。咱们这个唱歌的事，国家能每年给每个人拿出来五千块钱，您想想这个事是不得了的。爱好就是国家一分钱不给这也是我的爱好，我还是唱着呢。您看政府都给您发的传承人证，这些都需要钱。这么一想，是不是就觉得挺有道理的？

冶：嗯，对着呢！

李：非遗中心会组织你们出去吗？

冶：会出去旅游的。就是这两年因为这个疫情就没有出去。我这个人也爱旅游爱出去。每次出去我就在火车上唱花儿，还有其他唱民歌的、说书的、唱秦腔的。我就是爱唱，我跟上哪个团队他们哪个团队就很欢乐，他们都说我这个人欢得很，我不去就没意思。

李：您最初评选传承人评选的是市级的还是自治区级的？

冶：一级一级地往上走着呢。那时候没有县级就直接是市级。

李：您觉得成为传承人之后有哪些影响？如果不当传承人又会是怎样的？

冶：那有区别的。原来的时候没当传承人，只能唱歌唱着玩。现在当了传承人之后就感觉有了上进心，心一直往前扑着呢。像我给妥燕老师说的，给咱们拍个电影，在电影里面我也能唱花儿。海原就我们两个女的唱花儿。

李：您希望国家和政府对您有哪些帮助？

冶：起码给我两间房，有话筒音响之类的，早晚让那些闲着的妇女都唱一唱。他们有三十几岁、四十几岁的，广场舞都可以跳。我们老年人也都可以跳，可以锻炼锻炼，但是啥都没有。我就在自己家里装了一套音响，我闲了我唱一唱跳一跳。但是我就希望可以带着乡亲们去唱一唱跳一跳。

李：最后一点您谈谈感悟。您小时候就唱花儿到现在都有四五十年了，您打算一直唱下去吗？

冶：一直唱下去。花儿就是我生命的一部分，到死都是的。我这几天要是不唱花儿，我就感觉把我憋死了。

李：您看现在这个社会发展得比较快，有些花儿都不像花儿了。您对这些问题怎么看？

冶：跟着社会走吧，我这个人思想朝前得很。就比如说人家婆婆就要当个婆婆呢，把儿媳妇往下压着。我不说我儿媳妇，我们婆媳的关系相当好。我儿媳妇非常尊重我，说婆婆好，不骂她不说她。我就想着把儿媳妇这么压下干啥呢？对着骂？人要跟着社会走呢。不能把儿子媳妇女儿等弄成你那个时候生活的那个样子。

李：那您对现在这些年轻人唱花儿怎么看？

冶：现在年轻人唱不来花儿的味道。我的儿子女儿我一直指点他们要唱出花儿的味道。有些年轻人唱不来花儿的味道，他就喜欢流行的。他们唱花儿唱出来，我不喜欢。

李：那您今后最想做的事情是啥？

冶春英演唱花儿
（本人供图）

⊥ 舞台上的冶春英（本人供图）

冶：就是把花儿传承下去，发扬光大。还有就是把这个花儿的电影也要拍下去，不然我和妥燕就没办法传承，海源就我们两个女的。这个电影拍着演着，人看着它有些就觉得，哎，这个花儿也挺好的。花儿也就传下去了。

李：那有没有想着把这个花儿怎么传承一下？

冶：多带些徒弟。心里想得多么大，就是没有办法。八个孙子，我带了六个。现在这个老六上幼儿园了，我也能丢开了。我就给妥燕说现在只要外面有活动你就给我打电话，只要有活动，咱们俩就参加。

李：就还是想积极参加这些活动吗？

冶：就是的。昨天又发了一个十七届中国西部民歌的消息。昨天下午发的，我晚上才看到。问了一下妥燕，人家老公不让唱。我老公前三年不让我唱，今年又看我每天皱眉瞪眼的，就说："去吧去吧，唱去唱去，我支持。我看你这个老婆子不唱就没精打采，好像把魂都丢了。现在我支持你唱去吧，只要你唱得开心活得开心。反正我现在也不害怕人笑话了。"因为总有人说，你看你老婆咋那么大年龄了你把她放在外面出去唱。说得他气的，就不让唱了。但他看着我不唱就像丢了魂似的，他也心疼。他就让我去唱。老公支持我就什么都不怕。妥艳人好得很，就是老公不让唱。我也说每次出去我唱你拍视频，我比你还大两岁呢，你老公看着，慢慢咱俩个就行动。不然她一个人她老公就会对她有意见。

口弦代表性传承人

何生兰

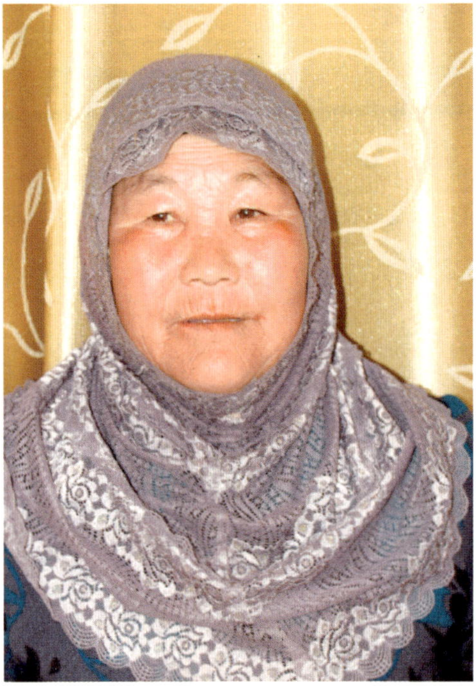

何生兰，1936年出生，回族，宁夏海原县九彩乡九彩村人。2013年6月被认定为自治区级非物质文化遗产项目（回族器乐口弦）代表性传承人。

综 述

何生兰是一名地地道道的农民，20世纪50年代出生于海原县九彩乡九彩村，她的母亲苟成花就是一位口弦民间艺人，在母亲的感染下，她从小就对民间传统文化及口弦演奏产生了浓厚兴趣。当农闲时或者做针线纳鞋底的间隙，她跟着母亲弹一阵子口弦，消消忧愁、表表心情。有时她和母亲之间用口弦相互对弹，既像是对歌，又像是谈心。她不但能用口弦弹出花儿曲调，还能巧妙地利用口弦弹奏出“悄悄话”，同时还能利用口弦模仿出蜂鸣、鸟语、水流等各种声音。十几岁时，经母亲手把手传授，她已基本掌握了竹口弦、铁口弦的弹奏技巧及制作方法。她弹奏的口弦音韵悠长、悲壮凄凉、抑扬顿挫、时刚时柔、变幻多姿、如倾如诉、令人陶醉。在她的坚守下，2013年6月被认定为口弦自治区级非遗代表性传承人，2016年被内蒙古卫视汉语频道“蔚蓝的故乡”节目组专题报道。

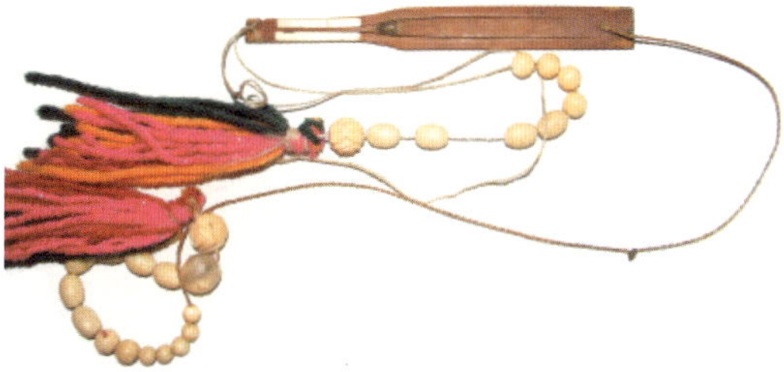

├ 口弦（本人供图）

访 谈

被访谈者：何生兰（自治区级非物质文化遗产代表性传承人）

访 谈 者：李勇

访谈时间：2020年9月24日

访谈地点：中卫市海原县文化馆

录音整理：李勇

综述撰稿：李勇

李：何老师好，您今年有多大年龄了？

何：1936年出生的，八十多了。

李：什么时候接触口弦的？

何：早了，娃娃的时候就已经学着弹开啦！

李：在哪里学下的？

何：老年人教的，我姨娘、我妈都会弹。

李：做口弦是在啥地方？

何：固原三营白湾。

李：把您当年生活的情景回忆一下。

何：那时候穷的。

李：您是咋着想起学口弦的？

何：爱好嘛。爱好这个东西得很，就想玩，玩着玩着就会弹了。

李：有没有受谁影响？

何：没有的，就是自己那么耍着玩。

李：那个时候庄子上有人会弹口弦吗？

何：有能耐的多得很。其实就是受庄子里的人的影响，我妈、我的大妈都会弹口弦。每天晚上大家围坐成一圈，一个人弹其他的听。

李：您大妈她们这些人跟谁学的？

何：她们就是如果有口弦就自己弹着玩儿。

李：这是一种爱好吗？

何：就是我见大家弹我也跟着弹，但是做是我自己琢磨着做的。如果有一个师父的话，可能也好了。娃们就一起弹着耍。我们兄弟姊妹多得很，有时候耍着就把那个（口弦）舌头子弄折了。那时候连那个桌子都没有。

李：您拜师了没？

何：没有师父。

李：就是您都是跟着大人学的，真正的拜师父是没有拜的？

何：嗯，对的。早的那些人见都没见过，要是见过的话就好了。

李：您上过学没？

何：学校里没去过。那个时候这几分钱的笔都买不起还学习，光是个下死苦，

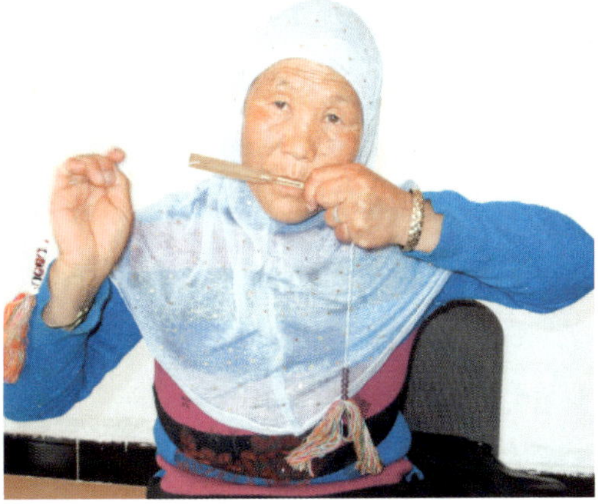

├ 何生兰表演口弦（武宇林翻拍）

还说什么念书。

李：您印象最深刻的事是什么？

何：印象最深刻的事就是我们那个老大，我觉得可怜得很。那时候咋那么穷么，冬天没有棉衣穿，有时候一个衣服几个人换着穿着呢。炕上什么铺的都没有，就是那个烂（炕）单单子。那时候的情景说不成。

李：您说的这个是四几年还是五几年的事？

何：我能记事的话怕就是那时候。那时候困难得很，基本上是一穷二白，吃了上顿没下顿。但是那时候人欢乐得很。

李：怎么说？

何：那时候吃不饱肚子，但是人就是很欢乐，就是穷欢乐，欢得很。唱山花的，弹口弦的，跳绳的，人都很欢快。

李：您啥时候成的家？

何：我忘记了多大年龄结的婚，应该能想起来呢吧。二十多大我结婚。

李：老汉是干什么的？

何：老汉是老农民，他家那个时候是老地主。他们的老家就是这里。

李：您几个娃娃？

何：我七个子女。四个儿子，三个丫头。

李：您有了孩子以后对做这个口弦有什么影响没？

何：没有啥影响，那个时候做这个口弦也没有卖过钱，就挑上一个自己弹去，一直没断过。说白了就是我从小就爱好弹口弦以及口弦制作。

李：除了做口弦，当时还靠啥挣钱着呢？

何：那时候我还到新疆去了一回。回来的时候我就买的补鞋机子补鞋，还勾些车把套什么的一些乱七八糟的东西卖。

李：哪里能来钱的地方就在哪里？去新疆是干啥去了？

何：去新疆是我娘家人在那边编席、放羊，当了一门分管的主事，我们去主要是编席。

李：上新疆就是去打工了吗？

何：那个时候我老汉他们家是地主，被村里人压迫得不行就走新疆了。

李：新疆待了几年？

何：十一年。在新疆也主要是编席子。

李：最后怎么又回来了？

何：他放羊已经有一百只羊了，一个羊七十块钱卖了。卖了之后把钱拿回来，又把钱弄光了。我就气得回来了。说白了，也就是恋家的，就又回来了。那个地方咱们待着不习惯。

李：怎样做口弦您说一说。

何：那就是削着。削成这个样子，用刀子划着挑。

李：咱们这里没竹子，那竹子是怎么来的？

何：竹子来源还是有的。咱们那些拉电的就有。

李：您做的口弦就只有竹子的这一种吗？

何：一种。

李：您现场能给咱们弹一下吗？

何：行呢。（展示弹口弦。）

李：您主要表达的是啥意思？

何：心慌了弹一弹，欢乐了也弹一会儿，忧愁了也弹一会儿。

李：以前做的口弦和现在做的口弦有什么区别吗？

⊥ 何生兰的荣誉证书（本人供图）

⊥ 何生兰的传承人证书（武宇林翻拍）

何：也没有啥大区别。

李：是您自己琢磨的还是跟谁学的？

何：自己琢磨的。我现在想着给我的碎孙子教一下。但是娃们现在不爱这些，娃娃们不愿意跟着我学，要是愿意学就好了。

李：您几个娃娃？

何：七个。

李：娃们现在都干啥着呢？

何：都是老农民嘛。最大的有五十岁了，最小的有三十多岁。收破烂的，打工的，种地的。他们就是不愿意学，要是愿意学的话就有了传承人了。

李：那您想继续传承下去吗？

何：我想传给他们，但是他们都不愿意学。我哄着让两个小的学，主要是他们不会挑，要慢慢教。我那时候有病呢，哪里都去不了，要不然文化馆去哪里都能把我带上。主要是我坐不成车，哪里都去不了。

李：除了子女，您还教过别的徒弟吗？

何：没有。

李：是没有教还是没人可教？

何：是没人学。弹的人多得很，跟上我弹也行，和别人一起弹也行。

李：那您正式收下徒弟没？

何：没收下，就是我的两个孙子。别人再没有的。

李：也没有人主动找您？

何：那没有的。有老年人我们就一起坐着弹呢，弹的人多呢，但是没有人做。我现在眼睛麻着做不成了。

李：弹得都怎么样？

何：有的弹得好，有的不好。

李：做这个口弦要多长时间学会？

何：别人我也没有管。我那时候自己学会了。主要是没人学，要是有人真正学着做，那也会呢。就像我没人教，(学会的)时间就长。就看他个人的本事。要有耐心呢，没有耐心就做不成。有耐心，慢慢挑。心急了一刀子就会划破，一划破就不成了。

李：现在想招些徒弟吗？

何：没人学呀。我想往下传但是没人学给谁传呢？

李：两个孙子跟上您弹着呢，怎么样？

何：也就是光能动响。几个女子都不学。他们一天到晚看手机也不管。

李：最近国家出台了一些相关的非物质文化遗产政策。比如说评选传承人，申报成功后每年国家都会给一定的资金支持。对于这些措施您知道吗？

何：没有了解过。

李：您传承费领着没？

何：领着呢。

李：这就是措施呀。非物质文化遗产日的活动，您知道吗？

何：叫的时候我就到了，不叫的时候也就不知道了。

李：有活动叫您，您也就去了，给的一些补助您也知道是吗？

何：是的。

李：那您这还算是了解的。当了传承人以后对您有哪些方面的影响？在口弦或者是在艺术的造诣上有哪些影响？

何：那我就是太开心了，就是这么个。评成传承人了肩上的担子更重了，叫我了我就到了，要什么我都给着呢。就是我多做些口弦。那时候就是一起坐着弹一会儿，有人要了给两个，就没有说是要多做些这个。

李：那就是对您的生活还是带来了一些影响。就还是想把口弦做下去？

何：现在我有时间就做。就是成了传承人了就把口弦多做些。主要是现在没人爱这个。

李：您需要今后政府给您提供哪些帮助？

何：管都不管，现在也没有啥要求。我的炕上睡着一个瘫痪的。就是希望文化站呀什么的招一些娃们，然后给挑去教着。

李：对非物质文化遗产的保护、弘扬和继承，政府发了一些文件。您作为传承人，有啥看法？

何：我不太明白。就希望发展更好，发展得越多越好，就是这么个。

李：就如果现在让您把这个口弦扔过不让弹了，您有啥想法吗？

何：那我还是想弹。心慌了坐下来自己弹一会儿，忧愁了、快乐了都希望弹一会儿。就还是很喜欢口弦。

李：现在和过去生活方式的最大不同是什么？

何：那就没比头啦。具体就是现在好得多了。现在不愁吃穿了。现在也就是快进土了也没有啥愁头了。

李：对以后有啥打算呢？

何：看两个娃娃能教成不，能教成就好了，教不成我也就死心了。别人愿意学我也愿意教。只要有人愿意来我就愿意教。我就是想把口弦传下去。现在是没有人爱这个也没人弹。

李：在口弦的发展上有什么留下的遗憾吗？有啥心愿吗？

何生兰展示她的口弦（本人供图）

何生兰表演口弦
（武宇林翻拍）

何：我就想着有人给看着挑一点人，就把这个东西留下有更多的人来学习，更多的人来弹。只要有愿意学的，我就愿意教。

李：口弦现在卖得怎么样？

何：三十块钱收了一批，十二块钱收了一批。收的一多也卖不出去。现在是我眼睛麻着，看不来了。一天挑一两个，挑的多了乏得很。前前后后口弦做了有上千个，挣得钱没有上万，就七八千块钱。要是做得快、卖得快的话还是能赚上钱呢。这就是随便谁拿上两个给上四十块钱，拿一个给二十块钱。单个卖价格就高，批发卖就便宜点。慢慢就这么卖着呢。

打梭代表性传承人

李成林

李成林，回族，1962 年出生，宁夏中卫市海原县人。2010 年被认定为自治区级非物质文化遗产项目（打梭）代表性传承人。

综 述

打梭也称打木尖或砍尖，是宁夏海原县民间的一项体育游戏活动。据说清朝就有打梭这项活动，海原县的打梭活动至少有一百年的历史了。比赛开始后，守方队员手执“鞭杆”，把守在土坑旁；攻方在规定的界限外，将小木梭往土坑里扔。当木梭扔出后守方则用鞭杆横扫，将木梭击出，赶得越远越好，一旦守方击中木梭，木梭飞向远处，攻方用乘凉的草帽（多是用芦苇秆编织成的帽子）或衣服将木梭在落地前接住，很快跑回攻击界限。回跑时，必须边跑边吆喝，不能中断，一口气要将梭送到攻击队员手中，否则算输了一梭。如果守方未能将扔过来的梭击中或没有横扫出来，木梭被投入土坑内，算攻方赢，守方输一梭。如此反复比赛，直到最后按得分多少论全局输赢。打梭于2007年被列入第一批自治区级非遗代表性项目名录。

李成林的家乡海原县史店乡苍湾村，至今流传着打梭。李成林自幼爱好打梭这项运动，不管是过去还是现在，闲暇之时他就和村民们一起打梭，一打就是几十年。他喜爱文化事业，创办了成林文化大院，开设了图书、篮球、乒乓球、象棋、方棋、扑克、打梭等十来项服务内容，还举办了十六届农民运动会，一届比一届精彩。作为打梭自治区级代表性传承人，他时刻没有忘记传承打梭的情怀，他特别热衷于打梭，在举办的每届农民运动会中，打梭都是必须要比的项目。在他的带动下，该村大部分村民都会打梭，打梭成为深受当地群众喜爱的一项体育活动。他的行动感染了社会各界，宁夏电视台、中卫电视台以及宁夏日报、银川晚报、新消息报、中卫日报等多家媒体对他进行了采访和报道。

访　谈

被访谈者：李成林（自治区级非物质文化遗产代表性传承人）

访 谈 者：陈瑜

访谈时间：2021年8月8日

访谈地点：中卫市海原县文化馆

录音整理：李勇、陈瑜

综述撰稿：李勇

陈：李老师您好，您是怎样想起来学打梭的？

李：当时有这个氛围。那个时候民间的一些文化生活就是饭吃完了就打梭，一是我当时有爱好体育的天赋，二是当时的农村生活就是有这么个环境。再也没有其他可以要的。打梭一个是运动一个是消磨打发时光。

陈：说说您当年生活的那个地方，说说您村子的情况。

李：我小的时候农村的人口比较少，我那时候比较瘦，那个瘦怎么说呢？就是那时候生活比较落后，每天随便吃上点，根本吃不饱，一天还得给大人打杂干个家务啊。那时候物质匮乏，养的鸡又吃肉又下蛋。那个时候，大家都不会出去，不像现在有铁杆庄稼就会出去务工，以前是都不出去的。主要就是当时没有什么别的可以玩的。

陈：说说家里的情况。

李：哎呀，姊妹有四个。我是老三,一个妹妹，两个哥哥。 都是农村的。我二哥是个初中程度，最后当了民办老师。二哥哥当教师的时候，也打梭。

陈：您打梭的这个传统技艺有师父带没？

李：那个时候主要还是我爷爷带着我打梭。我爷爷那个时候我记着他是放羊着呢。那个时候曹山宽得很，出去遍野的滩地可以放羊，不像现在包产到户。出去放羊的时候没有啥事就把我领上玩，领着领着呢这就教会了。我父亲也会呢，但是我父亲给我教得少。他那个时候在生产队是个队长，所以在耍的这方面时间比较少。我父亲那个时候是支持我打梭的。我父亲说的一句话，我到现在都记着呢。他说：不论是哪一门的知识哪一门的手艺，都要学，学多少算多少。但都是要学的。所以当时学这个打梭，我爷爷、我父亲给我鼓励着呢，我也就会了。

陈：您当时念书念了个啥程度？

李：初中。

陈：小时候印象最深刻的事是什么？

李：小时候故事很多。但小时候就爱打梭，我对打梭的印象也很深。当时我的一个兄弟，他从对面这么走着呢，他边走边打梭着呢，我也没防住，他就一下打到我的鼻梁骨上了，把我的鼻梁骨当时就打折了。这件事我到现在都记忆犹新。负了重伤了。

陈：您是啥时候结的婚？

李：我是1982年结婚的，当时是二十几了。在农村来说，我当时结婚都是迟的人。

陈：老伴是干啥的？

李：也是农民，务农着呢。她也是我的一个好帮手。因为她也是个初中文化程度。

陈：您有几个娃娃？

李：我有六个娃娃。老儿子今年考上大学了。把老儿子算上，我总共有四个大学生。有两个不是大学生，都就业了。老女儿在上研究生。大儿子那个时候调皮得很，咱们的海原回中他当时一直在班里不是第一名就是第二名，但是调皮没念成，现在在村上当村干部呢。

陈：结婚生子以后对打梭有影响没？

李：那个时候因为孩子多，这个生活水平就吃力得很，就这么个。加上那个时候已经包产到户了，顾上了就玩一会儿（打梭），顾不上了就不玩了。

陈：您主要的生活来源是啥？

李：还是务农。务农到20世纪80年代后期，我就学着开推土机。推了十年土，搞那个基本农田建设。

陈：您打梭用的啥材料？

李：打梭的这个器材说起来很简单。但是打的这个过程确实很复杂。器材就是这么一个一米长左右的木棍（打梭板），直径有五六公分粗。再就是个梭子，也就是有五六公分粗，也就是有一寸多这么长。就是这么两件东西。杨树柳树的木质都行。但是杨树没有柳树那么柔劲大，柳树比杨树的材质要好，不容易断。那时候打的时候也容易打折。主要是用锯子按照这个尺码一锯，之后再用刀子呀推棒子呀把它给刮平刮光。这个制作起来也挺简单的，没有啥大的难处。就是一米多长的梭棒一寸多长的梭子，太长了就会一下打飞了，太短了也一下打不上。所以这个尺寸呀，有这么个规则呢。

陈：打梭这个用具在制作上有什么讲究没？

李：这个梭子就是用桁木的，那个硬得很，也结实得很。再一个那个东西也重。梭棒越重越好。

陈：具体的做法过去和现在有什么区别吗？

李：基本没有啥区别。一样子的材料都是那么个做，简单是很。样子都是传下来的，也不是我自己琢磨的，那个时候是那个样子现在还是这个样子。对于传承这方面呢，我最大的是四个女子。女子最大的是三十多岁，儿子当村干部的这个是二十多岁。老儿子今年才上大学着呢。

陈：您打算把这项技艺给他们传承吗？

李：要传呢。因为我这个传承也是来之不易。对我个人来说我要珍惜这个。对于这个项目来说，我要对这个社会要负责呢。既然我当了这个传承人，那它就不是我个人的财富、个人的一个事儿，这个就成了民间的社会性的这么一种技艺。无论如何都要把它传承下去。除了我的子女，我还给庄里那些年轻人，有十个人左右，给这些年轻人集中地给传授一次。现在我又到学校里，给学校里的学生娃娃传授。虽然说他们不会也有的不爱，但是给他教着让他有这么个印象。

陈：打梭容易学会吗？

李：挺容易的，反正几天就会了。带上他们在玩的过程中也就学会了，适当地再指点着。有的打的远得很，有的不会打，打不到，有的就是会打死了就是不转了。所以打这个东西还是有技巧的。

陈：谈谈您文化大院的事儿。

李：这个文化大院已经举办了十五届篮球运动赛了。我们这个篮球运动赛都是比较有规模的，来的人远近都有，外省的也有来参加的。举办的这个运动会上有一二十个项目，这个打梭就是第二个项目，而且还有奖金呢。所以把这个打梭放到这个运动会上，也是为让它的参与度更高。

陈：打梭两方总共有多少个人？多少都行？

李：对大型的这种活动来说双方至少各五个人。人越多越欢乐，最多不超过十个人。就是五到十人一组，双方总共下来就得一二十个人。

陈：要打多少分呢？

李：有的说二百分，有的说五百分，或者是打一千分呢。双方把这个数字赛前定好就行。然后是抽签或者是打砂锅，定好甲乙两方谁先开始。

陈：谁胜了谁先开始？

李：对。打的时候每个人都打一轮。但是如果说你把梭棒挥出去把梭头没打上，那么你本轮就给取消了，下一轮就重新开始。然后接着你的下一个伙伴开始打。对方就是拦梭。拦梭也是有一些规则和程序的。说起来也还挺多的，但是都是轮流。肯定是一轮不能把这些分打满。

陈：具体玩起来有哪些步骤或规则？

李：第一步先要布阵。在地上画一个圈或者扣一个小土坑，称为“地库”。然后在离地库五米以外画一条线作为界限，守方队员手执梭棒，把守在土坑旁，攻方手握梭棒站在界限外把梭子打出去。第二步是进攻与反攻。攻方尽量将手里的梭往圈里扔，当木梭扔出后守方则用梭棒横扫，尽可能地不要让梭子落到土坑里。梭是整个游戏的核心，比赛双方队员必须始终将视线锁定在梭上，这时间最忌讳的是思想抛锚、注意力不集中。第三步是决定胜负。被守方击中的木梭飞向远处，攻方的其他成员追逐着去接，如果在梭子落地前接住，会用遮阳的草帽或者脱下的衣服摊开来捧在手里，然后以最快的速度跑回攻击界限。回跑时，必须边跑边吆喝，不能中断，一口气要将梭送到攻击队员手中，否则算输了一梭。相反，如果攻方掷出去的梭守方没有击中，或者没有横扫出来，木梭被投入土坑内，就算攻方赢，守方便输了一梭。如此反复比赛，直到最后按得分多少论全局输赢。一梭，一梭，多少梭为一场，没有具体的界限，也不论时间长短。

陈：比赛最重要的是哪个环节？

李成林模拟打梭
（本人供图）

李：比赛的高潮在最后一个环节，也就是“喝梭”，那才是最尽兴的时刻。赢了的一方将梭子用劲全力击打出去，输了的一方队员接住梭子或者捡到梭子后用尽全身力气往回跑，要边跑边“噢——”地吆喝，不能断气，倘若断了气，即为失败。至地库跟前在地上画十字，以十字划的多少确定这场游戏的胜负。

陈：作为一项体育竞技项目，平时是通过什么样的方式传承的？

李：平时主要还是农闲的时候，组织一些农民，比如说春天都种上粮食了，大家就可以打一打。但是这个需要一个场地。场地小了，有时候会打着人了，或者是打到邻居家了。

陈：您觉得现在能传下去吗？

李：那是必须往下传，要有这个责任呢。这也是一个要珍视的东西。现在在外面要这个也很干净。每年到运动会上，一个打梭，一个骑毛驴比赛是必须有的项目，我搞了十五届了。每一回新华社记者都要来，来了他们就趴在那个地里，就这么去找镜头着呢。所以那些人都能够伏下身子，趴在土堆里拍摄，咱们这些人更不用说是害怕土把衣服弄脏了。现在村里孤寡老人多，年轻人都进了城了。老年人现在也不要了。所以现在这一方面还是人越来越少了。

陈：如果可以的话，您这个打算一直传下去吗？

李：我当然希望传下去了，我当了一次传承人，我必须把它传下去。如果传不了，那就是丢了人，或者可惜了。

陈：那您今后打算以怎样的方式传下去？

李：那就是借助这个大院的平台，举办农民文艺篮球赛，把打梭也列为比赛项目，有一个奖金给他鼓励。不是说这个只在运动会上弄，这个平时农闲的时候也要弄。打梭明显是民间的一个体育项目，还是图了个欢乐。

陈：能不能带来什么经济效益？

李：那倒没有。

陈：最近几年国家出台了一些保护民间文化的政策和措施，比如说定期评选非遗项目。对非遗传承人，每年国家也给予一定的资金支持。对于政府的这些措施，您都了解吗？

李：国家对非遗这一方面还是重视得很，我们确实也高兴得很。这一方面我就是更加有信心，要响应号召，顺应政策。对咱们传承人来说这也是机会难得。所以说确实要珍惜呢。

陈：当地政府有给你们什么支持和帮助吗？

李：这个还是支持着呢。除了咱们文化厅一年资助的五千块钱，在设施建设上，那边的文化墙呀，这个传承基地啊，都是政府支持的。

陈：对这个打梭技艺有什么帮助吗？

李：这个还是有一定的支持，就是专门去培训。还有每年弄这个农民文艺会、篮球赛。

陈：多少还是会给您一点经费支持吗？

李：给支持呢，一到运动会咱们那个书法项目上，王馆长亲自下去给写书法着呢。

陈：别的部门是不是也会给一定的支持？比如说宣传部啊，团委呀，妇联呀这些。

李：这个咱们实事求是地说，这些年里从海原全县来说，不论是哪一个村哪一个谁有多少钱，政府没支持过他的运动会。海原整个打篮球的氛围是很浓的。咱们这里搞个运动会，我每年申请，每一届人家都是会给一定的经费支持呢。

陈：成为传承人后对您的生活有什么影响？或者说您觉得给您带来了哪些重大的影响？

李：首先从这个精神上来说，这个荣誉大得很，就是一种精神鼓励。还有就是会给资金补助，在传承方面还是生活方面也给予了一定的帮助。

陈：您希望今后还能得到哪些帮助？

李：这个我也难说。但是希望还就是在举办运动会的时候能够给一定的资金帮助。再一个就是在我的墙根里有一块地，就是想着把那块地征过来，能够把文化大院扩大一下，能够有个打梭的场地。只要政府出面那块地就没有几个钱。把那一块地能够转成咱们这个打梭的场地。那块地在我和学校的中间。学校里的院子窄得很，那些娃娃跑操的时候都在那小道道子上跑。

陈：您怎么看待最近几年国家和当地政府出台的一些保护民间文化的政策和措施？

李：那些都知道呢。就还是积极地响应，坚持保护。对于民众也好，对传承人也好，这些优惠政策都是合乎这些老百姓的需求的。国家出台的政策还是为了进一步推动非遗的发展保护和传承。我这里举个例子。在过去那个时候没有器材，没有其他项目的时候，打梭就是一个很好的项目，也是最能聚起人气的一个项目。现在时代发展了，体育这一方面，打梭这个就没有人弄了。我就舍不得把它丢掉，就想一直把它传承着下去。

生活中的李成林
（武宇林翻拍）

李成林的文化大院
（本人供图）

陈：您打梭到现在有多长时间？

李：好几十年了。从十岁左右那个时候看到了也就慢慢学开了。

陈：今后打算一直做下去吗？

李：那肯定是的。只要我活着我就一定要把它做下去。

陈：这个打梭的技艺对您来说意味着什么？

李：喜欢，把它当作一种生命来对待。因为我是传承人。

陈：您觉得现在和过去的生活方式最大的不同是什么？

李：现在的生活跟过去的生活就没办法相比。过去光是吃饱肚子。那个时候就是一口子人半亩洋芋，那个洋芋是既当粮又当菜。在过去吃饱穿暖就已经很不错了。现在的人吃得好，把这个肉都不好好吃了。以前都是补丁摞补丁的衣服，现在是今年流行这么个，明年是那么个，一直换着穿的衣服都是新鲜的。

陈：您觉得现在的年轻人和过去的年轻人有哪些不一样？

李：过去的年轻人起码还有过去的那个老传统呢。就是说那个时候的勤俭节约啊这些还有一些耳音呢，就是老人给灌的一些耳音。那个时候还有个忆苦思甜。现在大多数的青年人都是好的，但有一部分青年人就不信原来的那些，就光是向钱看，享受，就不知道幸福生活的这个追根思源。

陈：那您对现在的年轻人有啥期待？

李：在这一方面就是说对年轻人在意识形态方面要加强教育学习。还是要从娃娃抓起，从年轻的时候抓起，在德智体美劳各方面、思想道德建设方面都要有提升。就是像毛主席所说的那样，在德智体美方面都要得到发展。

陈：您向往怎么样的生活？

李：我现在已经老了。我个人上来说，我这六个娃娃有四个大学生，后面都能有一个好的前途。我现在也没有受罪着，就行啦！和我原来娃娃的时候相比，知足得很啦。

陈：今后您最想做的事情是啥？

李：我今后就想着把我这个文化大院继续办好。在办好的这个平台上，我首先把打梭这一项工作不断地传承下去。

陈：您有啥遗憾吗？或者还有啥未完成的心愿吗？

李：就是对于打梭方面觉得还是力量有点薄弱。我就还是希望把这些传统的体育竞技项目都和这些非遗传承相互连接，进行传承和发展。

⊢ 生活中的李成林
（本人供图）

刺绣代表性传承人

卢惠琴

卢惠琴，1968 年出生，宁夏中卫市海原县人。2013 年被认定为自治区级非物质文化遗产项目（刺绣）代表性传承人。

综　述

卢惠琴是海原县海城镇人，她出生在一个刺绣世家，她的外婆、母亲、婶子都会刺绣，尤其在外婆和母亲的熏陶和感染下，十几岁时她就跟着她们学刺绣。功夫不负有心人，经过多年的努力，她的刺绣作品远近闻名，在自治区农村妇女双学双比竞赛活动协调小组比赛中，被授予自治区“双学双比”女能手荣誉称号；作品在“首届全区农民文化艺术节”、宁夏第四届青年创业电视选拔大赛、海原县文学艺术界“庆五一迎世博”科技杯大赛、自治区第五届“宁夏红”杯刺绣大赛等活动中，获得了二等奖、三等奖等各项荣誉，被海原县人民政府评为全民创业工作先进个人，她的作品销售到了宁夏、山东、福建等全国各地。代表作有《清明上河图》《梅兰竹菊》《山水》等，作品题材广泛、内容丰富、形式多样，有较高的收藏价值。卢惠琴2013年被认定为自治区级非物质文化遗产代表性传承人。她还创办了万绣庄刺绣有限公司，现已培训刺绣人员五百余人。

卜　卢惠琴的传承人证书
（武宇林翻拍）

访　谈

被访谈者：卢慧琴（自治区级非物质文化遗产代表性传承人）

访 谈 者：李勇

访谈时间：2020年9月22日

访谈地点：中卫市海原县非物质文化遗产孵化基地

录音整理：李勇

李：您先介绍一下自己。

卢：我叫卢慧琴，自治区级刺绣传承人，今年五十二岁。出生于1968年9月。

李：从什么时候开始接触这个刺绣的？

卢：从十一二岁就开始接触了。

李：那您是怎么想起来学刺绣的呢？

卢：应该受母亲的影响吧。因为在小的时候母亲经常做这些，枕头呀、小猫猫袖套呀、绣花鞋呀什么的。

李：说说您当年生活的那个地方。

卢：我当年生活在西安镇小河村。七几年的时候我们家境还比较贫寒。我们家的姊妹比较多，我们姊妹几个穿的衣服都是母亲亲手做的。包括我们的一些亲戚朋友穿的用的一些东西也是母亲做的。他们还请母亲给做结婚用的枕头。我就感觉我们一直在延伸（刺绣）这种东西。

李：那个时候做刺绣的人多吗？

卢：当时从我们家族来说还是相对很多的，因为母亲有姊妹六个都做。我大姑小姑她们两个都做鞋垫、被单、枕头，特别好看。

李：说说您家里的情况。姊妹几个人，父母都是什么情况？

卢：我们姊妹八个。当时我的父亲还是村干部。我们姊妹几个还是比较艰苦的，因为受父亲的影响，我们都是分别人分剩下的没有人要的那种麦子，那些才是我们家的。我觉得生活中还是特别艰苦的。

李：姊姊中还有人会这样的刺绣吗？

卢：我大姐。大姐她是我们家排行老三，她在帮母亲做家务活的时候这个技艺都学会了。

李：那您是跟谁学的？这个刺绣有没有谁教您？

卢：我是跟我妈学的。

李：您在学校读过几年书？

卢：我在学校读到高中。

李：您小时候印象最深刻的几件事是什么？

卢：我小时候印象最深刻的事就是我上初一的时候，刚放暑假，暑假作业还是比较少的。因为对刺绣特别喜欢，所以中午从农田回来以后都不休息就跟上大姐做刺绣。当时可笑的是，我做了三只鞋垫。一双鞋垫应该是两只，但是我做了三只。当时是我一边在做鞋垫一边在地里给糜子挡鸟，麻雀来

卢惠琴教授刺绣
（本人供图）

吃糜子，我在挡鸟时不小心把一只给丢了，回家又粘了一只，一共就做了三只。这是我印象最深的一件事。

李：什么时候结的婚？对方是干什么的？

卢：我是1988年年初结婚的。我老公他是学医的。

李：有几个小孩？

卢：我有两个小孩。

李：结婚生子后对刺绣有什么影响？

卢：结婚以后，我一直在干这个行业，包括服装加工、刺绣、培训这一块儿。那时候叫绣花，不是叫什么洋气的刺绣。在1994年的时候我带孩子在市场那边租了个房子。结果有一次孩子在找我的时候让车给撞了，我有半年多的时间就一直在照顾孩子，几乎就没做。孩子刚刚好了一点的时候，我又继续做这个，在看孩子的同时做。

李：这个刺绣一般是用什么材料来做的？

卢：最早的时候我们用的是的确良。

李：现在呢，现在用什么材料？

卢：现在我们用的是真丝的面料。

李：现在从哪里获取这些材料呢？

卢惠琴与她的作品

（本人供图）

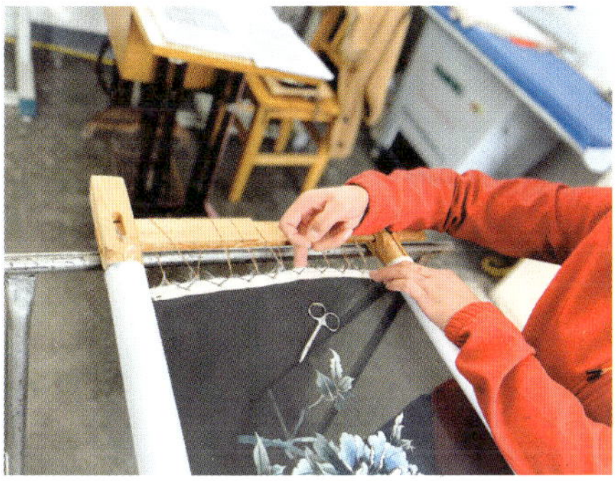

⊥　卢惠琴展示她的刺绣技法（李勇摄）

卢：这些材料一般都从广州、深圳那边获取。

李：现在材料和过去材料区别大吗？

卢：区别很大，因为现在这个材料比较薄。而且他这个透明度适当，光泽也特别好。

李：那刺绣都用什么工具？

卢：原来我们都用的是这个圆的小花崩，用一个手在做。通过出去观摩学习，就更改成架子。我自己也找木匠做了一些木头的架子。后来觉得这个木头的架子很短，因为时间长了，它会受潮变弯，所以我们想办法用铁管子做了一些绣长卷的架子。剪刀、针、丝线呀这些东西也都是必需的。最早的时候我们用的是纯棉线。纯棉线做出来在当时也觉得特别好看，但是后来觉得它的那个色的过渡色差有点大，而且棉线比较容易掉色。

李：有些工具是您自己做的吗？

卢：原来做的那个针都比较粗，我们都是用那个磨石磨好长时间把它磨细磨好。现在这个针都是厂家做的时候就做好的，有铁的、钢的、银的。最近我们都用的是银针，做起来特别好。

李：这些工具在制作和使用上，根据您的感觉来说有讲究没？

卢：有一定的讲究。

李：他有什么讲究呢？比如？

卢：我们现在用的这个针基本上都是两头是一样的粗，那么它做出来的作品就

万绣庄合作社生产的刺绣产品（本人供图）

是看起来这个线比较飘，没有痕迹。这是特别有讲究的。一般的针的话做刺绣做不了，它做出来那个痕迹特别明显。本来是一个很直的线，那么针粗了以后，它那个线就显得很弯曲。

李：一般完成一件作品，需要哪几步？

卢：首先我们自己要设计图案。图案设计好以后就是勾稿。勾搞勾完之后，计算好布的大小，把布再往木架子上上。上好以后，把布两边缝上去再钉上、卷起来。这个缝布的时候要平整，我们好多人都不会，不平整做出来就会变形的。一般学徒对这个都掌握得不是很到位。就比如说过去的花，你崩不好的话，做出来的叶子都是变形的。

李：最关键的一步是什么呢？

卢：我们刺绣关键的环节还是在绣。绣的这个过程中我们的花多数一般都是由浅到深，从边上浅到中间深。但是我的好多都是外边比较深，里边比较浅，那么做出来的这个花更显得灵活。

李：您做了这么长时间，您认为怎样才能把它做好？您有什么经验？

卢：绣一副完整的画的话，我们从设计到勾稿，到上架到整个绣的过程中，我们不能有一丝脱线，线必须是连贯性的。而且我们脑子的思维在设计的过程中已经把线的定位和图案的比例都已经构思出来了。在绣的过程中，如果是本人绣，基本上已经心中有图了。如果不是本人绣，学徒绣的话我们老师要在旁边指导。在这个过程中，我们绣出来的比例，上下左右、从阳到阴、从阴到阳、从上到下，他这整个过程中是有一定比例的。

李：您的作品都有哪些类型？有什么寓意？您目前创造了多少幅作品？

卢：目前自己创作的作品有六七十种。但我们在绣的过程中就多了，有些其他画家画的我们也可以绣。像咱们最近的话我还是以咱们中国传统的旗袍为主来做这块儿。从服装和刺绣的这个结合来看，我还是相对地以服装为主题，以服饰为主题。其他的话我们就是做一些鞋垫。最早做这个鞋垫的时候是二十年前，当时可是把心费了。那个时候，在谈恋爱找对象的时候，订婚、结婚的时候，这个鞋垫是必需的。我结婚的时候鞋垫都绣了四五十双，婆婆家族的每一个人都得送鞋垫，有人来看我们的时候都给人得送一双鞋垫表明自己的手艺，表明我们在做这个鞋垫的时候确实把功夫下了。随着时代的变化，我们也得到区市县文化厅这些文化部门的支持，让我们出去参观学习。后来我们不断地把这个作品向高端发展，像挂件呀什么的、家里的摆设呀都是双面绣的。

李：您比较满意的作品有哪些？

卢：我最满意的还是我们的服装类小摆件，再就是脸谱。脸谱因为是“达”字绣，我们在过去做毛底子鞋的时候，鞋底上就写的是“达”字，做出来那个鞋比较结实而且好看。后来我们觉得最感兴趣的还是脸谱，包括我们一些传统的服饰服装类，带一点绣花。

李：就刚才您说的是您琢磨出来的，还是随着时间的变化，衍生出来的？

卢：借鉴先进的技术然后结合我们传统的文化、传统手艺来不断地改进。

李：那是不是有个工作坊还是？

卢：企业。我们是一个合作社，是万绣庄专业刺绣合作社。

李：这个有啥经营理念没？

卢：主打产品还是以刺绣、剪纸、培训为主题。技艺传承培训。

李：客户群体是哪些？

卢：一般都是一些商家。我们做前期的绣片，他们做后期的包装。

⊥ 卢惠琴的奖状和证书（本人供图）

李：合作社什么时候成立的？

卢：2008年10月。

李：当时办的手续多吗？

卢：手续还挺多的，因为当时办的时候最少也要在五人，要有我们一个团体的组织机构。我们的这个账户注册，包括我们的公户这一块，都必须完善，属于正规的。

李；当时是怎样想起来成立万绣庄这样一个合作社的？

卢：当时我们也属于经济比较落后，想着大家以入股的形式，你绣一个她绣一个，我们大家拿来凑起来以后，以入股的形式合作发展。

李：哪个产品卖得快？

卢：2009年我参加了浙江义乌的展销会，那时候我觉得鞋垫是销售最快的。我们当时是卖了十万双鞋垫。

李：在合作社成立之前和成立之后您的收入有变化吗？

卢：变化很大。成立之后我们有些单位啊，还有一些做商家的，他们就来找我们合作。在海原这一块儿做刺绣的农户还是比较多的。我们就联合收作品，成包成包地往来拿着呢，我们也就成一个收购站了。之后我们再加工包装，然后再去销售。

李：合作社最初成立的时候几个人？

卢：最初成立的时候是三十二个人。

李：您主要负责什么？

卢：我主要负责产品的设计、加工、培训。销售这一块也还是我。

李：现在的合作社里面有多少人？

卢：现在我们合作社的成员是一百二十三个。有一个女的，她去世了，我们也就把她注销了，现在就剩一百二十二个了。其中有三个男的。

李：他们都负责什么？

卢：他们有五个老师，负责在乡下培训呀，包括加工之类的。我们也是分层次培训，有中档、低档培训。他们可以去培训最下层的，就是有点基础的。

李：这些职工的年龄段主要有哪些？待遇如何？

卢：年龄段大部分都是三十岁以上到六十岁之间，只要眼睛视力能看见的就还在做。

李：待遇方面呢？

卢：他们其中有六个现在是县级传承人啦！他们在做的话，我们每订一批活他们加工，他们也有项目。

李：您的作品有没有申请专利或注册商标之类的？

卢：有注册商标。万绣庄是我们企业的名字，但是在注册的时候，企业和商标要一致，我当时注册的万绣庄咱们中国有一个万秀。最后我就把“庄”放在中间了，就写成了万庄绣商标。这个在网上能查到的。

万绣庄合作社生产的剪纸产品（本人供图）

⊥　卢惠琴作品（本人供图）

李：这些作品都是纯手工制作的吗？

卢；都是纯手工做的。

李：哪些人购买？

卢：这个购买的群体也大部分是商家。

李：商家他们是怎么知道您的？

卢：我们当时的宣传也是很到位的。咱们通过政府、文化部门线上线下宣传。包括精准扶贫这一块的宣传。特别是记者来采访，新华社记者也来搞过几次采访、录像之类的。他们做的宣传也是比较到位的。

李：都是政府宣传媒体报道。你们自己还有别的宣传渠道吗？

卢：自己就发一些宣传的彩页呀宣传单之类的，还有宣传的名片。我们以前的名片也是印得特别多，每参一次展都印一些宣传页。这两年都不怎么印了，因为大家在网上一查就出来了。

李：现在市场稳定吗？

卢：市场在前半年还是比较拖后的。目前还可以。

李：在经营管理方面和打市场方面您觉得哪个是最困难的？

卢：我觉得我们在贷款方面还是难度比较大。因为做手工的市场资金流动性还是比较缓慢，销售也是循环得比较慢一些。他们在贷款方面对我们的支持，与农业方面相比，还是差远了。国家现在着重支持的是农业种养殖业。我们也是种养殖户的家庭成员，都是建档立卡的。贫困家庭妇女坚持做这一块以增加家庭收入，与脱贫有关系。但我们的贷款却是比较吃力的。在其他方面我觉得政府还是比较支持的。

李：在刺绣展品上您觉得还有哪些方面可以提高？

卢：我们现在想着是把产品再延伸一下。我们要做批量的产品就要机器，用机器设备把我们自己做出来的花型再打印出来。我们可以买底稿，把这些东西打印以后再做。但是我们现在从事这么多年都是手绘。

李：这几年有啥经营心得或者过两年准备做啥呢？

卢：我现在做旅游产品的打算还是比较多。而且这个农产品需要包装，所以我想在包装方面再花点心思。我想从这方面来着手。这几年就准备做这个了啊！

李：那这几年经营心得有什么？

卢：还是非常感谢我们文化部门，包括这个场地、房费、暖气费，都是政府支持的。所以我就想着带动我们更多的农户，让他们的家庭能增加更多的收入。这是我作为一名党员、作为一名刺绣传承人来说最想做的事情。希望他们能有满满的收入。

├　万绣庄合作社生产的产品（本人供图）

砖雕代表性传承人

田义仁

田义仁，回族，1945 年出生，宁夏中卫市海原县人。2017 年被认定为自治区级非物质文化遗产项目（砖雕）代表性传承人。

综 述

砖雕是劳动人民在长期的生产生活实践中创造的一种传统工艺美术形式，其作品具有立意新颖、构图严谨、造型生动、雕工精细的特点，大多作为建筑物某一部分的装饰品，镶嵌在砖木结构房屋的厅堂，正房外的正墙、侧墙以及庭院的影壁、门楼和券门之上。海原砖雕艺术在创作手法上分“捏活”和“刻活”两种，在技法上以精巧细腻见长，以圆雕、半圆雕突出主题，以浮雕相衬，以现实主义与浪漫主义相结合的创作手法，寄情于景，情景交融，显示了当地人民的创作智慧和艺术技巧。

田义仁是海原县海城镇王井村的手艺人，当地人都喜欢昵称他为“砖头上的画匠”，他自幼跟随师父学习砖雕技艺，至今已是远近闻名的匠人。从艺的六十多年里，他创作了大量优秀的砖雕作品，如《兽鸟》《松柏》《梅兰竹菊》《荷花》《花草》等，足迹遍布整个西海固地区及周边市县。他的砖雕作品坚实而细腻，特色鲜明，形象简练，风格浑厚，富有很强的思想性、艺术性、观赏性。其雕刻技法主要有阴刻、深浮雕、圆雕、镂雕等。如今他不仅将砖雕技艺传给了儿子、孙子，还带起了一个三十多人的砖雕队伍。

访 谈

被访谈者：田义仁（自治区级非物质文化遗产代表性传承人）

访 谈 者：李勇

访谈时间：2020年9月25日

访谈地点：中卫市海原县非物质文化遗产孵化基地

录音整理：陈瑜

综述撰稿：李勇

李：今天就跟您聊聊天，聊聊咱们这一辈子干了啥，然后家里都啥情况，孩子都干啥着呢，这个技艺是个啥特点，以及您这个传承情况是啥样的。还一个就是您对国家这个非遗的扶持有啥想法，您的人生感悟，您的这一辈子对社会上呀、生活上呀，有啥想法有啥期望，或者有啥觉得有点遗憾没做好。

李：您今年多大岁数，哪一年出生的？

田：我是1944年的1月份出生的，今年七十六了。

李：那您是什么时候开始接触这个砖雕的？

田：接触砖雕时间也长了，原来是木雕，专门搞这个古建筑这一块的，木雕砖雕都干。

李：我昨天专门去九彩坪拱北看了您的木雕作品，然后他说您报的是砖雕。

田：我的木雕、砖雕都做着呢。

李：但是您2013年报传承人时是木雕，您是什么时候开始接触这个砖雕的？

田：时间长了，哪一年记不起来了，年代多了。

李：大约年纪多大的时候开始接触的，年轻的时候吧肯定是？

田：嗯，年轻的时候，十几岁的时候开始的。

李：您是咋就跟这个砖雕接触上了？

田：砖雕它这个跟古建筑联系着呢，古建筑的活有木雕也有砖雕，是混合的。

李：也就是说您最早不是砖雕，您最早是木雕。

田：做木雕比砖雕时间长一些。

李：那您为啥接触木雕与砖雕呢？家里就有人搞这个吗？

田：原来咱们这里缺这个砖雕、木雕人才，我门是改革开放之前到临夏，临夏那些人仿着他们的前辈人搞这个古建筑，我们从他们手里开始学，一直到现在。

李：您小的时候在哪儿生活的？

田：小时候就在海原生活的。

李：海原哪个乡？

田义仁在雕刻
（武宇林翻拍）

田：就是海原县城里。

李：那个时候海原县会这个的人多吗？

田：那时候没有这种手艺人，都是在甘肃临夏他们老前辈手里学的。

李：那时候家里啥情况？

田：家里就是在集体生活着呢，大集体，有工程的话集体就派我们去了。

李：我的意思说家里面有几口人。

田：家里原来有八口人，我们兄弟姐妹四个男的、两个女的。

李：家里面还有人会这个砖雕、木雕吗？

田：还有我的老三儿子、老四儿子、老六儿子，还有孙子也搞这个砖雕木雕。

李：我意思说上面父母搞着没？

田：父母以前就是父亲搞过这个，有这个基础。再其他的人都没有，就我一个。

李：那您的爷爷奶奶都见过吗？他们搞这个吗？

田：爷爷奶奶我都见过，他们那时没有搞过这个。主要还是从我开始的，搞

田义仁砖雕作品
（本人供图）

这个工作还要设计呢，设计出来整个做好再往上安就行了，上去就没有误差了。

李：您当年砖雕木雕跟谁学的？有没有师父教？

田：师父是原来这里的青海人，青海他们的老前辈手里学的。

李：师父叫啥名字？

田：一个姓马，一个姓拜。

李：那时候他们年龄都多大？

田：我学的时候他们比我现在的年龄都大。

李：比你现在都大？你那时候多少岁？

田：我那时二十多岁。

李：您接触是二十多岁，他们当时也就七八十岁了吧，那他们当时有没有跟您聊过他们当时是跟谁学的？

田：他们是前面还有老一辈人，那老一辈人就不清楚了。我们跟着的老一辈人都是修下九彩坪拱北的。

李：就是请的青海的人来修拱北，您不是说您是在甘肃临夏学的吗？两个都学了？

田：就是两个都学了，我们请的两个地方的人才。

李：一个甘肃一个青海都学了，这两个哪个水平高？

田：水平都差的不多。来以后要把那个废墟里头的砖挖出来，再分析再仿着刻，就是地里头挖出来的古物，放到跟前仿着刻呢。

李：我昨天去看了那个马凤章。

田：马凤章是我的徒弟，还有个马正军，都搞木雕着呢。

李：马凤章厉害，都是国家级传承人了。他昨天介绍您了，说这些东西都是田义仁老师做的。怪不得他介绍您呢，原来您是他师父啊。

田：你昨天去看了？

李：我们昨天去了，还拍照了您的作品，完了以后我们把您的作品放到您的照片下面。

田：我记着啥人把我们拍了一次，把那个九彩坪上面整个都拍了，照片有呢，人家拍的那个没有了。哎呀，人家拍的那个确实好得很，把我们做的那里头整个渠渠道道都拍了。确实好得很。

李：您以前在学校读过书没？读到几年级？

田：读过，我读过小学出来，刚到初中。我那时候读书的时候老师都把我特别重视，我娃娃的时候人麻利得很，好学，老师呀、校长呀都重视我。

李：那您小时候印象深刻的有哪些事？第一个是你刚才说的小时候老师特别重视您。还有啥，比如说这个周边的环境呀，大地震方面的事。

田：大地震听见过，没有赶上这个事。

李：地震对咱们这个木雕呀砖雕呀有损毁没？

田：地震可能把这些个摇平了。现在这个八卦图都是后来修的，可能都一百多年的事情了。

李：您什么时候结的婚？

田：我是食堂刚开那一年，1962年。

李：不到20岁就结婚了？

田：我18岁结的婚。

李：对方是干啥的？

田：对方是农业社的农民。

李：后来几个小孩？

田：我是五个男孩子，两个女孩子，一共七个娃。

李：结婚有小孩之后对您做这个手艺有啥影响没？

田：也没啥影响，我那时候专门搞这个工作的，就指着这个吃饭呢。

李：您除了这个手艺，还做过哪些活儿？

田：没结婚之前还搞过小工匠，作些木活儿，焊个农具啥都可以。

李：那个能赚上钱吗？

田：就是糊个口。

李：您用什么材料做这个砖雕？这个砖是咋来的？

田：砖是原来渭南拉来的这个砖，都用不成，然后我们根据这个经验把砖的这个模型弄好，做好以后倒出来，要把砖做的没有蜂窝呀啥的才能用。

李：做这个砖的材料是啥？

田：材料也不全是红胶泥，胶泥还是一种土，比较硬。把泥先打得细细的然后才做呢。专门有两个窑烧着呢。把砖弄好以后放到磨石上面磨，磨得平平的。这些工程一般是设计不出来，就靠我这个脑瓜子设计着呢，图绘好设计出来，然后把这个活计安排下去，你给我做多长，做多大，做多宽，做多厚。

李：那您以前干的时候是自己雕吗？

田：我以前自己雕呢，雕出来有时候安不到上面，最后图纸一遍一遍修改好，就按这个图纸的大小做，最后做成了只要往上一安。不按图纸做就做乱套了那就没办法了，特别是这个设计，主要是设计。

李：那您这个图案是咋设计的？看的多了？

田：图案是比方说是甲方需要怎么个图，也把照片拿来，我就照他这个图案给做，要是没有相片了就把我领过去一看，我看好了就给设计。

李：那您现在用的工具都有哪些？都叫啥名字这些工具？

田：工具大部分是自己做的，雕刻的工具也好，做模型的工具也好，大部分都是自己做着呢。就用的刀子，从开始做就是我们自己做的，我们给铁匠说咋打就咋打，做咋样的样子我们才能用。主要在这个刀子的材料上说呢。材料上也确实不好找。

李：完成一件作品都需要哪几个工序？

田：砖雕用的工序不太多，先选砖，然后磨砖，先磨三面，然后看用哪一面，然后再磨两面，一个砖六面，最不行要磨五面。磨完以后把尺寸量好就要在上面画呢，画好以后把不用的掏空，把底子刮平，刮平以后才开始雕刻，雕出来就好了。

李：您做了这么长时间，有五十多年了，有啥经验吗？刚才说过就是选这个砖要选这个没有气泡的，还有啥呢？

田：这个砖就是要选好呢，再一个就是这个画上的一定要平，还有要注意花的这个类型，我的图画出来是个啥花子，你就必须要做出来个啥花子。做的人做惯了你把图一给那就做出来了，那做的像得很。

李：这个作品分哪几大类？你们做的这是宗教用的，还有哪种？

田：古建筑上用的，拱北上的，寺庙里的，佛教、道教建筑都有。

李：咱们这个砖雕分几类？我看还有刻的字算一类。

田：有专门刻文字的，也有专门刻花的，但是这个刻花要懂艺术呢，不懂的人看去觉的好是很，懂的人就能看出来里面的寓意呢。

李：我看以前做的这个跟现在也有区别呢，以前做的这个三字经呀中华孝道呀，以一些传统文化居多。

田：现在是传统文化和现代文化都有呢。

李：这些图样子都是您自己琢磨出来的还是您也是到处看，自己感悟？

田：这是自己从几方面了解来的，通过各方面的了解就把它做出来了，还是经验，凭你这个大脑的分析。

李：您现在做这个砖雕、木雕，做生意的时候您是自己成立的公司呢还是自己带的队伍做着呢？

田：之前我们准备办一个古建筑工程公司，最后这个没办成就没用。但是没有这个修古建筑的资质就用不成。

李：那您咋干这些着呢？

田：现在就是哪儿有需要我们就去干活，再的啥都不管。

李：那你们一般一个队伍有多少人？

田：我们最壮的时候有一百多人，最不行都有七八十人。

李：就靠口碑是吧？

田：就是。都是人看了我干的东西找着来的。最近我也弄来了些机器，但没有手工做的好。

李：手工做出来的妙一些，机器做的死板得很。主要就是通过这个作品找到您的，主要都是哪些人找您呢？

田：寺啊庙啊拱北啊，咱们这里私人没有搞的，但在青海那个地方有呢。青海那个地方私人都搞的是古建。

李：这两年您这个工程队还弄着没？

田：弄着呢，现在是儿子孙子弄着呢，我现在是腿不好，受了伤，在家里缓着呢。以前都跟着干着呢，七十二三还正干着呢，身体倒是好着呢，主要是这个腿伤了。

李：您有六个孩子？他们现在都多大岁数了？都干啥着呢？

田：最小的都二十几了，最大的四十多了。老三以前跟着我做着呢，现在自己搞了铝合金门窗。老二老五做玻璃着呢，玻璃花啥的。

李：这些手艺都是您传给他们的？

田：对对对，都是我传的，我的六儿子现在还在九彩坪干着呢。

李：您招过几个徒弟？除了你儿子还有谁？

田：徒弟外面的老多几个呢，刚才说的那几个都是我徒弟，马凤章呀、丁凤翔、马德君、马正军呀人家现在都成了师父了。我这一伤，起不来，这些人就领着干着呢。现在都有了经验了，虽然做出来的活儿没有我做的好，但是已经有了一部分经验了。

李：学这个手艺一般需要多长时间？

田：关键看这个人的思想、悟性咋样，一般就三年五年。

李：做您徒弟就需要脑子好使一点，眼皮子活一点？

田：总的说收徒弟要这个人诚实、能干、能吃苦。再要看你这个人的脑瓜灵活一点。

李：您收的这些个徒弟都是回族？没有汉族？

田：原来有几个汉族，现在都再没搞，回族汉族都收。都搞成功了学成了，但再也没搞。

李：这个一般都要学几个阶段？这个徒弟刚来都要干啥呢？

田：最不行都得三到四个阶段，先磨砖，磨完才打眼呀钻呀，往出搞这个模型，把图构出来。最后一个阶段的话你自己能设计出来，那就能干了，你自己设计不出来的话就干不出来。

李：徒弟学成后都去干啥了？

田：现在还是干这个着呢。

李：您觉得这个好往下传不？

田：那也非传不行，要传呢，出来的徒弟还不多，就是现在每一个工程上非得几十个人，没几十个人活拿不下来。砖雕的人光这个剜花子都得七八个。

李：您是2013年第四批传承人，政府这几年给您的传承经费都收到了吗？前几年是三千块，这几年是五千块。这个都收到了吧？

田：收到了。

李：您觉的成为传承人之后对您有影响吗？有没有感觉自己跟别人不一样？被国家也认可了，有没有这种感觉？

田：得到认可了，责任大了，想着能再发展得好一些。

李：您觉得怎么把您这个再传承一下？

田：我想国家如果是有个啥大的工程，咱们可以大量地把这个人培养一下，把这个发展一下。

李：给您的这个工钱给的多吗？

田：给的不多，我给干活的人也说呢，在拱北干活的人家给你给的多了你不要高兴，给的少了你也不要生气。但是他肯定不会亏待你的。一般和这个私人的工程上给的也错（差）的不多。

李：现在这个手艺您是打算一直做下去的吧？我看您的孙子也开始做这个了。您觉得这辈子这个砖雕还有这个木雕对您意味着啥？一个就是这一辈子都干这件事了，养家糊口了，还一个就是自己也喜欢，是吧？

田：主要是自己喜欢，自己不喜欢你咋教别人。爱这一行的还是喜欢搞这一行，还是有许多人在干这行。

李：在过去的生活中您记忆中印象最深的是啥？比如刚开始的时候没人找您做？

田：那倒没有，我刚开始做就是找的人多得很，咱们找人家去可能找不到，人找咱们做的人多得很。

李：今后您有什么打算？

田：想做一些国家的大型古建筑的东西。再往大的方面说，国家有这种大的项目能参与一下还是比较好的。你比方说北京的天安门，这不是一个伟大的建筑吗，这样才有价值呢。

李：我知道您的意思呢，其实就是想留下自己的作品，心愿就完成了。今天的采访就到这儿，谢谢。

山花儿代表性传承人

妥　燕

妥艳，回族，1966年出生，宁夏中卫市海原县人。2010年被认定为自治区级非物质文化遗产项目（山花儿）代表性传承人。

综　述

妥燕将山花儿比作她的命根子，在她生活的宁夏海原县有“花儿故乡”的美誉。幼时在奶奶的耳濡目染下，妥燕的内心就埋下了花儿的种子。长大后，妥燕逐渐有更多的机会参加花儿民歌演唱活动，于2002年首次参加了海原当地举办的花儿大赛并获得银奖，从此开启了她的花儿演唱、推广和传承之路。2010年被认定为自治区级非物质文化遗产代表性传承人，更加坚定了她传承花儿的决心。她说到做到，参加了“花儿进校园”、西部民歌花儿赛、花儿进景区等活动，从2012年起在自办的幼儿园内开设花儿课。她演唱的曲目主要有《拔了麦子拔胡麻》《上一道坡坡下一道梁》《富民政策到山庄》《四姑娘》《尕妹妹弹的是口琴子》《我拿下个好心维不下个人》《花儿漫塞上》《心疼着放不下个你》《十七十八学木匠》等。她代表宁夏参加了央视《体验中国》栏目发布活动，还参加过第十三届中国金鸡百花电影节开幕式颁奖晚会、首届中国农民艺术节、第三届全国少数民族文艺会演开幕式文艺晚会、宁夏春节联欢晚会等。先后六次赴京演出，并在全国两会期间为国家领导人及与会代表们演唱花儿。2021年被评选为“中国非遗年度人物”候选人。“花儿本是心上的话，不唱由不得咱家”，在花儿的传承道路上，她始终坚守着。

访　谈

被访谈者：妥燕（自治区级非物质文化遗产代表性传承人）

访 谈 者：李勇

访谈时间：2020年9月23日

访谈地点：中卫市海原县非物质文化遗产孵化基地

录音整理：陈瑜

综述撰稿：李勇

李：我们就是访谈，请先说说您是哪一年出生的？

妥：我是1966年9月1号出生的。

李：今年都五十五岁了。什么时候接触的花儿？

妥：很小很小的时候，那时候我只是有点记忆，不懂得什么叫花儿。那时候我妈我爸都忙工作嘛，有时候就把我放在我姥姥家。姥姥平时一般就是边做针线活边哼哼着唱歌，我不知道她在唱什么，但是她每次都是唱着就哭了。可能是天生对这个音乐就是特别爱好，那时候就是看电影听到那个主题曲啊什么的只要喜欢，我看两眼就能记住。上小学的时候从一年级开始，学校排节目，那时候唱什么歌我都是一听就会，老师经常夸我是郭兰英。小时候还有那个唱样板戏，像《红灯记》啊我都记得特别清楚。那时候我才几岁啊，公社有节目演出的时候，我爸拉二胡，他们把我叫去让我唱歌，慢慢地就什么歌都会唱了。那个时候听别人唱花儿的时候我听不懂歌词，这让我其实是很反感的，听他们不知道在唱什么，我真正地接触花儿是在粮食局的时候，排节目啊、领唱呀全是我。那时候马老师、董老师他们俩对我的影响是最大的，他们唱我听，我跟着他们唱，才一星期的时间我就感觉我已经能降住花儿那个调子，我也就能唱了，但是真正吸引我的是花儿的歌词。以前不懂歌词，后来我看到那些花儿的歌词，哎呦，真是四句话能讲一个故事，这就是吸引我对花儿感兴趣最大的地方。

李：您的家庭情况介绍一下。

妥：我爸当时在供销社，我妈就是家庭妇女。我在家里是排行老三。那时候，我们姐妹在一块的时候，我哥吹笛子我唱歌，感觉都很好。

李：家里面还有谁会唱花儿吗？

妥：没有谁会唱花儿。

李：那您是跟谁学唱这个花儿的？

妥：就是跟马汉东老师学唱花儿的。她是我的启蒙老师。

李：对对，他是国家级传承人。您什么文化程度？

妥：我读到初中。

李：小时候您印象最深刻的事是什么事？您刚才其实都讲过了，您再说一说。

妥：印象最深刻的就是我小时候听我姥姥唱的那首歌，就感觉她的那个调调非常苍凉。我听她那个调调我就想，是有什么事情让她难得边哭边说边唱。

李：您是什么时候结的婚？对方是做什么的？

妥：我十九岁结的婚，老公在粮食局工作。我三个小孩中有两个男孩。老大呢当兵出来以后他去北京学了阿语，学出来以后就出国。老二是女儿，是从事幼儿教育的，自己创办了一个幼儿园。还有个小儿子是山东济南外国语学院毕业。现在我们俩都老了，这个身体也就有点那个什么了，就想着把他（小儿子）叫回来继承家里的这一摊子。

李：您结婚之后对唱花儿有什么影响？

妥：结婚后老公挺支持我的，特别支持！

李：除了这个唱花儿，您还做过什么工作？您之前是靠什么生活的？

妥：我结婚以后就一直在粮食局做库管员的工作。现在也就退休了。

李：您唱的这些作品是青海的花儿呀还是？

妥：就是宁夏的花儿呀。

李：您这些能分清楚吗？

妥：基本上还是能分得清楚。青海花儿也是用甘肃的方言，我不是太喜欢，所以不怎么唱。主要就是喜欢我们六盘山，我们宁夏的这个山花儿。这也是非物质文化遗产的东西，想把它好好地唱。

李：出去演出，您都唱的是哪些作品？

妥：演出就唱的多啦，演出上的最高一个档次的就是第二届民族文艺会演开幕式，我是跟马汉东老师搭档，唱的《心中的花儿火辣辣》。这个也是金鸡百花奖颁奖晚会，我们唱的是个改编的五四调。

李：作为自治区传承人，您在这个传承过程中遇到困难是怎样把这个花儿不断传承下去的？

妥：比如我家里人以前就是不喜欢让我去唱花儿，但是我一直坚持唱，也在很多活动中获得了奖项，比如最佳传承奖，这也是对我最大的肯定。

李：您带过几个徒弟？

妥：哎呀，我现在真正拜师的徒弟就有六十多个。

李：这六十个人里面都是怎样的构成呢？

妥：现在县级传承人最多，市级传承人也有几个了。现在还有的人已经报自治区级传承人。

李：您说的报自治区级传承人的有哪几个？

妥：记忆深刻的是田玉林、马东才，还有贺兰县文化馆的那个张翠平。我现在关键就是没办法经常去教他们，但是都是在花儿（微信）群里，他们唱，我听完了给他们指点。有时候我们还不定期有个什么活动，我们聚到一块，我就面对面手把手从站姿开始教，因为真正的都是些农民。

李：所以你们有一个群，就在群里面演唱、录音、点评。第二个就是你会组织这样的活动。

妥：对对。我从内心里的就是想把我的感悟教给他们，告诉他们，你唱每一首花儿，首先你要知道歌词表达的是什么，你的语气、感情都要放到里面去，这就是把花儿唱到最好的位置了。如果仅仅是说你的嗓子好，把这花儿流利地唱下去，但是花儿的那个意思和情感表达不了，那就唱不出来花儿那种味道。

李：唱花儿最难的是什么？

妥：对我来说最难的就是家人的支持和社会上的认可，因为我们是回族，尤其是女人，你不能去抛头露面，我现在在我们这个地方来都说是另类了，闲言碎语的不少。身边的人都说，哎你看那个女人，一天到晚不务正业，一天出去唱的啥花儿。其实我们根本就不惹人。花儿以前的情歌，只是表露内心要表达的东西，我们也是很诚实地说出来唱出来而已，也不是说露骨的要说什么。但是别人就说啊哪个女人不务正业去唱花儿怎么怎么的。后来我老公就坚决反对，说你已经够了，我支持你也唱够了，你这个年龄该收了。我现在就顶着这些寸步难行，有时候演出呀什么的，我都是偷着出去，给老公说我今天要去我妈妈家了，或者有什么事儿呢出去。得不到支持是我最大的一个难题。还有就是，现在传承的这个后继的年轻人太少太少了，真的难得很。有时候发现一个苗子的话，我就整个爱的不行了，我就想把我所有所有的本事都能教给他们，让他们年轻人更好地去发展。

李：现在这个政策呀还有政府的支持慢慢地也影响了一批人，但是从年轻人来说，十岁左右这些孩子是对咱们非遗不了解，对唱花儿这些都不感兴趣，您觉得您在教导他们方面，他们有哪些困难？

妥：还是对花儿的理解不够，再就是他没有这种概念，好像是不流行，不是那种朗朗上口人人一听就会的。这个调子啊，年轻人掌握不了，这种有点难度。

李：那这个跟生活环境有关系没？

妥：嗯，有很大的关系。我们现在说这个花儿也是一种情感的表达，如果你没有这种生活经历，你就表达不出来，这个故事不出来，年轻人就感受不到你的魅力。我为什么说传承花儿还是要从娃娃抓起，还要去学校去教地，就是要慢慢地让她知道什么叫花儿，那才能喜欢上花儿，才能唱花儿。最近我想的就是把这个花儿能不能变成音乐课的那种，让他们去经常性地去听。

李：主要是以听为主?

妥：嗯，我认为这个花儿的原生态的情况下，还是要加以改造，让年轻人能听得懂而喜欢上花儿。就如我一样，我开始不喜欢也是我听不懂，歌词也不懂。慢慢地你能听懂了，再用普通话去唱，传播出去让更多的人知道这就是花儿并开始喜欢。歌词内涵的故事如果让作家写的话，长篇大论的可能才写好，但是使用花儿四句就可以表达出来，这就是花儿歌词最最让人佩服的。

李：我们来讲讲国家和地方政府相关的措施。国家最近几年出台了一些保护非遗的政策措施，比如定期评选这个非遗项目和传承人，申报成功之后，国家每年会给予一定的经费支持，也让你们的生活能有所改善。这些政策您

妥燕演唱花儿现场
（本人供图）

都知道吗？

妥：嗯嗯，知道。我跟马海东老师，还有马秀英老师都是同年一口气被评为自治区级传承人的。那时候可能就是说在海源都是能数得过来的几个人。

李：现在能够登台展示演唱花儿的还有几个？

妥：现在要说真正地上台演唱，像我这样的六零后现在最起码还有六七个人呢，比如说杨生财、杨生旺、冶春英，还有那个杨德武花儿唱得是特别好。三个国家级传承人唱花儿的都是海原的，现在都去世了。

李：评上这个非遗传承人之后，政府给过您一些支持和帮助吗？

妥：哎哟，每年都有啊，以前我们区级的就是三千块钱，去年涨到五千块，但对于我们来说这都是杯水车薪，能干什么呢。我们有时候就是组织一个活动，可以说全是农民，来了要吃呀，还有住啊，都是我自己掏钱。

李：您觉得评为传承人以后对您有什么影响？

妥：在评上之前就是一个花儿爱好者，评上非遗传承人之后身上就有了传承人的责任，和一般的唱花儿的就有了区别。

李：您觉得区别在哪里啊？

妥：区别很大。哦，我可以讲个故事，虽然我前几年被评为花儿传承人了，但是我就是一个爱好者的那种心态，只要我出去演出我就特别开心。最后因为家里的情况我们（夫妻）俩差点离婚了，就为了这个唱花儿，我们俩真的大打出手。到最后，我哭着跑出去把腿也摔断了。这些过程都是很艰难的。那时候就没有想着说怎么去传承，那时候可能有两年，我都不出去演出，什么活动我都不去参加。有一个人就叫马总，她不会唱花儿，但是特别爱花儿，她组织了一个花儿圈。她通过别人就知道了我，就给我打电话，说是让我进那个群去听听群里人唱的花儿怎么怎么的。那时候我就不想再有一点点和这些花儿的事牵扯上，她加我的微信加了多少次我都没有加。最后，她说我给你聊一聊。哎我就说那就加上吧，加上之后就把我拉进一个群里。最开始那个群里就只有一百多人。等我进去以后就听别人在唱。

你说唱过花儿的人、爱花儿的人听那些花儿的时候，一下子心里就按捺不住的那种感觉。但是我不敢呀，偷偷地就在群里听着，看着。她就打电话给我，就谈花儿。她不会花儿，但是她对花儿的那种渴望非常强。她就给我讲了很多道理，我一下感觉，哦，我好像找到一个能懂我、能有共同语言的这种人。有时候我也感觉自己很羞愧，哎呀这个人对花儿不懂，却对花儿这么热爱。最后这个花儿群改为“花儿绕梁一家亲”，我感觉这个名字特别好，我说把这个名字留下来。那时候马总就特别喜欢花儿，所以也特别支持我，经常召集群里唱花儿的人到一块儿开视频会，这段时间你唱的什么，她唱到什么地步，我就给他们解释说哪里唱得不对，应该怎么唱，就是这样。我感觉马总这个人对我这个唱花儿的帮助和发展传承，起到了一个很大很大的作用，非常感谢她。

李：这个马总本身是哪里人？

妥：本身是我们海原县李旺镇的一个人。

李：花儿对您来说意味着什么？

妥：可以说现在是我生命中的一部分了，已经没办法把它跟我这个生活呀跟我的一切分开了，我就是这种感觉。

李：您这一辈唱的花儿跟老一辈唱的花儿是不一样的。您觉得最大的不同是什么？

妥：现在的政策这么好，生活这么好，肯定是不一样了。现在你看很多人唱的都是一些改编的或者就发自内心的去歌颂党的政策、福利呀这样一些歌，都是很欢乐很愉悦的。以前的大部分花儿（表达感情）都是比较苦闷的。从我个人来讲，这些我都是喜欢的。你想想看，人人都有自己情绪不稳定的时候，比如说你情绪不好的时候你就想唱调子，那就把你的那个眼泪啊，把郁闷的那个心情啊一下子就给释放出来，是很好的事情。

李：您对现在年轻人唱花儿有什么期望？

妥：我现在就是想把我这个唱花儿的经历做个电影，宣传部田部长他也很支持。

我在花儿的道路上有多艰难，只有我自己知道，我流过多少泪，甚至流过多少血，只有我自己知道，我就想把这个过程写下来，拍成一部电影，让更多的人能知道，什么叫花儿，怎么叫咱们回族的也是能够登上大雅之堂，冲破各种思想的阻碍去把这个咱们民族的东西传承下去，这就是我想要表达的心声。现在正在筹划，因为我们已经把这个电影的新闻发布会都开了，现在就是资金的问题。剧本肯定要找我们当地的人去写，因为他懂得我们的生活。

李：你们想拍一部传承人的电影，其实也就是想推广花儿？

妥：对对对，我们就是想推广花儿，让更多年轻人知道花儿，喜欢花儿。我想着要是剧本写出来，还要必须在我们海原拍，因为当地的生活拍出来更有真实性。拍的时候，就是吃住行他们全包。还有就比如说去野外就是山里面那个交通之类的，他们就都负责，如果能达到一定要求，他们再给一点资金，给一些指导。如果这个电影出来就像印度的那个《神秘巨星》，其实内容是纪实，也是宣传正能量的东西，我说的就是相当于咱们中国的神

卜 妥燕演唱花儿

（武宇林翻拍）

秘巨星，这种就是我想要的结果，但是要把这个总基调要把握好。

李：它们之间有一些区别，就是情感色彩有强烈的对比？

妥：因为我当时就想着这个电影的开始有点像我，从我来演的这个角度讲，这里面可以有一个电影插曲，就是当时我做了一个梦。有一次我跟老公吵架而且吵得特别厉害，我可能没吃饭就睡着了。因为他动手打过我，我睡着的时候就梦见我的妈妈。我妈那时候已经去世了，那时候她很支持我，我上电视的时候，她一直要守着看电视直播，看着电视里的我她可高兴了，因为中央电视台、人民会堂那种高雅之堂我都能够登上去，我妈妈很高兴。突然间梦见妈妈，我在我妈腿上枕着呢，我妈就摸着我的头，就说我们这儿的土话，说我有孩子了，孩子也可怜的，好好过日子吧。她一句话说我心理去了，哎哟那眼泪简直就没办法了，一直流。我自己就跑到那个山上，看着山下村庄的那种感觉就是触动人心，“走咧，走咧走远了，越走越远了。走了心里想的走就乱了，哎哟，眼泪花儿把心淹了”。（哭，不好意思）

妥燕为社区演唱花儿
（本人供图）

生活中的妥燕
（本人供图）

李：我们之前那个馆长跟您学的花儿就是这一首对吧？

妥：对。然后我听王德琴（国家级传承人）老师也唱过这首。他们基本上唱的都可以说是有点改变的那种，原来的花儿是很苦的，再因为情绪的原因，唱得都能戳到人心里去，唱出来的感觉就是不一样。所以说他们年轻人唱的那个花儿就没有那种味道，他们没有这些生活苦难的感受。我给我所有学生都讲，你这个歌词要吃苦，你要到这个角色里面去。不一定说你嗓子有多亮，你就能唱多高，你要把这个花儿里面带着故事去唱，你就是一个唱得非常好的人。我经常给他们这样讲。比如说那个《眼泪花把心淹》，里面有个歌词就说“走了走了走远了，越走越远了。指甲连肉都分开了”，我说这首歌把痛苦写得淋漓尽致。这个原版的是“走的走怎么了，哟哟哟哎哟，你自己都走了，你把你的尕妹子的心都拔走了”。有多痛，好多人都唱这个歌但是没有听过这种原版的。

李：我觉得花儿一定要讲歌词。

妥：对对对，花儿其实就是先讲歌词。比如说北大的一个学生他是专门做花儿研究的，采访我，说老师你这个特别好，你能不能把所有的花儿故事给我讲一下，我做这个故事记录。其实我很想我们宁夏有人这样做，我们的孙国权（自治区级传承人）老师他们都已经在做了。

皮影戏代表性传承人

魏善义

魏善义，1937年出生，宁夏中卫市海原县人。2017年被认定为自治区级非物质文化遗产项目（皮影戏）代表性传承人。

综 述

皮影戏，是一种用蜡烛或燃烧的酒精等光源照射兽皮或纸板做成的人物剪影以表演故事的民间戏剧。因此，皮影戏又叫“影子戏”或“灯影戏”。表演时，艺人们在白色幕布后面，一边操纵戏曲人物，一边用当地流行的曲调唱述故事（有时用方言），同时配以打击乐器和弦乐，有浓厚的乡土气息。海原魏氏皮影戏发展源远流长，魏氏祖上魏辽喜欢皮影戏，他能刻制出生动活泼的皮影人物图像，并善于操演皮影戏，晚年之后传皮影手艺给侄儿魏善义和魏世修。

魏善义对皮影的情怀真可谓情有独钟，他无偿为乡邻们演皮影戏六十余年，凭着一腔热血，图的就是一个“乐”字。年少时在叔父魏辽、兄长魏世修的熏陶和指导下，他十三四岁时就能表演一些简单的皮影戏，十七八岁已是方圆百十里闻名的皮影戏能人。多年来，他为乡邻们义务演皮影戏上万场，深受群众的喜爱。他把心中所想之事、眼中所见之物都能反映到他的皮影戏作品中，作品风格俊逸、富有趣味、自然朴实，主要演绎有《三国演义》《西游记》《火焰驹》《铡美案》《杨家将》《岳飞传》《斩秦英》《花庭相会》《梁秋燕》等片段。魏善义于2017年被认定为自治区级非物质文化遗产皮影戏代表性传承人。在他的影响和带动下，长子魏岳成也成长为自治区级非物质文化遗产代表性传承人，次子魏岳雷为海原县级非物质文化遗产代表性传承人。他们还成立了海原县级魏氏皮影戏传承点，并通过传承点、皮影戏进校园等载体和平台传承着皮影戏这一民间艺术。

访 谈

被访谈者：魏善义（自治区级非物质文化遗产代表性传承人）

访 谈 者：李勇

访谈时间：2020年9月21日

访谈地点：中卫市海原县文化馆

录音整理：陈瑜

综述撰稿：李勇

李：您介绍一下，您是哪年出生的，多大岁数了？

魏：1937年出生的，今年是八十四岁。

李：是哪个地方的人？

魏：是西安镇园河村。

李：什么时候开始接触这个皮影的？

魏：从十几岁的时候就开始接触皮影。这个时间长了，都接触了快七十年了。

李：当时是怎么想起来接触这个皮影的？

魏：原先是我的三叔，他就是从事这个皮影事业的。

李：他哪里的人？

魏：就还是我们西安镇园河村的人。

李：那三叔年纪现在多大？

魏：现在已经过世了。七十几岁这么个时候就过世了。那都是民国时期的人。

当时想起来学习这门手艺就是因为三叔有这门手艺。

李：就跟着干对吗？

魏：对，三叔干这个活计的时候，我就一边跟着干一边放羊，晚上就给教这个皮影。

李：当时这里看皮影的人多吗？

魏：多。当时在那个条件下没有电视没有手机，也没有电影，这个皮影它就像电影一样，就是一个娱乐活动。当时点的这个清油灯，表演皮影全村的人都集中起来看。看皮影也是一种生活娱乐。

李：当时家里面啥情况？

魏：家庭贫穷着呢。

李：我意思兄弟姐妹几个呀，父母都是干什么的？

魏：都是务农的。姊妹六个，三个姐姐两个哥哥，一个我。

李：哥哥、姐姐现在都在吗？

魏：都过世啦。

魏善义（本人供图）

⊥ 魏善义和他的皮影（本人供图）

李：家里面当时父母、哥哥、姐姐都会这个皮影吗？

魏：当时别的人也都没有学，就我和我的堂兄魏士修两个学。

李：这个手艺就是跟三叔学的啊？

魏：是的。

李：三叔叫什么名字。

魏：叫魏辽。

李：您读过书没？

魏：读过，上过小学，就这么个程度。

李：小时候印象最深的事是什么？

李：印象最深的事就是在最寒冷的时候搞皮影演出。当时虽然感觉冷，但百姓看着（皮影表演）非常高兴，我们就感到非常高兴。那可能是在五几年。

李：啥时候结的婚？

魏：1960年左右结的婚。

李：结婚之后有几个孩子？

魏：七个。四男三女。

李：结婚之后对这个皮影表演有什么影响没？

魏：有影响。结婚之后就到这个生产队参加了工作。后来在“文化大革命”破四旧的时候，老的皮影是不让演的。所以就又出了样板戏，像《红灯记》《三峡纪》《智取威虎山》等。就演的是这些人物。

李：那个皮影是用什么材料做的？

魏：用牛皮。牛皮剥下来以后用硝水泡软，人工就开始刮，刮到透亮然后再雕刻成人形，装上颜色，再撑起三个扦子。

李：哪来的这些牛皮？

魏：就是村子里头收来的这些牛皮。

李：啥牛皮？

魏：黄牛皮。

李：什么样的牛皮最好？

魏：三岁到四岁的牛皮最好。

李：现在这个皮影材料跟以前的皮影材料一样吗？

魏：现在用的也是牛皮。但是过去是人工的，没有机器做得那么均匀。现在机子做的都是网购的，机子做的那些比较薄、亮。我们人工做的比较厚，不均匀，没有人家做得那么好看。

李：以前做的那些材料都是自己画自己产的，对吧？

魏：嗯，是的。就是用硝水泡软以后自己加工。

李：一般加工一个皮影需要多少道工序？

魏：从选皮到炮皮，到铲皮，到雕刻，再上色、装订，然后就成型了。

李：您觉得这个最关键的一步是什么？或者说有啥经验，怎样才能把这个皮影做好呢？

魏：我做了这么长时间，我觉得关键的部分主要包括这个演唱和雕刻方面。雕刻主要在于手工和刀工。刀法呀什么的都要到位，人物的动作和形象也能更加灵活。表演方面在于手的熟练，因为毕竟是手动的，所以要多练，多表演就能耍好。

李：咱们来说说魏老师制作过的皮影和演唱过的皮影戏。这些戏都分哪几类？有什么寓意没？

魏：皮影戏的分类就是生旦净丑。经常演的戏，在老戏里面就是《二进宫》《铡美案》《花亭相会》《辕门斩子》等一些戏剧。在新戏里面演的是《红灯记》《沙家浜》《智取威虎山》等样板戏。

李：比较满意的是哪几部戏？

魏：《二进宫》《铡美案》。

李：你们现在是有一个团队吗？

魏：我们现在是成立了一个海原魏世平剧团。

李：成立一个剧团都办啥手续？

魏：办的是文化大院证。两年一审。我的这个现在是文化大院也是皮影传承基地。

李：为啥要成立这个基地？

魏：因为人多，要有一个演唱的地方。连图书室等一共要有一百平方米。

李：还有图书室呢？

魏：对，还带着一个图书室。

李：你们的钱是从哪儿来？

魏：自筹。

李：没有这个剧团之前是啥样子？成立之后是个啥样子？

魏：在没成立之前一些秦腔爱好者他没有一个活动场所。如果在私人家里去玩的话比较拘束，也不方便。但是有了我这个文化大院、传承基地之后，他们随时来，我随时开门。这也是一个公共场所，在公共文化场所大家都不拘束。

李：现在这里演皮影戏的是几个人？

魏：我们主要演出是十个人，但就剧团来说是四十个人。他们都是秦腔爱好者。只要有人愿意进来，我们都会接受，不能把人家拒之门外，不管人家唱得好坏，只要他爱好、撵着我，我就会接受他们加入我们的剧团。但是一般出场的话，十个人就够啦。

李：那你们这个演出有收入没？

魏：也没有什么收入，就纯属于爱好。

李：这些人年龄阶段都有哪些？

魏：三十岁到七十岁左右，年龄不等。都有这个共同爱好的话在年龄上也没有必要区分。有年龄大的也有年龄小的。

李：这些人发工资吗？

魏：这些人不发工资。但是如果出去表演路远的话，也会给一点出场费的。就

魏岳成在西安镇中心小学给学生们指导皮影戏（武宇林翻拍）

像这个车费啊什么的，会给补贴一点的。我就会发给他们（补贴），但是我本人不赚钱。

李：那魏老师在这里面充当什么角色?

魏：主要是要线子要皮影。

李：现在能要吗?

魏：现在还可以要。我还会给指导着做一些雕刻。

李：现在的皮影都是购买的?

魏：不是购买的，我们的是手工雕刻的。我今年还去了一回陕西西安市，专门奔那个皮影那块去了。但是他那个皮影好像是电脑雕刻的。我们虽然雕得比较粗糙，但是要起来还是比较好的。人家电脑雕刻得比较细，不容易断，但是我们手工的玩起来会比较顺手。所以我们一般都用手工的。环县皮影和西安皮影我都带过来了。如果我长时间只待在这里的话，我只能看见眼前的这些皮影。但今年我去了回陕西看了下。在环县有我们的宗亲魏宗昌，他也是要皮影的，一个魏家，我们能够互相地交流一下。陕西用的是老腔

上　魏岳成在给海原县二小上皮影课（本人供图）

皮影。我们在咱们当地用的是秦腔，因为本地人更喜欢。我们这个文化大院，这两年也算是经营着呢，这个经营就是没赚上钱。

李：前后投入多少钱到这个文化大院?

魏：三万多到四万多。我第一个纯属是爱好，第二个完全是为了尽孝，因为我的父亲就是特别爱好，所以就搞这个。

李：咱们说说这个传承。

魏：现在我和我的兄弟、我的儿子我们三个人在传承这个。我兄弟四十多岁了，我儿子也三十岁了。

李：你们平时都主要做什么事?

魏：主要种田。

李：种田收入高吗?

魏：主要是能生活。

李：招过徒弟没?

魏：招过。

李：徒弟现在多不多?

魏：毕竟与经济不挂钩，所以来的来去的去，断断续续的。皮影雕刻平时只能是娱乐活动，与经济不挂钩。

李：学这个需要多长时间?

魏：学会就得五年。不好学，又要耍又要雕。

李：现在主要经历几个阶段能学出来?

魏：先雕刻，在纸张上雕刻。然后再在牛皮上雕，因为牛皮很硬。再学着耍场。乐器有时候也会带着学一点，二胡也要会点，但主要是耍弦子。

李：教是怎样教的?

魏：就口传亲授。

李：您觉得学皮影最难的是啥?

魏：难的是雕刻。学着耍唱不难。但唱秦腔你最主要的是需要练，每天早晨起来都需要练嗓子。环县用的是道情唱着呢。人家的那个就比较好唱，但是秦腔要唱就嗓子要高。

李：您觉得现在这个皮影能够往下传承吗？主要问题是什么？

魏：皮影现在主要是与经济不挂钩。因为年轻人毕竟也要生活呢嘛。

李：就是还是希望把手艺传下去是吗？

魏：当然是希望能够不断地传下去，能把这个剧团搞好，把这个魏氏皮影发扬光大。

李：国家现在出台了很多政策，像这个非遗传承人评审呀，这些您都知道吧？当时怎样就想到评这个传承人的？

魏：是县文化馆告诉我们的。因为我们一直在耍这个东西。他们在挖掘非遗的时候就挖掘到我们了。

李：是啥时候评的传承人？

魏：2017年。

李：传承人的经费这几年一直领着呢？

魏：对，都领着呢。

李：对国家的这些非遗政策，您怎么看？

魏：这确实是国家的政策好。先不说解决我们的生活问题，就是解决这些皮质材料、这些颜料、学徒的时候用的这些材料这些费用都能够有所解决。

李：评上传成人之后对您有影响吗？对您个人的爱好有帮助没？

魏：对我来说，我感觉就是一种荣誉。就说不给钱对我来说也是一种很大的荣誉。有这个证书就是我这辈子的荣誉。觉得是国家给的荣誉让我能够把这个传承人评上。

李：村里的人都知道您是传承人吗？

魏：知道。就是因为我们这个文化大院的证书，我们留一份材料，村上留一份，乡上留一份，政府留一份，都有这个底子。你必须各人信用良好，无犯罪记录，然后你才可以不断地评审。你搞这个，你必须要有各人的良好的记录。

李：咱们这个文化大院是海原县级的文化大院，有没有说把它升成市级文化大院？

魏：暂时还没有升级。

李：以后会慢慢升上去的。也可以申请评审非遗传承基地。魏老师从事这项表演技艺已经六十多年了，对于魏老师来说，这个皮影表演意味着什么？

魏：这是我人生这辈子最大的爱好。我在“文化大革命”期间还藏了一点点皮影，最后大多都被烧了，但是也藏了一点古皮影。现在的要起来灵活，使用起来大方，但老的就是收藏起来有价值。

李：您觉得现在的表演跟过去一样吗？

魏：以前的一些戏现在是都没有了。但是《二进宫》等等这些大方向还是一样的，

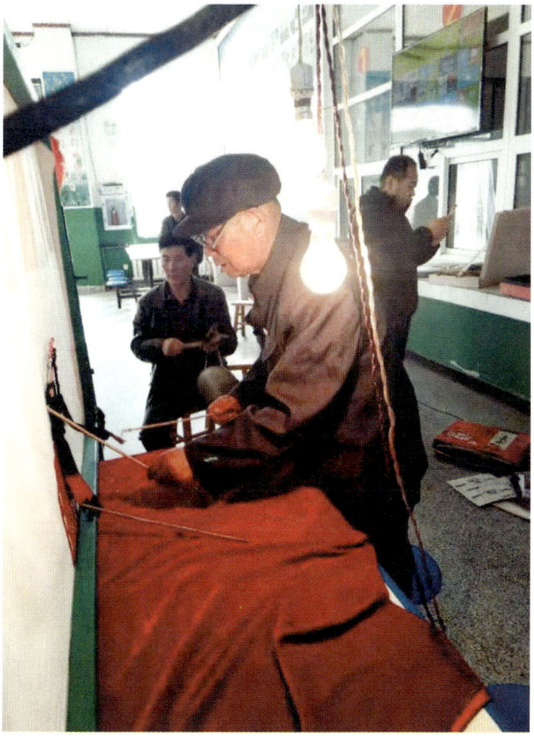

魏善义表演皮影戏
（武宇林翻拍）

魏岳成给徒弟指导皮影操作
（本人供图）

基本没有太大的变化。只是把戏剧的名字改了。以前都是在一个小房房子里点一些清油灯，放点儿凳子，皮影戏就开始演了。当时也没有别的开头，大家都是只要知道哪里有皮影戏就挤着聚集在一起去看，现在的人都是看稀奇的，大家都是稀奇地正面看一下、背面看一下，就看我们是怎么演的。

李：现在年轻人学这个的多吗？您觉得年轻人学这个有希望吗？

魏：有学的呢，但是学的人不太多。因为大家都觉得这个与经济不挂钩。学的咋样，现在大家能耍，但是不能雕刻。年轻人还是有希望的，比如我们皮影进校园，让当代的学生也见识一下皮影。今年我们就演了八十场次。

李：进校园有钱没？

魏：有呢。每个人是一百元的补助。我们十个人，一场下来是一千块钱，唱两个小时左右。还是可以的。就是文化馆会给一些补贴。为了确保皮影的质量，我们都是精挑良选的。为了给学生演绎一个优良的传统。

李：未来魏老师有什么想做的事情没有？

魏：希望未来这个皮影能够比现在做得更好，发扬得更好。把这个东西能够做得更好一点，搞得更红火一点。

李：魏老师还有啥心愿和遗憾没有？

魏：现在也没有啥大的遗憾，毕竟在传承方面我都搞了，比如说这个传承基地我也盖了。

李：好的，今天就聊到这里，谢谢您。

山花儿代表性传承人

杨生财

杨生财，回族，1954 年出生，宁夏中卫市海原县人。2013 年被认定为自治区级非物质文化遗产项目（山花儿）代表性传承人。

综　述

杨生财所居住的海原县九彩乡，这里历史悠久、文化底蕴深厚，口弦、花儿、擀毡、剪纸、刺绣等各级非物质文化遗产代表性项目丰富多彩，花儿自治区级传承点也设立在九彩乡综合文化站内。正是有了这样的人文环境，孕育了自治区级花儿代表性传承人杨生财。

杨生财是一名地地道道的农民，十二岁时跟随叔叔杨保林学唱花儿，一唱就是几十年，现在是当地小有名气的花儿歌手，代表曲目有《高不过蓝天深不过海》《好不过如今的好政策》等。近年来，杨生财积极投入到花儿的传承工作中，现有徒弟杨生平、杨万贵、杨万录等。同时他还被海原县九彩乡中学、九彩小学聘为花儿传承老师，几年来已为500余名中小学生传授了花儿演唱技巧。

访　谈

被访谈者：杨生财（自治区级非物质文化遗产代表性传承人）

访 谈 者：李勇

访谈时间：2020年9月25日

访谈地点：中卫市海原县九彩乡

录音整理：陈瑜

李：您今年多大年龄了？哪一年出生的？

杨：1954年的，今年六十六岁了。

李：从什么时候开始唱花儿的？

杨：正式演唱的时候可能是1973年。那时在青海打工，就天天唱、时时唱。在青海海南州待了三年，所以之前唱的是青海花儿，1990年以后才改过来唱的宁夏花儿。

李：当时是怎么想起来学这个的？

杨：那时候无聊的，别人唱就跟上唱。那时候在青海路过一个地方，要一杯茶喝，人家说会唱花儿就给着喝，不会唱就要糖钱，一毛两毛的。那里人喜欢听花儿得很。

李：那是在哪里？

杨：青海的民和县。

李：当时您家里面啥情况？

杨：当时家里我父亲刚去世，家里乱套着呢，我妈带着我们兄弟姊妹五个。后来我妈改嫁了，让我们四个兄妹去青海落户，没落上，最后又跑回来认地头了，就把我们四个人分成两个队了。

李：您家里面还有人会唱这个花儿吗？

杨：那都会唱呢。

李：那您学唱这个花儿有没有师父教您？还是就自己到处学？

杨：没认过师父，自己摸索着唱，琢磨这个是啥意思，最后慢慢就会了。

李：在学校上过学没？

杨：上了一年。

李：您什么时候结婚成的家？

杨：1986年，我结婚的时候三十二岁了。

李：对方是做啥的？

杨：务农的。

李：她会唱花儿吗？

杨：她不会。

杨生财站在舞台上留影
（本人供图）

⊥ 杨生财参加歌咏比赛（本人供图）

李：不是唱花儿找对象呢吗？你咋没唱个花儿？

杨：那不是一个县的，她是固原的。

李：那您结婚之后唱的还多吗？有啥印象深的事吗？

杨：我印象最深的，是我结婚半年的时候领的我媳妇、我侄儿，在那个公路上，那时候正修公路着呢。我唱了一声，几十个人就站着听呢，那声音大的，山里头都有回声呢。书记说，哎呀，你这个花儿唱绝了。心里最开心的就是书记把我表扬了一下。

李：您唱的花儿类型都有哪些？

杨：就是宁夏的山花儿，还有那个小调啥的，随机应变着呢。

李：您拿手的花儿是哪个？

杨：那都拿手着呢。

李：那您得过啥奖？

杨：都是铜奖。

李：刚才您说唱的这个花儿，有宁夏山花儿，还有一些小调，还有啥？您自己能搞清楚这些分类不？有啥特点呢？

杨：特点是各有各的特点。

李：您觉得有什么特点？好像这个青海花儿弯弯道道多一点，宁夏花儿就是直来直去的？

杨：就是的，宁夏的花儿就是直来直去，青海的就是温柔一点。

李：这个小调就比较快，讲故事一样。您觉得过去唱的花儿跟现在唱的花儿有区别吗？

杨：一样么，调调一样，音量就不是一个音量了。变音有了区别了，现在就短了，没有以前那么长了，现在的花儿上了舞台没有以前那个味道了，不是那个原声原味的花儿了。

李：我们说说那个传承情况。您孩子多大了？

杨：大的三十岁了。

李：您收过待弟没？有人跟您学吗？

杨：有，我的要求严得很。

李：徒弟多大年龄？跟您学了多久？

杨：五十岁了，学了一半年，在这个地方你有个五十岁基本上都会唱花儿。

李：那您收这个徒弟，您对他有啥要求呢？

杨：他要爱好这个啊。那一次在中卫市花儿大赛，我带着两个徒弟去唱了，唱完把那个娃的心伤了，说再不唱了，他的认识上有问题呢。

李：这次你们县上传承人的经费发了没？

杨：发了，今年还发得早。

李：您觉得学这个花儿得多长时间？

杨：别人说这个花儿难唱得很，我思想着这个花儿张嘴就会，真的是会的不难、难的不会。

李：一般学这个花儿首先要把歌词背会，然后就是把这个味道唱出来？

杨：味道由你摸索着呢，要想着怎么唱才能感动人呢。

李：您觉得唱花儿最难的是什么？

杨：我觉得没难度。就是刚开始唱感觉难为情得很，羞呢。

李：现在一般传承人都是跟着您参赛，你咋给他教的？

杨：就是我们一块唱，你一句我一句的。

李：您觉得现在这个花儿好传承吗？

杨：那好传承着呢。

李：只要有人唱是吧？您觉得现在愿意唱的人多不？

杨：唉，不多，好好鼓励着还行呢。

李：现在这个九彩乡年轻人有人唱花儿吗？

杨：那多着呢，这个广播室开了，晚上人挤着唱不上。

李：现在主要问题是没人提供这个平台是吧。您希望这个花儿能流传下去吗？

杨：我想着能祖祖辈辈把这个唱下去，就是现在我们的传承受各种影响开展得不多。实际上在老人来说还是支持的，还是传承人自己的事。

李：现在我们说一说这个扶持，就是国家和地方政府对这个非遗项目的扶持情

杨生财在自家院子里（本人供图）

况，相关政策对传承人的影响，比如定期评选非遗项目和传承人，申报成功之后，国家每年会给予资金支持，对于这些政策您知道吗？

杨：那个都知道呢。

李：您这个传承人是啥时候评选的？

杨：2013年的。

李：2013年是第四批。这些年当地政府有没有给过您一些支持和帮助？

杨：有的。

李：您觉的评上传承人之后对您的生活有影响没？跟以前是不是不一样了？有没有一种自豪感或者荣誉感？

杨：那肯定啊，那当然有。

李：当时评上也挺开心的是吧？

杨：那当然，自豪，真的自豪，那一次在回中发那个证，发那个奖品，全县都看着呢。

李：反正是对您的生活有影响，五千块钱不多，但也可以呢，这个荣誉感很强，现在都认识你们了。

杨：那当然，西海固见了认识的人都知道呢，街上去都知道呢，说你给咱唱一段。

李：您希望今后能从政府得到哪些帮助？

杨：再也没啥，就是把我们这个传承基地开放一下，让我们再活跃起来，多做些作品。

李：能提供一个平台，能够唱一唱。

杨：陈馆长给我说了，说我们这个传承基地要支持呢。我说稍微给我们一点支持，那徒弟自然就来了。

李：您是怎样看待最近几年国家和当地政府出台保护民间文化的政策和措施的？比如说评选传承基地呀、非遗传承人呀，您怎么看这些事？

杨：政策还是很好的。

李：政策还是好的对吧，以前三千块钱，现在涨成五千块了，而且接下来有人在呼吁，这个传承经费还要往上涨，可能要涨到一万块钱，但不知道哪年能实现，现在就是个提议，就是把这个钱再往上涨，这个难度比较大。因为现在评下来二百四十九个自治区传承人，光给你们传承人一人五千块钱一共发了一百多万，这还是去年的数据，如果要再加人就更多了，还不算非遗保护基地啊这些。你一个人拿五千块钱，但整个算下来一百多万。这个钱当时是我去申请的，一百多万发出去了，能收回来啥？啥也收不回来。能致富不？致不了富。能脱贫不？脱不了贫。就是干啥呢，就是把人心暖一下，让大家知道干这个活这个事是有意义的，这个最重要。

杨：这就是对唱花儿的一个期待。

李：对，希望能把这个花儿传下去。您唱花儿五十年有了吧，您打算一直把这个花儿唱下去对吧，唱花儿对您来说意味着什么？意味着您的一种生活方式，现在要是不让您唱这个花儿，也就没啥意思了对吧，生活会失去很多乐趣，有没有这种感受？

杨：那要是你们不让我唱我也自然而然就不唱了，由不着自己。

李：您觉得现在的生活方式和以前最大的差别是啥？比如您以前唱花儿就是唱着玩儿，现在有没有感觉到国家把这个唱花儿已经上升到一种文化的自信。有没有这种感觉？

杨生财的证书（李勇摄）

杨：花儿在我们这个地方来说就是一种文化，一种表达愿望的东西，表达感情、习惯的东西。

李：还有就是您现在对年轻人唱花儿有啥期待没？

杨：期待呢，有这个平台年轻人会更多，会比我们唱得好。现在年轻人首先有了文化了，我们是没文化，是硬猜硬记，年轻人就是随便手机上可以记录，本子上也可以记录。像是有这个平台，今晚上谁唱了一首花儿，啥词你就能给写下来，有人记载这个，人就可以随便把这个写下了。

李：最后就是您感觉还有啥没做好，或者没完成的心愿？就是关于唱花儿的。

杨：我现在最大的希望就是基地这个平台可以打开。就像现在把这个打开，里面有多少凳子坐多少凳子，没凳子的就蹲着听，现在全都站满着呢。

李：那个基地的确是要开放呢。这个文化站开了关了几年了，也不利于传承。今天就采访到这儿，谢谢您。

山花儿代表性传承人

杨生旺

杨生旺，1957年出生，回族，宁夏海原县九彩乡九彩村人。2010年被认定为自治区级非物质文化遗产项目（山花儿）代表性传承人。

综　述

杨生旺是杨生财的堂弟，他们也是邻居，现居住在海原县九彩乡九彩村。杨生旺唱花儿也是在叔叔杨志建、哥哥杨生财等熏陶下一步步走过来的，一唱就是几十年。杨生旺曾参加过宁夏海原首届花儿文化艺术节、西部民歌花儿歌会、中卫市花儿传唱大赛等活动，并获得银奖、铜奖、优秀奖等奖项，2016年被内蒙古卫视汉语频道“蔚蓝的天”节目组专题报道。他经常通过九彩乡九彩村花儿传承点、学校开展花儿传承工作，至今传徒授艺十余人，花儿进校园百余场次。2010年左右的几年间，他在宁夏永宁的中华回乡文化园（现更名为宁夏川民俗园）从事花儿演唱，每年演出两百余场次。他演唱的花儿情韵悠长、高亢婉转、抑扬顿挫，令人心旷神怡。

杨生旺的传承人证书
（武宇林翻拍）

访　谈

被访谈者：杨生旺（自治区级非物质文化遗产代表性传承人）

访 谈 者：李勇

访谈时间：2021年8月22日

访谈地点：中卫市海原县九彩乡

录音整理：陈瑜

综述撰稿：李勇

李：您好，您叫杨生旺是吗？

杨：嗯，是的。

李：您今年多大岁数了？哪一年出生的？

杨：1957年8月1日。

李：今年是六十四岁。您刚才唱的花儿一点也不像花儿小调，叫什么名字？

杨：这是我自己摸索着编下的小调叫《金金花儿开》。

李：您什么时候开始唱花儿的？当时家里是什么情景？

杨：我十五岁就开始唱花儿。我是六十年代的时候父亲去世了，就剩我母亲了，我母亲就像杨生财母亲一样改嫁到杨马村了。我们兄弟三个，在农业队里干活打杂，我是专门做饭的。一直到成年了我们就分开了。

李：您当时是怎么想起来学花儿的？

杨：在农业队时，背粪、耕地、收割粮食，那会儿大家唱着呢我也跟着唱，唱

上 杨生旺站在领奖台上（本人供图）

着唱着，我发现（花儿）还好唱，歌词也很感动人，从那时候起我就开始喜欢唱花儿了，然后一直唱到现在。那时候就住在九彩乡，但在老院子里住着。家中也很贫困，兄弟三人在一起过着。我那时十五岁，弟弟十三岁，哥哥十七岁，每个人比前面一个错两岁。

李：他们都会唱花儿吗？

杨：也会。

李：当时您跟谁学着唱这个花儿呢？有师父教没？

杨：没有师父教，我凭感觉听着老前辈那么唱，我也就跟着那么唱了。

李：您读过书没？

杨：我没有读过书。

李：小时候您印象最深刻的事是什么？

杨：我印象最深刻的是那时候县文化馆招人着呢，招唱花儿的人，我那时候不是一直唱花儿吗，我就报名了。准备去呢，结果老大太封建了没让我去。那时候我把粮票都兑好了，背着包包走了一大段路。那时候这里没有通路，我走着、搭车，结果我们老大就把我拦住了，说我一个回民，嘴张着唱啥花儿呢，就拦着没去成。

李：您要是去了会不会就成文化团的人呢？

杨：真的就是。唉，也是命运的事。那会儿要去的话也真的挺好的。后来他也有遗憾，总觉着把老兄弟给亏了。我拿下二等奖后他就说兄弟我把你亏了，硬让你没去，你确实是个人才，也挣了口气，但我确实对不住你。从那以后，我无论去到哪里他都不管了。

李：我以前看过一个片子关于您的，是哪里拍的？就是您去永宁的宁夏川民俗园以及背着包回来，还有个炉子之类的。

杨：那是非遗中心给我拍的一个专门记录的片子。

李：还有回来坐炕上吃饭，是不是在这个地方？

杨：是的，就是这个家里。不过现在翻新了。现在国家政策好，扶持着呢，我也是个建档立卡户。

李：那您觉得现在真正的脱贫了，生活是真的好了，跟人的这个思想有没有关系？跟您出去见识的多，有关系吗？

杨：大大的有关系，肯定有关系。你出去外面闯，见得多了思想就不一样了。

李：您什么时候结的婚？对方是干啥的？

杨：1973年，对方是农民。后来有三个小孩。

李：孩子都干什么工作？

杨：一个儿子在新疆给人装房子呢。

李：我发现海原人很多都去新疆？

杨：那里的养殖业等一些资源比较好，我夫人的爹、爷爷等都在新疆，过去的亲戚都上了新疆去做家，然后不断地带亲戚上去，我的五兄弟也在新疆。

李：您去过新疆没？

杨：去过好几次，那地方跟宁夏挺像的。

李：您觉得结婚跟有小孩以后对唱花儿有影响没？

杨：我觉得没有大的影响。虽然孩子大了，压力大了，但对于我唱花儿没有啥影响。

李：您是唱花儿的，但是在大多数人的眼里唱花儿是赚不了钱的。我知道您在宁夏川民俗园里录过很多节目，我也看过，还有杨德武你们几个我都看过你们拍的片子。除了这个唱花儿，您还有哪些赚钱的方式？

杨：打工当砖匠，我是会修房子盖房子的。

李：您那时候在新疆一个月能赚多少钱？

杨：每天五十元到六十元，最高六十元。

李：包吃住吗？

杨：有时候包有时候不包，一年能赚个一两万块钱。

李：这个房子呢？

杨：这个房子是政府补了三万多元，自己花了六万元请的匠人盖的。

李：您唱的是哪种花儿？

杨：我是哪种好唱我就唱哪种。

李：您有哪些作品、获过什么奖？

杨：我是参加第七届西北民歌花儿歌会获得了金奖，唱的是《沙燕绕》。天上的云彩后沙燕绕儿层层沙燕绕，唉……

李：还有什么代表作？

杨：《大马儿上了新疆》。哎哟哟，大马儿上了个新疆喽。上山的松树长老了，下山的松树倒了。社会越来越好了，我的夹胡子一麻就老了。

李：唱花儿是不是有讲究有说法？

杨：花儿其实就是情歌交流的这么一个方式，男的唱前两句女的接后两句。前两个多说物后两个多说人，前两句打个比喻后面把情感带上。

李：现在和过去的花儿有区别没？

杨：现在和过去的改变很多。那时候唱的是这个原生态的，原汁原味的，但现在有的改词有的改音，不一样的地方就在这里。有些人把花儿改的都没有味道了，原生态的那些几乎都不怎么唱了。我个人的想法，原生态的原汁原味的花儿更好。

⊥ 杨生旺在 2022 年花儿传承人培训班开班仪式上献唱（本人供图）

李：您唱的花儿，您对哪个比较满意呢？

杨：还是根据心情。我唱得很多，我记起哪个就唱哪个。最满意的就是《东山里的日头西山里落》，前几天我去固原六盘山旅游去了我就唱的这个，点赞的人也特别多。

李：嗯说说传承吧。孩子们有传承吗？

杨：孩子大了，一个属龙一个属狗，丫头属牛的是最小的，都是务农的。

李：那您有想过把他们当作自己的徒弟吗？

杨：咋说呢，想是想，但是他们不喜欢花儿，他们都喜欢流行歌。

李：他们唱流行歌唱得怎么样？

杨：还行，还行。想招徒弟呢，但是没有平台。以前在民俗园教过宁夏医科大的几个人，他们每周来一次，学一两首学会了就走了，都是些大学生，学了一天就会。

李：他们为啥找你教？

杨：他们是来旅游的，听说这里有唱花儿唱得好的人，他们就来学，我就给教了。后又在中学给娃娃教了几次，给校长老师也都说了不能让花儿失传，不然我们老前辈死了后面就没办法传了。

李：您觉得，海源娃娃和城里娃有什么大的区别没？

杨：不大，有些会得快有些会得慢，都是娃娃。我的孙子，我教了一遍《院子里的绿韭菜》，就唱得挺好。问题是如果政府和学校支持，我们定期每个月教几次，爱好的学生就会学得很快，唱的时间长了就会觉得这个花儿好，也更乐意唱了。我也希望这门手艺传承下去。

李：最近几年国家出台的对非遗的扶持政策，给项目扶持资金这些政策措施，您了解吗？

杨：了解，以前三千元。

李：现在五千元这些都知道吗？

杨：知道，都知道。

李：当年发这些经费的时候您有什么感受？

李：有。当时我想这个共产党怎么这么好，给我们这些传承人给钱，还提高了两千元钱，这真挺好，党的政策就是好。

李：下次申请国家级传承人您有想法没？

杨：没有想法。

李：盐池的那个花儿传承人您知道吗？

杨：我觉得他唱得挺好，它有陕北民歌的味道。年轻人还是唱得好。

李：现在的传承人会不会一个看不上一个，互相不欣赏？

杨：不不不，人家唱得好就是好，人家音乐感觉也好。我们是清唱，有时候跟不上节奏。我们去隆德县观摩养牛，我在那里唱了一首，大家都给我鼓掌，说不愧是自治区传承人。人家还发的快手说老杨唱得就是好。每一年乡政府的歌会我也去，我会带动更多的人、给更多的劳动人民唱歌。

李：您希望今后从政府方面获得哪些帮助？

杨：提供一个平台，两到三个月唱一次，线上举办一些小比赛，叫我们下面的传承人上去展示一下。

李：管吃管住办个比赛，再发个几百块钱的奖金开心吗？

杨：能行，那开心得很，那比在家里舒服多了。

李：中卫市有比赛，你们可以积极去参加。

杨：如果有比赛，我们就乐意去。我们有个群，有比赛就通知，就会去。但是这次因为农忙嘛就没顾上去，最近这个沙坡头就有比赛呢。

李：您怎么看最近几年国家出台的这些保护民间文化的政策和措施，比如举办这个花儿比赛，评选传承基地这些措施就挺好的对吧？

杨：嗯，很好，那真的很好。我总觉得提供一个平台很好，有时间了就去活动一下，不管是晚上也好白天也好，礼拜天人都闲了去活动一下，唱一下。

李：我们再谈谈感悟吧。您唱花儿唱了多少年了？

杨：我今年六十四岁了，十五岁就开始唱，唱了快五十年了。

李：以后还会唱下去吗？

杨：如果有平台的话还是会继续唱下去的，继续往前奔。

李：唱花儿对您意味着什么？

杨：就我个人来说，一是为了我开心，唱着自由，你心里有点烦恼、你很愁的时候，心里有解不开的疙瘩时，你登到墚上唱着唱着你啥事儿都没有了。

李：您感觉现在和以前生活方式有啥区别？

杨：现在和以前的生活方式大大不同，现在就好得多了，党的政策什么都好，你就光这个建档立卡户一年就能打一两万多块钱，还有杂粮等这个补贴那个补贴。确实好，对老百姓真的好。

杨：您觉得您向往哪种生活？

李：我想着我这样的生活就很好很知足了。谈到这个生活，之前在民俗园里生活了几年。那时候一个月给三千块包吃包住，比去新疆好多了。我在民俗园待的这五年简直就是大变样了，个人面貌和生活都大变样了，自己也不像以前那么土了。在那个地方待五年是看得见的变化，全国各地的人从哪里来的都有，还接待过那些外国人，挺有意思的。音乐一响，观众席上人一座，台上就报节目谁谁谁上，上去话筒一拿就开始唱了。我觉得真的好，唱花儿还有工资可拿，这样的是向往的生活。

李：他们多长时间放一次假？

杨：一个礼拜放三天假，一个月基本放半月假。我基本上两个月回来一次，因为路远得很，到县城还得倒车，来回倒车麻烦的。

李：放假那几天您干嘛？

杨：照常上班，放假也没地方去，就还在那里唱歌。

李：唱得多给钱吗？

杨：那不给，管吃管住的按月发工资，一天三顿饭，凭票吃饭，在景区里住着呢。环境也好，唱得也好。

李：如果还有民俗园这样一个平台，你还愿意去？

杨：嗯，对，还想去。虽然说年纪大了，但还想去，开心得很，对我的整个人生影响都很大。

李：那五年您觉得有没有什么没有完成的事？

杨：那五年当中我三次去外面演出，演绎的是回族的婚礼。第一次是马汉东老师带我去的，特别感谢他。

李：今后还有什么愿望或想做的事？

杨：今后最想做的事情也是希望有个平台，自己可以多传些传承人，不要让这个花儿失传。

⊥ 杨生旺的获奖证书（武宇林翻拍）

砖雕代表性传承人

杨世雄

杨世雄，1966年出生，汉族，宁夏海原县九彩乡九彩村人。2020年被认定为自治区级非物质文化遗产项目（砖雕）代表性传承人。

综 述

杨世雄对民间艺术砖雕的热爱可以说是溢于言表。在他年少时，为了挣钱谋生、养家糊口，也是鉴于对砖雕的喜好，他就跟着师父拜玉良、田义仁等学习砖雕技艺。由于他心灵手巧，很快就掌握了砖雕这门技艺，开始为一些建筑物的构件、大门、照壁、墙面等做砖雕作品，一做就是几十年。他的作品坚实而细腻，特色鲜明，形象简练，风格浑厚。他主要擅长花鸟、虫草等砖雕纹样，如《百鸟朝凤》《梅兰竹菊》《四季沐歌》《牡丹》《莲花》《葡萄》等等。如今，他不仅将砖雕技艺传给了儿子杨平虎，还带领着十几个人组成的砖雕队伍奔走在乡间故里，用自己精湛的技艺美化着各类建筑，丰富着人们的精神世界。他的作品《富贵长青》被海原县非物质文化遗产传承基地博物馆收藏展出。杨世雄现为砖雕自治区级非物质文化遗产代表性传承人，在他的言传身教下，他的儿子杨平虎现为海原县级非物质文化遗产代表性传承人。

访 谈

被访谈者：杨世雄（自治区级非物质文化遗产代表性传承人）

访 谈 者：李勇

访谈时间：2020年9月27日

访谈地点：中卫市海原县文化馆

录音整理：李勇、陈瑜

综述撰稿：李勇

陈：请介绍一下您自己。

杨：我是杨世雄，是砖雕传承人，今年五十五岁了。从学校出来就开始学砖雕了。七岁的时候在兰州、临夏这一带，当时看着这个东西好得很，很喜欢，然后就开始学的。那时候就想着这个东西要是有人教有多好。到1985年的时候拜了师开始学的。我们那儿那时候主要是路不行，那个时候的生活困难得很。

陈：那时候学砖雕的人多吗？

杨：那时候基本没有学砖雕的。甘肃临夏那个地方砖雕的人多，在咱们这没有人学。我们这儿盖九彩这个拱北呢我才开始学的。

陈：河州那边搞砖雕的人多，但是咱们这里没人做，你们出去打工去了，那儿有，你看这个好，你就学了，然后把这门手艺带回来了？你家里当时除了你学砖雕，还有人学吗？

杨：再没有人学，家门里头还有我一个老哥，我领上做着呢。

陈：那就是你徒弟么。那您的师父是谁？

杨：我的师父姓拜，叫拜玉良。我们师父做着呢，领的儿子也做着呢，我和他的孙子一起，这就算三代人了，我就在这儿开始学了，学了三年，就自己创造着做着呢，这跟前所有的古建筑基本都是我们做的。

陈：上学上到啥程度？

杨：上学咋说呢，就要了，上了个小学毕业。那时候的小学毕业也没识几个字，就光会写个名字。

陈：小时候印象最深的事情是啥？

杨：记得我爷做那个椅子上的那个雕刻，他学那个着呢。我一看这个东西还是喜欢，后来学了砖雕我一看这个和那个木雕是一个东西，就是雕刻的材料不同，然后就专心地学这个。

陈：那就是你爷搞木雕着呢，你也是受了这个启发学了砖雕了，其实还是受了木雕的影响了。那您啥时候成家的？

⊥ 杨世雄在自家小院（本人供图）

杨：我成家时二十二岁了，后来有五个孩子，三个女儿两个儿子。儿子还上学着呢。我给大儿子教着做，做了两天不做了。

陈：成家以后对您做这个砖雕有啥影响吗？

杨：影响没有的，养家糊口的一门手艺么，全靠这一门手艺养家糊口着呢！还不错，觉着。

陈：您除了砖雕这门手艺挣钱，还从事过啥事情没？

杨：再没干过，全靠这一门手艺。从事砖雕就一心一意搞这个，想着把这一门手艺能学下去就行了。

陈：砖雕，顾名思义用的主要材料就是砖，砖是从哪里来的？

杨：青砖，固原那儿有个做砖的，刚开始我们还在临夏拉过砖，咱们这儿没有这个砖。

陈：选的材料上有啥讲究吗？

杨：有些砖敲着有破的响声就不能用。说明砖烂着呢。

陈：材料上过去的砖和现在的砖有啥区别吗？

杨：那有呢。过去的砖可能做得细致点，蜂窝少一点。现在这个砖在制作的时候都是为了快，就没有那么细致了。

陈：说明以前砖做得好。主要用的工具有哪些？

杨：工具都不一样，五公分宽到两个毫米的都有，钢的，主要是刻刀，这些东西全是自己做的。

陈：刻刀的制作和使用上有啥讲究没？

杨：也没啥讲究，主要就是宽窄不一样，有直的有斜的。宽窄各有用处。

陈：完成一件砖雕作品就从选砖到雕成需要哪些工序？

杨：重点就是选砖，砖选好了就看你作品的大小了，大了就要用几个砖往一起拼，画到上面才做呢。

陈：图案是画上去的？然后照画的样子再往出刻？最后的程序是啥？

杨：嗯，图案是画上去的，砖排好就刻着做，到最后刻好就是最后的工序了。

选砖，磨砖，磨成两面，拼砖，画砖，刻砖。就是这么个过程，最关键的就是最后这一步，再就是选砖，这两个比较重要。

陈：您做这么长时间砖雕有啥经验没？

杨：经验主要就是选砖，没经验挑不出来好砖，有经验的能看出来，没经验的就看不出来。

陈：砖雕大概有哪些类型？

杨：类型就是看你做的啥图案呢，有照壁上的，有门上的。再就是看个人喜欢，喜欢哪个做哪个。

陈：类型就是看在啥建筑啥上用呢对不？用在不同地方它的图案不一样？

杨：砖雕的分类主要有三种，一个是浮雕，一个是深雕，一个是镂空雕，那些指的是大小的图案，类型就是这么几种类型。

陈：砖雕根据图案的不同，它的寓意就不同吧？

杨：多的意思我也不懂，人家叫我做啥我就做啥。百鸟朝凤、四季常青、梅兰竹菊这些都是我们主要做的。门楼子上主要就是八宝袋子，所有这些东西都是有名气的，有代表性的。

陈：咱们这个砖雕在老百姓的住房上用得多吗？

杨：这个老百姓都不用，价高得很，用不起，一个平方米下来五六千块钱了。一个砖三十公分长四十公分宽的，还不算磨砖，光做就得两天。磨砖都是徒弟做好了才到我们手里，贵就贵在这个地方了。主要都用在古建筑上了。

陈：过去做这个砖雕和现在的做法有啥区别吗？

杨：也没啥区别，都是师父传下来的。

陈：您最满意的砖雕作品是啥？或者最满意的图案是啥？

杨：凡是我刻出来的我都如意着呢，要是不如意的东西我就不往出做它。图案主要就是梅兰竹菊四君子、牡丹、荷花。有形象的不做，多是做花草树木这些，这都是师父传下来的。

陈：您有具体的工作室吗？合作社、作坊什么的？

杨：没有的，我们这个主要就是谁叫着做我们就过去把摊子支到现场去做。我们这十几个人在一起十几年了，年龄最大的六十几了，最年轻的也三十了。

陈：工资待遇是个啥情况？

杨：工资待遇就是四千来块钱吧。

陈：都是纯手工的吗？

杨：机子用不上，我们订过一台机子，做的砖雕没眼看。

陈：主要的销售渠道都是哪些？

杨：主要就是古建筑这一方面用着呢。干了三十几年了，在兰州做了六年。

陈：除了这儿，再的销售的情况咋样？

杨：销售就是价高的没人要，也没有稳定的消费市场。九彩坪、二十里铺，一个地点怎么也要做几年呢，全都是这些古建筑。

陈：经营上你们有啥心得没？

杨：经营上没啥。

陈：那以后打算干什么？

杨：还是要做这个。

⊥　杨世雄雕刻中（本人供图）

陈：这个工程您觉得还得多少年？

杨：这个工程我觉得是做不完的。

陈：为什么做不完？

杨：用的地方多得很，有的建筑时间长了还需要维修，循环着做。都是个人算工钱做的。

陈：您有几个孩子，有跟您干的吗？

杨：老大跟着做了两个月觉得太苦了，走了。

陈：招过徒弟没？

杨：现在一起干的基本上都是徒弟，都可以传承了，一般三四年就基本可以掌握了。

陈：徒弟刚开始先干啥？

杨：刚开始就磨砖，来了就把砖磨方正，然后就开始学着画，第三步就是开始掏着取，第四步就开始拿刀雕形象，形象一出来就好了，就是成品了。

陈：您觉得这个软雕和硬雕的区别是啥？

杨：软雕就是人轻松，那个东西软着呢，有的地方掉了可以补上。硬雕要是掉了这个东西就不行了。

陈：硬雕好看还是软雕好看？

杨：硬雕好看，立体感好，雕出来啥样就是啥样，软雕有时候雕出来一烧就变形了。

陈：您现在用什么方法教这些人？

杨：也就是手把手教，你会做啥你先做么，不会了我再给你教。

陈：您觉得砖雕最难的是啥？

杨：最难的就是雕刻么。

陈：你觉得啥样的人适合干这个砖雕？

杨：干这个的要性子慢点的人干呢。心急的人干不了。

陈：模子倒出来的跟您雕出来的感觉不一样是吧？

杨：那不一样，模子倒出来的不吃年成，年代不长，水泥这个东西是有期限的，砖这个东西年代越多就越牢固。

陈：您觉得这个砖雕能传下去吗？

杨：那想尽一切办法要传下去呢，这是一门好手艺，也好传着呢，有人学就能传下去。主要就是脏得很，人不爱。其实这个能挣钱。

陈：您啥时候评的自治区传承人？

杨：2019年评的，最新一批。

陈：您收到对传承人的扶持资金了吗？收到几次？

杨：收到了，就这一次。

陈：成为自治区传承人之后对您的生活有啥影响没？

杨：有好处呢。

陈：你们同行业的人都知道您了吧！您希望今后从政府方面获取哪些帮助？

杨：一个就是看能弄一点地吗？

陈：实话告诉您，不可能了。非遗不是乱弄的。

杨：只要把我这个认可了就可以了。

陈：您是怎样看待最近几年国家和当地政府出台的保护民间文化的政策和措施的？比如说传承基地、非遗传承人呀这些评审，您怎么看这些事？

杨：这些都是对民间文化的保护，也是一件好事。

陈：以后一直要坚持做下去吗？

杨：这一门手艺会坚持做下去的，五十几岁了，再干啥去都不行了。

陈：现在这个机器发达，很多东西机器都能生产呢，砖雕可以吗？

杨：我们这个机器用不上，机器在我这儿不顶用。

陈：您觉得现在的这个生活方式跟以前有没有啥变化？

杨：那变化大得很，原来肚子都吃不饱，现在就好多了。现在的话我一个人能养活一大家子人，现在都算是脱贫了，这也是个好事。

陈：您觉得现在年轻人和过去的年轻人对这个砖雕看法有什么不同？

杨：现在年轻人还是觉得外面打工轻松点，干这个砖雕就是脏得很，衣服穿不干净，年轻人不喜欢这一点。

陈：砖雕在每个时代的发展都不一样，您能讲讲咱们这个砖雕，就您知道的这几个时期有啥不一样的？比如说改革开放之前，到九几年，到两千年以后，咱们这个技艺有啥变化没？

杨：那变化大得很，那时候都是外地人，都没留下手艺，做完活就走了。到了我们这一代，咱们这个地方我们就自己学出来了，1985年那一年学的时候三十几个人呢，现在就剩下我们两个了，再的都转行干了别的了。

陈：他们现在回头会不会羡慕你？

杨：现在他们羡慕也不行了，有混的好的，也有混的不行的。

陈：那您向往啥样的生活？对现在的生活满意吗？现在一天工作几个小时？

杨：满意么。一天干十个小时，靠这个手艺养活一家子人。这生活也就到顶峰了，有肉有饭，以前饭都吃不饱。

陈：您以后有啥打算？

杨：以后的打算就是把这个手艺给儿子传下去，教好了我就在家里享福着。

陈：你还有啥遗憾没？

杨：主要是不识字，这就有点遗憾。你现在问着说个啥啥都不会说，基本就是脑子石着呢，也想不起个啥。

陈：您知道这个自治区传承人啥概念吗？自治区传承人就是您如果一直坚持做这个，补助就会一直发到您离开人世那一天。您干不动了，年龄大了，他不会因为这个年龄大而把您免掉，他只会因为您年纪轻轻就不干了，跑去干别的去了就取消补助。而且还有个好处是您还可以传给您儿子，儿子还可以传给孙子。

杨：我还没想过这个问题。确实是个轻松的活儿，没那么大的苦。

陈：所以您应该有这样的信心传下去，这种技艺就不会丢失。今天就采访到这儿，谢谢！

擀毡代表性传承人

杨志堂

杨志堂，回族，1943 年出生，宁夏中卫市海原县人。2010 年被认定为自治区级非物质文化遗产项目（擀毡）代表性传承人。

综　述

擀毡已经有上千年的历史。追溯史料记载，擀毡技艺是由蒙古族游牧部落传入。宋末及元朝时期，蒙古族、回族、汉族等多民族在西北地区杂居，当时蒙古族人住毡堡，用毡作褥，一些居民就向蒙古族人学习擀毡技艺。从此，擀毡技艺生根发芽，遍地开花，“毡匠”这一职业也应运而生。擀毡用料以羊毛、牛毛为主，而且要求毛丝纤长，弹毛、铺毛、喷水、喷油、撒豆面、再铺毛、卷毡、捆毡帘、擀帘子、解帘子压边、洗毡、整形、晒毡，十三道工序缺一不可，每个细节只用简单的工具，用手工操作完成。

弹毛既是苦力活，又是技术活，毡匠手里拿着一张长约七尺的弹毛弓，弹毛时左右开弓、上下翻飞，大弓的声音如琴似弦，毡房尘土飞扬，板结的羊毛一根根松开、一根根飞起，羊毛一遍遍地弹打，直到柔软像那飘飞的柳絮。弹毛是第一道重要的基本功，弹不好毛，擀出的毡自然也好不了。等到满屋子的尘土和毛絮落定，羊毛里的脏东西也就差不多干净了。弹干净晒干之后，放在木制的案子上过秤计划做毡的尺寸。然后擀毡进入铺毛的工序，此时竹帘和打毛用的工具就派上了用场。铺毛时，要把如纸一样薄的毛层层叠叠铺匀、铺满在竹帘上，铺毛时要不停地洒水，水不能洒得太湿也不能太干，要掌握好干湿度，用工具把羊毛打理平整，然后卷起竹帘，用绳子捆紧浇上热水，踩于脚下两头来回滚动。大概来回滚动四十分钟，直到羊毛充分黏合后解开竹帘拉展四角，再压边子。由于边子比较薄，薄厚不均的地方还要精心再加工，然后将初成的毡第二次放入竹帘中，再次来回滚动四十分钟左右。洗毡就需要洗三个小时，每一小时放一次水，要清洗很多次，目的是彻底将羊毛里的杂质洗干净，毛毡也就结实了。

杨志堂是海原县九彩乡杨家擀毡技艺的第四代传承人，现为擀毡自治区级非物质文化遗产代表性传承人。杨志堂擀毡很有经验，选什么样的羊毛、哪个季节的羊毛好，他都了如指掌。他擀的毡种类较多，以大小分通常有四六毡、五七毡、单人毡、拜毡；以颜色分，有白毡、花毡、瓦青毡等。他还可以用毡制成毡帽、毡鞋。他做的毛毡因柔软舒适、匀称洁净、美观大方、经久耐用而驰誉四周，深受群众喜爱。现如今他年事已高，已经擀不动了，他将擀毡接力棒交到了儿子杨生俊手里，让儿子继续传承这一民间技艺。

访　谈

被访谈者：杨志堂（自治区级非物质文化遗产代表性传承人）

访 谈 者：李勇、陈瑜

访谈时间：2020年9月26日

访谈地点：中卫市海原县文化馆

录音整理：李勇、陈瑜

综述撰稿：李勇

李：杨老师您好，今天和您聊一聊。您今年多大岁数？

杨：七十八岁了，那上面（户口本）写的七十五六，其实我七十八了。

李：您从什么时候开始接触擀毡的？

├ 杨志堂与儿子一起擀毡
（武宇林翻拍）

杨：那擀的年代多了，从二十五岁的时候就开始了。

李：二十五岁左右，那就很早了。当初为啥会接触这个擀毡？

杨：主要是学着挣两个钱买粮食吃。

李：当时家就在这个九彩乡是吧？那时候会这个擀毡的人多吗？

杨：也不多。

李：您知道那时候有几个人会擀毡？

杨：那有十几个呢。

李：您那时候已经结婚了是吧？

杨：十九岁上就成家了，那时候的人都结婚早。

李：那当时家里面都啥情况？家里面有人会擀毡吗？

杨：那会我在我达（爸）手里学的。

李：哦，跟你爸学的呀？除了您跟您爸会，还有谁会？

杨：我两个老哥也会。

李：您老哥也会，您老哥叫啥？

杨：一个叫杨志奇，一个叫杨志英。

李：您爸跟谁学的？

杨：我达？我达在王家顺跟前，那算是在我舅舅跟前学的。

晒毡（本人供图）

李：那您舅舅又是跟谁学的，知道吗？

杨：我舅舅跟袁套子的一个叫杨宝福老汉学的。

李：杨宝福？那是很早了么那时候？

杨：那都没有了（去世了）。早得很了。

李：解放了吗那时候，1949年以前还是以后？

杨：那解放了。

李：那您上过学没？读过书没？

杨：念过，念到三年级。

李：小学三年级？在哪儿念的？

杨：在九彩乡。

李：您前面说是十九岁结的婚，成家时您媳妇是干啥的？

杨：哎，在家劳动着呢，种地着呢。

李：您有几个孩子？

杨：四个儿子一个女子，五个娃娃呢。

李：那时候您是不是靠这个擀毡赚钱养家？

杨：还要种庄稼呢。

李：那您这个擀毡是走乡串户吆喝着呢还是有个固定地方弄着呢？

杨：那会儿就各乡转着呢，各处转着做着呢，给队里交钱着呢。

李：那时候能挣上钱吗？

杨：哎，那时一斤羊毛才五毛钱么。

李：那一年能收入多少钱？

杨：那时一年能收入几百块钱。

李：那时候几百块钱能干啥？能买多少东西？够家里面吃喝不？

杨：那不够。

李：还得靠种地啊。

杨：嗯，我要种地哩。

李：您这个擀毡用的材料都是啥？主要是羊毛吗？

杨：主要是羊毛。

李：这个羊毛有啥讲究，这个毛用啥羊，滩羊还是山羊？

杨：绵羊，土种绵羊的最好，土种羊秋毛剪了能做毡，短毛做不成么。

李：那您做的过程是啥呀？咋做着呢？

杨：那放着把羊毛一弹、帘子一铺，揉好，放一个板凳，几个门板放上洗着哩，把水洒上。

陈：门板放平，把毛摊上。

杨：帘子里揉好，放在这个板上，两个人就这么洗着呢。

陈：就这个毛放在这个竹帘子，然后再边用脚踏着边卷着呢。

李：这个有啥用？把羊毛弄蓬松？

陈：放弹的那个弓，当当当，当当当地弹着呢。

杨：弹好，把帘子铺上，把水撒上，还撒点面哩，揉好。

陈：撒点粉面子。

李：粉面子？面？为啥要撒面呢？

陈：撒点面他是为了让毛毡硬一点。

杨：撒点面还要放点油哩。

李：放油？放什么油？

杨：煤油也能放，清油也能放。

李：那羊毛不是有味道呢么？又是油又是面的？

陈：又是油又是面放上他这个是洗着呢，洗毛里的油脂。

杨：那有味道，味道大得很，所以洗一个毡要倒几桶水呢。

李：一个毡要几桶子水呢？

杨：倒四桶子水哩。

李：一般擀毡这个工具都有啥讲究没，就是帘子呀、油呀，都是自己家用的还是买的？

杨：那我买下的，家什是我买的。

李：噢，买下的啊。制作过程当中有啥讲究没，比如说油，你是生油倒还是热好的油倒？

杨：那面、油倒上肯往一达走些，不然不黏不往一达走么。

李：噢，就是聚不到一起么。

杨：这个东西你要在帘子上揉好哩，揉瓷瓷的才敢洗，脚才敢蹬。揉不瓷脚不敢蹬么，一蹬就碎了，那难做得很。

李：油、面，就这样黏到一起，黏到一起再清洗，拿四桶水把他洗出来？

杨：洗衣粉也能放，放上了白些。

李：噢，放点洗衣粉。

杨：羊毛那个身上油汗大得很么，撒点洗衣粉就洗净了。

李：您做这么长时间还有啥经验没？您觉得您做的跟别人不一样在哪儿？有啥特点没？

杨：那也没啥特点，那要给人做好呢。

李：咋做好呢么？你觉得咋样是个好？

杨：那要叫我脚蹬着洗时间长一点呢，一个毡四五个钟头洗呢，那麻烦得很。

李：很麻烦啊。工序多不，大约有几道工序？

杨：那过程也多的，先把毛一弹，帘子上一铺，再一洗，洗成了再把毡边子一搓，放五尺拽得齐齐的，拽得方方的，搭到椽上晾干，晒干再一剪，就这么个。

李：晒不干会咋样？

杨：不干不中，潮得很，起虫呢。

李：我的意思说如果这个毡起虫会是啥原因引起的？跟洗有关系吗？

杨：那没关系，哪怕是撒的那点面生虫了，你把那个香放上些他再不生虫了就。

李：香？啥香？

杨：就是点的那个香，有那个硫磺粉也能撒，敌百虫药也能撒，撒上他就不生虫了。

李：您做的这个毡，有啥寓意没？都是方的吗？

杨：那都是方的。没有啥寓意，就是防潮，生活用具。

李：那时候家家是不是都要有个毡铺在炕上？

陈：那没有的，不是家家都有的，富汉才有的，穷汉擀不起毡。

陈：现在基本没人用了。

李：擀一个毡得多少钱？

杨：擀一斤毛要二十块钱呢。

陈：一斤二十块啊，一个毡得几斤毛？

杨：那不一样，有十五斤、二十斤的。四六毡有十五斤就够了。

陈：十五斤毛能擀多大的？

杨：四尺一宽六尺长。

李：炕这么大的呢，擀多长时间？得几天？

陈：你从弹毛开始到成功得几天？

杨：成功两天就成了。

陈：现在一条毡都一千多块钱呢。

李：一千块钱？那便宜，我们去泰国买那个乳胶垫，那好家伙一条就一万多。

杨：买的一个要七百块钱哩。

李：海原县现在有卖毡的没？

陈：现在基本没人用，原来毡也就是铺炕。再就是毡的系列产品就是鞋垫子、毡靴子，再就是雨衣。

李：毡还防水吗？

杨：主要是他雨下不透。

李：现在擀一个毡多少钱？擀这么大一个毡多少钱，全部算上？

杨：两个人得两天，得两千块钱。

李：两千块钱？有人做没？

杨：有哩。

陈：毛毡主要就是防水，原来农村睡的是土炕，不像现在的床，木板床这些不怕潮，原来的土炕会发潮。你把这个毡铺上，一方面是软和，一方面是隔潮。

杨：这个东西质量好，铺不烂，只要不要着火了就不会有问题。

陈：擀结实铺不烂，有些地方稍微擀得软一点，要是开个口口子，那就会烂。

杨：一般不会烂。

李：是不，边边要是毛起来了就坏了是不？

杨：那就开了一下，都不会烂。

陈：那就要补住呢，用布在开的地方打补丁。

李：怎么个补呢？不能拿羊毛补吗？

陈：那不好补，烂的地方用毛不好补。

李：那我擀个毡，我掏两千块钱请您给我擀个毡，我回去做个布套子套在毡上，套住就不坏了。好像没人再做个套子。

陈：原来基本上就是炕上一个草席子，上面铺一个毡，再铺个床单就行了。那时候困难，也再没个铺头。

陈：有要的你还可以擀么，一个是把这个技艺传承了，另外一个是正好有需求呢。

李：我的意思是这样，现在擀毡不是很土吗？现在没人要的原因就是你看现在这个乳胶垫。其实我觉得这个乳胶垫肯定没有咱们这个毡好，因为我从泰国买的乳胶垫回来之后我发现一个问题就是他还是有那个胶的味道，咱们这个毡有没有味道？

陈：毡洗不好还是有味道呢。

李：有羊的那个腥味吗？

杨：羊身上那个油汗，那洗净的啥味都没有的。

李：你说洗干净啥味都没有？

杨：洗好的没有味，但洗不好的就有味。原来

上 弹好后的毛铺平（武宇林翻拍）

有这么个说法呢，骚毡匠，臭皮匠，不骚不臭的木石匠。这其实就是毡的味道和皮的味道。

李：那您这个擀毡擀了多少年了？

杨：二十五岁上擀开也五十年了。

李：这近十年是不是擀得特别少了？

杨：是少了，但还是有做的。

李：咱们现在这个炕上不铺毡，铺的啥？海绵啊？

陈：其实咱们也应该铺个毡，咱们应该返过来再把这个铺上。

李：这个海绵垫子你买的多少钱？

陈：这个是一百二十块。

李：噢，那比毡便宜太多了，你擀这个毡要两千块钱呢。

陈：把工钱算上，羊毛算上，工序算上，也真的是那么多，因为擀毡也得几天，得算人工啥的。

李：这个人工也贵，原料也贵。估计你擀一个毡，铺个十年不成问题么。

杨：那几十年都能用了。只有不要着火了，那好好的。

陈：着火的意思是以前的土炕要烧呢，可能烧太热了把毡有时候就熏黄了，有时候就局部就烧黑了。如果没有那些现象，一个毡几十年随便用。

陈：再就是咱们这个毡你要经常晒呢。不晒的话受潮呢，一受潮可能就生虫呢。

李：我们现在放木板床上潮不？

陈：床板不潮，像现在楼房根本不潮。看一楼可能会有点潮，二楼以上根本不潮。

李：现在城里面是不是没有毡这个东西？

陈：也是这个观念还没有扭转过来，现在觉得这些是原来旧社会带过来的，原来经济困难都用，现在人不用。你反过来用，也许还流行呢，用的人还多呢。

李：对，主要是不知道。

陈：你想买还没地方买。

李：哎，没地方买，而且怕假，现在假东西多得很，对吧，怕你不是羊毛的。

陈：这个羊毛毡比电褥子都好，隔潮的，不渗人。咱们说的渗就是潮。

李：我知道呢。像我家里面，我父亲说他那个腰不好，他就买的木板床，然后他就不睡那个软床，他就想铺个毡，他就说铺上那个东西暖腰呢。暖腰的意思是不是说不受潮？

陈：是，它是个热性的，羊毛嘛，本身都热。

陈：您现在边角这些地方能擀好吗？

杨：能行，那擀的齐得很。

陈：比如拐角想弄成圆的，带点圆弧能成吗？

杨：你想要圆的那能行，那披毡就是圆角的么。

李：您学这个擀毡学了多长时间？

杨：有五十几年了。

陈：我是说从不会到会您得学多长时间。

杨：哎呀那也得一些时间，最重要是弹毛。

陈：那个学去一下就会了，但做好不容易。好是个啥意思，有些擀毡他这个程序一说随便都知道，弹毛、洗毛、铺毛，最后擀毡都知道，那么有些人技术水平高，擀出来得匀称；有些技术水平不高，擀出来薄的薄厚的厚；还有些技术不行的还有窟窿呢。这个在技术上就是匀称，薄厚要一致呢。

杨：我给你说，铺不匀、帘子上揉不住、不会洗的，那个生手做出的，你一脚再蹬一个窟窿，那就不行了。

李：我们这个九彩乡还有几个擀毡的？

杨：除了我，九彩再没有别人。

李：您有四个儿子一个女儿，谁都跟您学擀毡了？

杨：大儿子和二儿子。

李：大儿子、二儿子两个都做着呢？都叫什么名字？多大了？

杨：大儿子杨生俊，五十多岁了，属猴的么。老二也会做，老二四十八岁了，属狗的。

李：徒弟就这两个儿子吗，还有人跟您学吗？

杨：那没了。

陈：现在没人学了，因为没人用，也不擀，也就没人学。再一个我刚才跟你说的，骚毡匠、臭皮匠，有时候怕脏呢，那个弹毛的时候鼻子要护住呢，你不护住弹的毛絮钻鼻子呢。

李：现在主要是您两个儿子，有擀毡他们两个干着呢对吧？

杨：我们三个做着呢。

陈：现在您也做着呢？您现在慢慢也做不动了吧，七十八岁的人了。

杨：铺毛、洗毛还能凑合。

李：他儿子杨生俊有没有评上市级传承人？

陈：再没弄，我们也心想着要把这些赶紧弄呢，从县级到市级再评一下。

陈：现在就是要把这个传承人补充一下呢。

李：他现在七十八岁，评他儿子松松地就评上了，很容易评。但是现在就是条件，就是申报能力咋样，能不能把这些东西讲清楚。

擀好的毡（本人供图）

陈：那应该能行，报的时候我们要协助着弄呢，一年让传承人写的这个申报书没眼看，那都是必须我改下的。

李：其实像擀毡已经是老百姓生活中不需要这个东西了，但这是老祖宗传下来的东西，属于非遗的东西。我们这个非遗这方面就应该发挥作用，把你们这些都弄出来，给你们给点钱，让这个技艺还能继续流传下去。

陈：你说的我也受到启发了，现在这个毡慢慢真的有些人还想铺。

李：有，特别是五六十岁这些人，他们小时候睡过毡呢，城里面特别多，我知道的就特别多，都问这个毡在哪儿呢，市场哪有卖毡的呢，没地方买。

陈：这也是个机遇，您慢慢地弄，是个一传十十传百的事情，事情就是从小往大做的。您以前觉着一个毡都卖不出去，也许哪天就来一个订单订上十个百个也难说，这样一下思路就开阔了。也许是咱们没好好宣传，没好好推销。

李：主要是这个需求的人跟咱们脱节着呢，其实这个真是好东西，睡上冬暖夏凉，又隔潮，然后这个对身体也有好处，对吧。

陈：毡相对来说硬一点，对腰有好处。你说它硬但它还有弹性，不像木板直接是硬的，毡它有弹性呢。

李：现在这个手艺您觉得好往下传吗？除了您的儿子，您孙子有没有在做这个？

杨：孙子还不会，孙子念书着呢。

陈：现在年轻人都不弄这个，农村有这个现象呢，农村基本上是空巢老人，然后就是些孤寡残疾的在家里，年轻人都在外面呢，全部进城了。

李：那您觉得这个怎么样才能传下去？

陈：您还是得擀上几个放下，哪儿有个博览会或者有个啥了，咱们拿着去。咱们今年正好也办了一个，在沙坡头区办了个非遗创意大赛，其实把您的擀毡到那儿当个展品，也许有人看见了就要呢。人看见了就留联系方式，留微信啥的，和你联系的时候你就可以给他做，也是个办法。没需求就没生产了，然后就失传了。这么一说你赶紧闲了把你儿子叫上好好擀几个毡，再有这种展示展览活动我们通知你，你把你的毡去摆那儿就行，也许就有人要。有市场你就开始生产了，这一个链条就形成了，你现在手里要有货呢。

李：您现在手上有毡没？

陈：有现成的新毡吗？怕是没有的？把擀毡的那些工具都给馆里交了，要重新弄些呢。

李：工具都已经交了？

杨：那交了。

李：那些工具需要多少钱？到你们这儿能申请上经费吗？这个应该要支持一下呢。现在国家不是有文件下来要传统工艺振兴吗，你比如说他这些工具，打个报告说海原县传统工艺组织再弄上几个。

陈：你今天这么一说，我也觉得有了思路。

李：你让他自己写东西他肯定写不了，你回去再调研一下。比如说海原县的自治区级传承人我们都看了以后，除了这个剪纸刺绣，我们要发展些新的项目，比如说擀毡，就觉得有一部分人群需要这个，一是儿时的这个回忆，第二个这个原材料、工艺啊，这个产品确实具有一定的竞争力，跟市场上的乳胶垫、弹簧这种的席梦思相比，这个毡具有它的优势。再一个带动扶贫嘛，带动农民增加收入。九彩乡这是不是一个贫困的地方？

陈：对对对，也是贫困乡。

李：啊，贫困乡，你说带动这个地方的收入，让这些有技艺的人能够发挥一下自己的技艺去创收，对吧。现在不是有这个电商嘛，特别是南方，那个地方潮得很，这个毡太阳一晒就干了。南方潮呀，对吧，把这个毡铺上，多好的东西。

杨：隔潮去太好了。

陈：再一个过去都是土炕，这个毡有时候拿掉要抖土呢，现在不存在那个。

李：还有些问题呢，就是您了解国家和地方对这个传承人扶持的相关政策和措施吗？特别对这个技艺还有日常生活生产有实际影响的这些政策您都知道吗？

杨：知道呢。

陈：这当然也与我们这个保护工作者有关，咱们虽然一直培训着呢，我也给讲过课，保护法说得更多，有些政策也说呢但是相对说得少，有些东西可能就没传达到，主要是也没有走访，这个责任在我们。

李：把这个毡的好处要给讲清楚呢，我为啥要铺这个价格更高的毡呢？现在不是说养身吗，你一谈养身毡，两三千块钱铺个毡很正常嘛。

陈：毡的广告词要是温肾养胃，立马就有人要。

李：要会说，这个东西要会宣传呢，你说老祖宗留下这个毡，它肯定有原因呢。

陈：您两个儿子还是要把您这个技艺好好传承一下呢。接下来有这个展览啥的，先把您的毡展览上，当然也是作品，最后把他要变成产品呢。

李：明年还有大赛呢，明年就把这个毡带上。

陈：之前光知道展览这个剪纸、刺绣，把毡在那儿摆这也算么，但是您要擀几条放下呢。

李：擀个圆的再擀个方的。

陈：现在正好是收秋毛的时候，毛钱您自己掏，能挣个手工费。

李：您擀出来绝对有人要。

陈：立个牌子，自治区擀毡非遗传承人，那一下就不一样了。

李：您要学会营销自己，现在自治区级传承人不好评。什么样的好评，比如说我现在是传承人，我的儿子一直从事这个技艺他就好评。传承人传承人，讲究传承脉络，一般人你没有脉络，对吧。像杨志堂老师的舅舅，那是民国时期的人了，那就是百年传承。今年您的那个五千块钱传承经费收到了没？

杨：收到了。

李：收到了，要拿这个钱变钱呢，您不能拿这五千块钱就当扶贫资金了，放家里面就花掉了。您要把这个投到你的技艺里面，还能产生钱。

陈：您好好做一条毡能卖两千块钱，一年比如能卖掉二十条就是四万块钱，您做的也有信心了，技艺自然而然就传承下去了。

李：您要拿这五千块钱开始发展您的擀毡，不把您这个工具置好，明年还是只有五千块钱。弄，赶紧弄，赶紧把这个都弄上。我觉得有一个重要的事情是啥，不能有味道，千万不能有味道。

杨：嗯 对，那我们要做好呢。

李：再好的东西，只要有味道没有人要。

杨：多放些水，要洗净呢。

李：把那个标给贴上，自治区级非物质文化遗产传承人杨志堂。您评上这个传承人也十年了，十年也拿了几万块钱的传承经费了，啥也没干，就把东西交了。

杨：嗯，那我置，我把工具都置上。

陈：您再好好擀上几条毡，看再有啥活动了把您一起带上。

李：把您带上呀出去转转，出去都是管吃管住的。

陈：您要是出不了门了您儿子可以去么。

杨：那我好好做。这白毡你们看，洗得白白的，干干净净的，洗洁精、洗衣粉都放着。

陈：一个是白的俊，另一个是不敢有味道，有味道绝对就把牌子砸掉了，因为现在人太讲究了。

杨：那保险没味道。

陈：您就照这个思路弄，这个事您要做呢，做了我们给您搭建平台，我们就把您列上，你参加不了活动了儿子去。

杨：我收下毛着呢。

李：现在这个擀毡有机器制作的吗？

杨：那有弹毛机子呢。

李：有没有机子做成的这个毡？

陈：现在街上卖的全是机器做的。机器代替了，手工的就不好弄了，但他没手工的好。

杨：那肯定人弹的好么，机子就把毛弄碎了，把毛损坏了，弓弹的好。

陈：但机子压的可能比人擀的好，因为机子压得匀称，瓷实。

杨：洗毛、铺毛还是人。

陈：我以为全是用的机子。

杨：那不是，光弹毛是机器，洗、擀都是人。

陈：机子弹的这个市场咋样？我说的是卖得咋样，价格咋样？

杨：价格现在一个毡可能六百多吧。

李：加所有东西六百块钱就能买到啊，咋这么便宜？

陈：多大？那与尺寸有关系呢。

李：那是单人的，那这个手工的差不多也就两千块钱。

陈：也与尺寸有关系呢。

李：您对过去的生活印像最深的是啥事？与擀毡有关系的。

杨：也没个啥，就是穷。

李：二十多岁擀毡啥感觉，那时候跟现在有啥区别？

陈：那时候您学擀毡是出于啥目的学着呢？是把这个技艺掌握了给别人擀毡挣钱呢，还是处于啥目的学的擀毡的？

杨：也就当个技术的学着呢。

李：您以后想做啥事呢？

杨：再也不想干些啥事了。

李：刚才说这个还想弄不？我们说这再弄一弄。

杨：那还能成。

陈：他机子做归机子做，您手工做归手工做。

李：您有这个牌子呢，别人没有。

陈：您再做上几个，现在的尺寸要弄对呢。

杨：嗯，那谁要多大那就要尺寸呢。

李：今天的采访就到这儿，谢谢。

舞龙代表性传承人

霍继良

霍继良，1941年出生，汉族，小学文化程度。宁夏中卫市沙坡头区人。2010年被评定为自治区级非物质文化遗产项目（舞龙）代表性传承人。

综 述

舞龙是汉族民俗文化活动中重要的组成部分，与农历春节、民间祭祀活动有着密不可分的关系。舞龙也是中卫当地老百姓祈求风调雨顺、人足年丰的民间舞蹈。每逢喜庆的节日，尤其是在春节及元宵节期间，中卫人都会舞着彩龙，在古城的大街小巷中游走。中卫人把舞龙叫“耍龙”，耍龙时，龙跟着绣球不断地做出扭、挥、仰、跪、跳、摇等多种姿势，或腾跃，或滚动，或盘起，或

⊥ 霍继良为龙点睛（本人供图）

穿插，喜庆感十足。因此，舞龙深受当地人民的喜爱。

霍继良自20世纪60年代中期开始学习舞龙，熟练掌握了霸王观阵、七星观阵、五盏灯、鱼跃龙门、蒜辫子、四门斗地、二龙戏珠等舞龙传统套路，是中卫当地全面掌握舞龙技艺的传人。

中卫舞龙在当地和周边地区很有名望。旧时，素有“五里墩（星台庙）的狮子，火神庙的龙，正月十五闹红了中卫城”之说。在漫长的历史传承中，中卫舞龙形成了独特而丰富的表演内容和模式，同时也遗留下许多的规矩与禁忌：一是班首（指舞龙的组织者）必为德高望重、家兴业旺的长者，或者为寺庙的会长，或者为精通舞龙技艺的行家里手；二是舞龙者必为身强力壮且机敏灵巧的青壮年，这样舞起龙来才能虎虎生威；三是舞龙表演形式要注重阵法、讲究套路、严谨严肃，不可随意改动、妄意而为。经过漫长的发展演绎，中卫舞龙基本形成了出龙、戏水、戏珠、盘龙、绕旗、跳龙门等基木套路；四是表演时表演者情绪要高涨、表情要丰富、动作要到位，大鼓、双钹、双铙、铜锣

上　刘忠群、刘巍在中卫市沙坡头水镇采访舞龙传承人霍继良（马红艳摄于2019年5月）

等打击的节奏都形成了一定的套路，步随鼓走，腰随锣动。

中卫舞龙以民间传统节日和庙会及祭祀活动为载体，蕴含着丰富的民俗历史文化信息，具有重要的保护价值。全面挖掘整理记录中卫舞龙传承技艺和舞龙的各种套路阵法，具有十分重要的历史文化意义。舞龙文化作为宁夏非物质文化遗产保护项目，有着源远流长的历史。传承保护这门技艺，任重而道远，愿这古老朴素的文化遗产，永远不会消失。霍继良是中卫舞龙的第四代传承人，也是舞龙队的核心人物。中卫舞龙的历史荣光既是霍继良的骄傲，也是霍继良的压力所在，他希望学习舞龙的人能越多越好。

访　谈

被访谈者：霍继良（自治区非物质文化遗产代表性传承人）

访 谈 者：刘忠群、李勇、刘巍

访谈时间：2019年5月13日

访谈地点：中卫市沙坡头水镇玄台观

录音整理：刘忠群、刘巍

综述撰稿：刘忠群

刘：霍师傅好！今天我们来是对自治区级非遗传承人进行采访的。首先想了解一下霍师傅的出生年月、出生地。

霍：过去农村的老人都记的是阴历（农历），我是1941年，十月初九出生于中卫沙坡头区，属蛇的，到今年农历十月初九我就整整七十九岁了，男人不说九，入十了（笑）。

刘：哦，看着您这么精神，哪像是八十岁的人。您这么好的精神状态，是不是与您耍龙有关（笑）？

霍：应该和耍龙没啥关系，人们都知道龙又不是天天耍的。好像与人的心情有些关系。我这个人是个大心肠人，心里不放事，不管大小的事说过就放过，我这个人不记仇，是个直性子人。精神好可能与我的日常生活习惯和性格有关（笑）。

刘：约的中午休息时间和您见面，也不好意思，影响您的休息了。

霍：没关系！你们是有公事缠身，忙着呢！我是个闲人，啥时候都有时间呢（笑）。

刘：霍师傅，我问您听不清楚的我再重说，也不要紧张，思想放松。

霍：好的。

刘：在少年时，您念了几年书？

霍：就念了个小学还没有念完。那个时候家中生活条件非常差，像我这么大年龄的人，没念过书的人好多，基本上都是文盲。所以我说错了你们也不要笑话（笑）。

刘：不会的霍师傅，您是中卫当地耍龙的名人，又是我们的长辈，向您学习的东西人多了，还敢笑话你，您尽情地说就好了。

霍：那就好。

刘：在您的记忆中，第一次学耍龙是在什么时候？还记着吗？

霍：记着呢，学着耍龙的时间咋能忘么，也就是在十七八岁。那个时候家里生活条件差，生活很艰苦，肚子根本就吃不饱，不过在春节期间耍龙，乡亲们还能给上吃的（当地春节期间耍龙，寺庙道观和庄子上的人会把家中准备过节吃的食物拿出来给耍龙的人吃，这种习俗由来已久）。

刘：当时您是怎样想起来要学着耍龙的？

霍：中卫的寺庙多，我小的时候，爱去寺庙里转。到十几岁的时候，身边有的小伙子已经开始学着耍龙了，正好我也想学，当时去得最多的地方就是县城南门的火神庙。当时火神庙的舞龙在中卫最有名，看的时间一长，耳濡目染就更对耍龙有了兴趣。那个时候，一到农历腊月二十几，中卫城里耍龙的锣鼓声几乎不断，当时我就悄悄地跟在大人的后面学，跟着跟着慢慢就学会了。有一年过年，耍龙的长者对大家说，我跟的时间长了也能耍呢，就跟着耍吧。

刘：中卫城里舞龙的习俗和其他地方的一样吗？

霍：在全宁夏，舞龙的基本套路大致是一样的，但中卫的舞龙和其他地区的不一样，有它特殊的地方。比如中卫制作的龙最早是用胡麻杆柴扎的草龙，

舞龙传承人霍继良
（刘忠群摄于2019年5月）

龙的分量轻，八九岁的娃娃也能耍。

刘：噢！我在小的时候就听城里老人们讲过，一直记着呢。

霍：中卫地区舞龙的程序是由“请龙”“出龙”“耍龙”“送龙”等环节组成的。过去有一个古老的习俗是草龙求雨，以祈风调雨顺，国泰民安。

刘：我六七岁的时候在中卫城里就见过耍草龙的，您说说一般都是在什么时候要开始耍龙？是不是只在过年的时候才能耍龙，有没有特定的时间和规矩？

霍：过去除了过年过节耍龙，再就是过庙会时也要耍龙。中卫的寺庙道观在宁夏及西北是建得最多的，过去的耍龙是参与到祭祀中的群体性活动。还有就是过去到每年的开春祭河神也耍龙。

刘：噢！耍龙是祭祀活动中的一项重要议程。在这种场场合一般咋耍着呢？

霍：耍龙队伍中的每个人充分运用各自的身体（转、仰、扭）、步伐（踩、蹲、蹉）、手（甩、摆、翻）的表演来完成每个套路。

刘：噢！您说说草龙，它应该更早，有深厚的文化内涵。

霍：我记着在1965年前后，庙会好像中断了，再没有看见耍草龙的，技艺基本已经失传。

刘：耍草龙的技艺要失传那太可惜了，霍师傅您有时间了好好回忆回忆，我们把它很好地整理整理，这应该是我区非常珍贵的民间传统文化史料。霍师傅，中卫耍火龙最有名，请您说说您的师父及中卫耍火龙的情况好吗？

霍：过去中卫城里最有看头的是耍火龙，火龙实际是龙灯。当地有“七八岁耍草龙，十五六岁耍小龙，青年壮年耍大龙”的说法。火龙（龙灯）一般是在天麻麻黑开始耍，龙体中有十几盏云灯相随。傍晚，几十个青壮年举着龙灯在大街及巷道里前后穿行，时而腾空，时而俯冲，变化多端。人们追着龙灯队走在大街小巷，还有放鞭炮和打铁花助兴的，现场及周围的群众人山人海，锣鼓喧天，非常得壮观。

刘：在那个年代，您家中的生活情况咋样？能顾上学（舞龙）吗？

霍：那个节，虽然家庭生活贫困，但总觉得人们有一副热心肠，心地善良。每天在生产队里干活，记的都是工分。

刘：那个时候学舞龙的人多吗？

霍：也不太多，有力气的男娃娃才能耍动呢。

刘：当年您家里是啥情况？

霍：那时候，父母都还健在，（我）平时还帮着在农田里干活。

刘：家里老人支持不支持您学舞龙？那个时候家里还有人学耍龙吗？

霍：没有的，就我一个人学，其他的亲戚只是看看热闹。

刘：霍师傅您是什么时候结的婚？对方是做什么的？

霍：我是1964年二十三岁结的婚，家里人是种田的农民。

刘：后来生了几个小孩？

霍：结婚之后老婆子生了五个娃娃，两男三女。

刘：有了小孩后，对您耍龙有什么影响没？

霍：没有啥影响。

刘：目前孩子们都在做什么事情？

霍：大娃子今年六十五岁，在开出租车着呢。二娃子在邮电局工作。大女儿嫁到了内蒙古临河，是农民。二女儿嫁到蔡桥村当农民。三女儿嫁到了城北村，也是农民。

刘：两个儿子学过耍龙吗?

霍：一直没学过，都不喜欢，儿女们不反对也不支持。耍龙带不来什么好处，所以没有学。

刘：您招过徒弟吗?

霍：招过呢！过去比现在学的人多，有的能坚持，有的几天就不来了，都是自愿学的。

刘：徒弟是哪里的人？他们咋找着您的?

霍：都是当地人，一般农村的比较多，城里的人都在上班，没有时间学，就学也时间比较短。

刘：学习舞龙需要多长的时间?

霍：这个没有硬性的要求，舞龙是集体性活动，一个队伍只要有一半人会耍，

霍继良在中卫市沙坡头水镇舞龙（本人供图）

其他人跟上就行了，主要是对耍龙头和龙珠的人要求比较高。

刘：您对徒弟一般有哪些要求？

霍：二十岁出头的小伙子就能行，本人一定要喜欢这个才行。

刘：一般需要经历哪几个学习阶段才能出徒？

霍：因为每个人都有每个人的事情，又不能当专业培训来搞，所以是因人而异。有的人学得快，有的学得慢，只要掌握了要领和规律，一般跟上队伍要两年左右就会了，但队员之间相互配合很重要。

刘：您一般用什么方法来教徒弟的？

霍：一开始是我在前面走，徒弟们跟在后面，要求他们步伐一定要稳健，手把杆子握紧，眼睛要盯着耍龙头的人，不能犹豫、着慌。

刘：您感觉学习这门技艺最难的地方是什么？

霍：学习耍龙技艺说难也不难，最关键的是小伙子要有力气，因为耍到高潮的时候，有的体力差的就跟不上。舞龙在耍的过程中要有人耍不动力气跟不上就麻烦了，只能停下来，这就把人丢下了么（笑）。

刘：徒弟学会后，一般就该干什么的干什么去了？

霍：庄家人么，过去种自留地，现在都外出打工。

刘：您理想中的徒弟是什么样的？

霍：一日为师，终身为父。徒弟首先要孝敬父母，人诚实、身体好就行。

刘：您从接触舞龙跟着师父学习至今，有多长时间了？

霍：至少有五十五年的时间了

刘：您今后的打算和想法是什么？

霍：现在舞龙技艺出现了好转的势头，中卫也有了实实在在的保护措施，但目前保护工作还是比较薄弱，传承人的生存状况还需要进一步改善。我的年龄大了，面临着人亡艺绝的风险，现在大部分传人已进入了老龄化时期和衰亡期。我的文化素质低，又长期生活在农村，从小没有受过正规教育，虽然技艺能力有，但还是缺乏对技艺的示范能力。

刘：就是的，我们要把中卫民间舞龙的技艺传下去，就必须有更多的人喜爱和参与才行呢。

霍：这些年只要有人想学、愿意学，我都毫无保留地给教。不过现在学习的人真的不太多，都为了生活忙着在外打工呢。学生娃娃的学习压力也大，放假还得做作业，所以学习也是个问题。

刘：会扎龙的人基本上也没有了，您能讲一下扎龙的基本程序吗？

霍：我记着，在我二十几岁的时候，庄子上的龙都是村民自己做的，有二十多米长。把竹子开成竹篾做龙的骨架，用白土布做龙身，龙的鳞皮是请画匠来画，后来手巧的人都能照着把甲皮画上。虽说画得比较粗糙，但是自己动手做的，舞起来有说不出的高兴。

刘：您说说舞龙技艺最基本的动作，它到底有哪些基本要领？

霍：舞龙是在龙珠的引导下，手持龙具，随着鼓乐声，通过人体运动的姿势变化来完成龙的一套游戏规则的。它由穿、腾、跃、翻、滚、戏、缠来组成动作造型，通过各种动作和套路来展示龙的精、气、神、韵。一般每条龙它分为九节，一节一个人，加上舞龙头的龙头和举龙珠，一共有十一个人来完成表演。龙要得好不好，关键是龙头，我是举龙珠的人。

刘：霍老您已经是八十岁的人了，但还举着龙珠传承技艺，让大家非常敬佩。

霍：举龙珠的人不多，我有两三个接班人，经常给他们教。

刘：中卫舞龙技艺经过代代传承，现在技艺也有创新，我发现过去的龙珠现在变成了一个可以旋转的彩球，为表演赋予了新的活力，也更具中卫地方特色。

刘：霍师傅，请说说您的师父张维德的有关情况。

霍：我的师父张维德出生于中卫城滨河镇南关村，是地地道道的中卫人。当年曾是中卫火神庙的会长。他在中卫耍龙的历史有六十余年，练就了一身绝活。他是中卫城里最有名的舞龙队首席。过去逢年过节，他的耍龙队伍出场的是一个个青年男子，头裹土布巾，腰扎大红腰带，下身着灯笼棉裤，脚穿白袜和踢倒山的鞋。随着雄壮的威风锣鼓声，舞龙队穿过中卫的大街小巷，气势磅礴，数十里之外的人都像赶集一样涌过来。这时彩旗遍插阵营，龙在场中穿越、飞腾，观众喝彩声不绝于耳。尤其是到了傍晚，只见一条翻滚飞跃的铁龙，从头到尾金光闪耀、玲珑剔透，照亮整个夜空。

刘：您是什么时候跟着张师傅学习耍龙的？

霍：大约是1972年。那个时候跟着师父到处走，除了过年过节，还跟着到庙会上耍龙。时间一长通过师父经常的指导，一些动作要领和套路慢慢就掌握了，必须要按规矩来完成各种动作。

刘：请您介绍一下耍龙最基本的套路好吗？

霍：舞龙最基本的套路有七个。它是“霸王观阵”“七星观阵”“五盏灯”“鱼跃龙门”“蒜辫子”“四门斗地”“二龙戏珠”。我年轻的时候，能把其中的两套连起来耍，现在年纪大了，体力跟不上了，耍不动了，只能一套一套地耍。现在耍社火基本上都是在大街上游行，要跟着队伍往前走，走得一慢就会跟不上，舞龙只能一边走一边耍，很少有人再去注意以前那些套路。

刘：噢！这是传承中存在的问题，您往下说。

霍：舞龙时，龙头和龙尾各由一人撑持，龙身每节都有一个人持棍支撑。舞时，龙头前一人持龙珠引诱龙头追逐，龙身与龙尾随后舞动，上下抖动，飞龙呈现腾云之势。金光灿灿的龙身随着激越的锣鼓声舞动穿行在大街小巷或农村的庄子上，在村民的院子里进进出出，为群众送去祝福，以求在新的一年里平安吉祥。

刘：噢！多数时间是为节庆助兴，让人们心情愉悦。

霍：对，对的。在道具上，现在制作的龙头比以前的轻多了，也就十来斤，过去的龙头要四五十斤重呢，耍龙头的人必须要身强力壮，身体差的人也耍不动。每到过年的时候，天气非常冷，但耍龙头的人有时还得光着膀子耍，头和身上都冒着汗，你说耍龙的人出着多大的力气？

刘：一个龙头都那么重，能耍吗？

霍继良在中卫玄坛观舞龙（本人供图）

霍：能行啊！你看过黄飞鸿的电影吗，里面就有舞龙打斗的精彩场景，其实这都是真实存在的。过去舞龙讲究的礼仪很多，为了能分出高下，又避免舞龙的人打架，便有了斗龙比赛。为了让龙身更加坚固，所以龙头的框架是用钢筋做的，而嵌入里面的有的是钢板，所以一个龙头四五十斤根本不算重。

刘：霍师傅，您是我们宁夏舞龙技艺的传承人，不光会舞龙而且知道耍龙规矩及很多的道行。（笑）

霍：十几年前，有一次我参加一个开业典礼仪式，他们请来了一个舞龙队，表演的都是些年轻人，我看小伙子耍得也没有什么章法，就上去给他们说了说。谁知年轻人听不进去，不受劝，还以为我是来挑事的，就让我走，少管闲事。正在这时，他们的举动被镇文化中心主任看见了，就直接把那几个说了一顿。他说："你们知道他是谁吗？霍师傅耍龙的时间比你们父亲的年龄还大呢，他就是中卫舞龙第一高手霍继良，真是有眼不识泰山。"这时小伙子们都不好意思地低下了头。过后，我给这个舞龙队进行了多次的指导，由陌生人变成了师徒。

刘：不知不觉地您就传承了舞龙的技艺，值得人们尊敬。

霍：过去每到春节临近的时候，人们就开始自己做龙。这时城里的艺人们就准备好竹篾子、土布、彩画颜色等开始扎龙。一条龙是十余节，由龙珠、龙头、龙身、龙尾四部分组成，长的可达二十几节。扎龙的技艺，现在也后继无人了，主要是学习的人非常少。

刘：霍师傅，如果将民间舞龙技艺引入校园，组建个舞龙队，您能不能进学校进行辅导，这样不就有年轻的徒弟了吗？

霍：能行，太好了！我随叫随到。

刘：那就好！现在老百姓的日子越过越好了，舞龙表演已经成为中卫春节传统文化一道不可缺少的文化大餐了。

霍：就是的，我们中卫人就好这个，这龙一舞，年味就出来了，人也有精神了。

刘：从我记事起，每年过年的时候中卫城里大人小孩最期待的就是舞龙。

⊥ 2015年春节中卫舞龙大赛（刘忠群摄于2015年2月）

霍：过去能加入舞龙队是年轻人最向往的事。

刘：霍老您从二十几岁就开始耍龙，就不能不说您的师父张维德先生。

霍：在过去五十到六十年代，中卫当地八十余支舞龙队伍中，火神庙的铁龙表演最为出色，最受欢迎。张维德就是中卫城里舞龙最出色的代表人。我二十多岁的时候，耍的龙都是自己做的，用竹子开成竹篾做骨架，买白土布做龙身，龙的鳞先是请画匠画，因为比较简单，后来手巧的人都能照着画上。虽说画得粗糙，但舞起来很威风。从过去到现在耍龙人也不断地在创新，龙珠变成了一个可以旋转的彩球了。新的配置给表演增了新的活力，更具地方特色。

刘：霍师傅，我观察锣鼓声一响，舞龙人就动起来了，应该有它固定的耍法吧？中卫的耍龙和其他地方的耍法一样吗？

霍：大体上都差不多，但耍法各有各的招数，要仔细完整地看完一场表演，才能看出它的门道。一般都是走马观花地看看。首先龙珠要引导得好，鼓要打得更好，因为人的动作和姿势的变化全靠穿、腾、跃、翻、滚、戏、缠来完成的，不然龙就没有精气神。每条龙分为九节，舞龙头的人叫龙头，加上举龙珠的，每一条龙需要十一个人才能表演。耍得好不好，龙头是关键。在舞龙的过程中，龙头起主导作用，龙珠引导，我们不断地变换舞龙套路，整体配合，首尾相应，才能活灵活现，翻滚自如。

刘：我算了一下，中卫举办春节大型社火展演持续了三十七年。节庆期间，舞龙表演是社火的重头戏，看舞龙的人人山人海，叫好声不断，这就是传统文化的魅力所在。

霍：你知道中卫人为啥爱舞龙吗？

刘：这还真的不知道。

霍：中卫人爱舞龙，这其中还有一个古老的典故叫“龙宫湖的传说”。相传千百年前，在中卫的北边有一个龙宫湖，这里曾遭遇过干旱，沟河断流，庄稼干死。就在村民们感觉绝望的时候，有一天突然龙宫湖的上空阴云翻滚，有条巨龙出现了，然后就下了一场倾盆大雨，挽救了全村百姓和千亩农田。多年以后，村民们就在龙宫湖边建造了一座龙宫庙，还为新生的孩子取带有“龙”字的名字。所以，中卫人爱舞龙，不仅仅是一种文化娱乐方式，更源于中卫人的精神文化传承。

刘：噢！太精彩了！这才是中卫人要龙的渊源。现在，上年龄的人都要不动了，年轻人对舞龙由原来的不感兴趣，到现在的主动来学习了解，说明我们的舞龙后继有人了。

霍：对！我也是这样认为。

刘：近年来，中卫舞龙曾多次在自治区、市、县（区）的大赛中获得一、二等奖，并受到各级领导的一致好评，而且入选宁夏非物质文化遗产代表性保护项目名录，这是我们取得的成绩。您觉得还有没有其他的方式可以让舞龙技艺传承下去？

霍：我觉得是不是可以把舞龙引进到学校的体育课中，让娃娃从小熟悉舞龙的套路，通过运动也可以学习传统技艺，锻炼了身体又传承保护了非遗。

刘：非常好！能行的。您觉得这门技艺还好往下传承吗？主要存在的问题在哪里？

霍：舞龙项目应该永远不会失传，因为年年过春节，每年都在要，不会失传的。

刘：您希望这门技艺传下去吗？以后有什么打算？

霍：肯定希望呀！学的人一年比一年多才好。我准备今年在沙坡头区滨河镇搞一个舞龙学习班，让滨河镇文化中心来牵头，计划用一周的时间做这个事情。

刘：最近几年国家出台了一些保护民间文化的政策和措施，比如定期评选非物质文化遗产项目的传承人，申请成功后，国家每年都会给予一定的资金支持，对于政府的这些措施，您了解吗？

霍：不太了解其他的情况。非常感谢每年自治区都给我们传承人补助经费。

刘：您参加过非物质文化遗产传承人的评选活动吗？

霍：就是2009年参加了中卫市举办的有关非遗评选活动。

刘：这些年来当地政府有没有给过您一些支持和帮助？

霍：没有过，我们只是让参加活动，有二三百元补助费。

刘：成为舞龙项目传承人后，对您有哪些方面的影响？

霍：没有啥影响，以前我不是传承人的时候也在年年舞龙，当了传承人以后，我觉得责任就更加大了，心里老是盘算着咋着把这个事情给干好。

刘：您希望今后能从政府那里获取哪些帮助？

霍：随着社会的发展，群众越来越喜欢民间文化了，民间留下的遗产越来越少了，有些民间文化遗产在人们的心里越来越淡化了，我认为保护民间文化，一旦要脱离了政府，就会慢慢地消亡，传承人也会越来越少。我们不能坐着等政府来保护、坐着等扶持，传承人应该要主动把技艺贡献出去才对。

刘：市上这些年也花了不少的功夫，举办了好几届舞龙大赛，每到春节和正月十五在中卫市区沙坡头水镇，人们总能看到一场舞龙大赛。这背后是您的

⊥ 龙腾虎跃闹新春（陈进德摄于2015年2月）

坚守与传承。我一直在考虑，不能让舞龙技艺在我们这一代人的手里失传！

霍：刘馆长你说的对对的，尽管时代变了、道具变了、表演方式也在变，但大家对风调雨顺的祈盼、对幸福生活的追求、对美好未来的向往却始终没有改变啊！我已经七十八岁了，人过七十古来稀。以后可能也要不动了，但是我还能教。去年中卫市在沙坡头水镇举办舞龙大赛，我除了表演外，还担任了舞龙大赛评委，为的就是从参赛的人里能寻找到合适的人，把舞龙这门技艺传授给年轻人，不让舞龙技艺失传。

刘：霍师傅，您说得对！我基本上都记住了，今天我们就先谈到这里，谢谢您！

香山水会代表性传承人

张万宝

张万宝，汉族，1938年出生，宁夏中卫市沙坡头区文昌镇双桥村人。2010年被认定为自治区级非物质文化遗产项目（香山水会）代表性传承人。

综　述

张万宝是土生土长的中卫人，从事香山水会活动近四十年，他是香山水会会首，熟悉并掌握香山水会一整套祭祀仪程及水会音乐。中卫香山水会（中卫方言俗称“水虎”），是中卫地区民间道教文化中的一项奇葩，在宁夏乃至全国独有。香山水会它将诵经、祭祀、接神、音乐、舞龙等诸多民俗活动连接在一起，形成一整套民俗仪规程序，深受中卫地区群众欢迎。

中卫香山水会是历代劳动人民为了生存，祈求神灵保佑、祈盼天神降水而产生的一种水文化活动。水是生命之源，水会的衍生顺乎自然，于是道教文化的传播在卫宁平原有了新的途径，特别是寺庙法事活动，将水会演绎得栩栩如生，传承有序。香山水会的音乐是水会中的点睛之律，历史悠久，远自西汉就有。水会还是中卫道教信仰的文化传承载体，宣扬从善积德，惩恶除佞，规劝人们以礼、仪、廉、智、信为生存之本。香山水会既是民间信仰和祭祀活动，也是民俗娱乐的载体，在农历二月十五日老君爷的圣诞节，特别是农历四月十五日的青苗取水节、农历七月十五日的中元节及农历十月十五日的下元节，香山水会都有重要仪式和祭祀活动。香山水会宣扬的内容较多，诵吟的音律很独特，既有经堂的吟诵，也有发问和接号（用民间喝唱的形式对答），同时将音律融入其中，形成朗朗有节、凝重活泼、荡气回肠、和谐自然、催人奋进、憾人心灵的民俗乐章。

香山水会在中卫九镇一乡的大部地区都十分活跃，影响深远，成为当地一

⊥　张万宝在中卫市沙坡头区双桥新村院内（刘忠群摄于 2019 年 5 月）

道独特风景。水会活动的主要场所香岩寺，位于中卫黄河以南的香山之巅，《中卫县志》载：香岩寺山是县内最高大的香山主峰。古时森林茂盛，层峦叠嶂，顶峰建有香岩古刹，故名香岩寺山。古寺旧时高拔于群山众岭之上，清雅幽静，气势磅礴，既是僧侣道士拜佛修道之所，也是邻近中卫、灵州、固原等地的群众朝山游乐之处，清代赋名“香岩登览”，被列为中卫八景之一，清末名人谢威凤就有“远览香岩千障岸，高枕贺兰万重山”的酒令句。

香山水会体现了中卫地区古老的祭水文化，承载着中卫许多重大历史文化信息和原始记忆。中卫地区较长的农耕历史和相对稳定的文化环境，使大量原始农耕祭祀的礼仪，以香山水会祭水娱神的形式被保留下来。香山水会成为中卫文化传统得以保持和延续的重要因素，而且还体现了人与人、人与自然的亲和力。香山水会在时间上和空间上都是个稳定的民间文化活动。在长期发展过程中，它所包含的内容不仅形成了自己特有的固定模式，而且通过活动本身使一些民间传统活动得到了不断的开发和提高。由于其在民间文化生活中的重要影响，因而成为中卫民间艺人进行技艺交流和传承的重要舞台。日常生活中，中卫的水会音乐已很少听到，但通过香山水会的活动，中卫传统的音乐形式被保留下来。

2010年以来，中卫市对香山水会的艺术形式以及文化表现形式，从传承人、文化表现形式、活动场所三个方面予以系统、完善的保护。而继承和保护香山水会，重要的是继承它的非物质文化成果，同时在许多方面赋予它新的意义。通过有意识的引导、鼓励，突出香山水会作为富有中卫地方特色的集中反映中卫地区民间文化有益特征的文化空间，使其中各种音乐、吹打乐、唱偈等风俗民情作为中卫非物质文化遗产，获得继承保护。

香山水会是中卫地区著名的民俗活动之一，它承载着大量的民俗事象，解放初期就受到民俗学者的重视，一直延续至今。香山水会保留了西北地区，特别是中卫及周边的以民间信仰为特点的传统民间文化，是研究西北地区群众世界观和生活情状的重要依据，在民俗学研究中具有不可替代的作用。

⊥ 刘忠群、刘巍在张万宝家中采访（刘忠群摄于2019年5月）

访　谈

被访谈者：张万宝（自治区级非物质文化遗产代表性传承人）

访 谈 者：刘忠群、李勇、刘巍

访谈时间：2019年5月15日

访谈地点：中卫市沙坡头区双桥花园张万宝家

录音整理：刘忠群、刘巍

综述撰稿：刘忠群

刘：张师傅好！今天我们来是对自治区级非遗传承人进行采访的。首先想了解一下您的出生年月、出生地。

张：我是1938年出生的。小的时候听我母亲说，我是四月里的虎，要按阳历就是五月了。今年八十一了，要按虚岁就是八十二了。我出生在中卫市沙坡头区。

刘：您从什么时候开始接触香山水会的?

张：这个话说起来就长了。我的老家一直在过去中卫县城东南面的双桥村。东边是柔远镇的渡口村，西边是蔡桥村，北靠郭营村，南边紧靠黄河，是黄河大桥的出入口。在我出生之前，双桥村的三清寺早就有了，庙上的水会班子是城里火神庙的张文德来操办。我是在三十二岁就接触水会事项了，那个时候刚开始我是举旗，或者抬鼓，光跟着参加活动。

刘：当时您是怎么搞起香山水会的？

张：当时生产队的年轻人有的也参加了，那个时候的人都比较单纯，叫一声就去了，没有考虑其他的情况。

刘：您说说当时家里的生活情况。

张：我三岁拿过（中卫方言：没有了）母亲，七岁拿过父亲，是叔老子拉扯大的。小的时候家里穷，是苦日子过来的，吃了上顿没下顿。从五十年代初的“土改”“三反五反”到农业合作化、大跃进到反右，至1964年的“四清”到农业学大寨我都经历了。

刘：张师傅您的记性好啊！

张：我从1962年到“文化大革命”前在生产队当了五年的队长。后来我一看也不敢干了（笑）。

刘：您在学校里读过多少年书？

张：我没有念过书，那个时候穷得连肚子都吃不饱，还能念上书么。当时父母都死了，差些子都没人管了。

刘：您说说您小的时候印象最深的几个事。

张：小的时候经常听老人们说，中卫城里有“九寺十八庙，两庵加一祠”。九个寺是太平寺、灵官寺、观音寺等；十八庙有文庙、武庙、大庙、火神庙、土神庙、财神庙、三宵庙、老官庙、关帝庙、龙王庙、城隍庙等，后头的我也记不清了；两庵是永宁庵、波罗庵；一祠为广生祠。中卫最有名的是城北的高庙。宣和镇的地藏寺好像建于明代，还有羚羊寺，永康镇的宏福寺，常乐镇的塔寺，镇罗镇的观音寺，还有中卫南山（香山）香山寺、苏武寺等。中卫的寺庙非常得多，而且有的建立的时间比较早，庙会也多，香火旺得很。我小的时候见过有端公在庙会上打单鼓子，庙会后河里放彩马、放河灯，还有水会乐班等不同祭祀的仪式，非常隆重。

刘：您什么时候结的婚？家人是做什么的？

张：我十九岁上结的婚，屋里的是本庄子上的人，通情达理。

刘：结婚后生了几个娃娃？

张：生了三个娃子。两个丫头。娃子都是个体户，有自己的粮食加工厂，两个丫头都是老师，好着呢！感谢党，感谢政府。

刘：结婚以后有了小孩，除了劳动还做水会，还做过哪些挣钱的事情？

张：平时该干啥干啥，因为香山水会一年就是那么几天，老规程么。没有干过其他营生，就是在农田里干活。

刘：您讲一讲香山水会的主要活动程序好吗？

张：香山水会班子一般每年参加四五次庙会活动，每次能持续两天有时是三天。其间诵吟祭祀、请送神灵，这时舞龙不停地穿梭，非常热闹。按照程序，第一天是“设城”。用八十一只海碗装上香油，（碗）中间用萝卜片钻一个洞穿上棉线，用火点着设成灯城，班师带领众生来回转灯城，边走边念经，并有器乐配音，很是肃穆壮观。第二天是“架桥”。用木板搭成桥，高三丈、宽四尺、长四丈，民众在班师的带领下过桥，绕行过程在祭祀仪式中有重要作用。第三天是“拜神”，水会班的师傅们带领信徒们到庙殿跪拜祈祷祝福。当地水会班子根据不同的季节和时间，举行的法事活动内容也有所变化。但无论繁或简，供水仪式必须有，这是主要仪式。在法会的日子里，师班每天要起五更，晚七时止，向每一个神位叩拜诵经，丝毫不能怠慢。

刘：您能说说水会活动的意义吗？

张：主要寓意是“爱水、节水、惜水”的理念。一般包括取水、祭水、送水等重要环节。主要是倡导人们热爱大自然，对神灵，对黄河之水，对先祖的感恩和崇拜。

刘：香山水会为什么是这个样子？它有什么讲究和说法吗？

张：这项活动，是古代劳动人民为了祈求天神降水以供生存，期盼神灵庇佑，历经数朝数代逐渐形成的。在中卫地区是道教文化的一种表现形式，与其他地区的祭水活动求同存异。活动把诵经、祭祀、接神、取水、祭水、送水、音乐、舞龙等诸多活动串联在一起，形成了一整套传统民俗活动，深受百姓的喜爱。每年到约定俗成的过会日子，民众奔走相告举家前往参与。

刘：过去的活动和现在的一样吗？它都有什么区别？

张：基本上是一致的。

刘：这些程序都是过去您的师父传下来的吗？以前是不是就这样搞的？

张：以前的活动更加隆重。每逢农历四月初八开始举办，规模较大。举办时，乐班表演主要以唢呐、笛子等乐器伴奏；以大鼓、小鼓、钹、镲、铙、锣等打击乐器组成。道士们随音乐分段演唱祭文（也叫发祭），祭文之首均有仪程说明本段主旨。唱段为“天祭”“地祭”“水祭”三种。其主要的内容还是劝人归善、感天戴德、铭忆父母养育之恩等。

刘：最初水会班子里有多少人？您主要负责什么？

⊥　香山水会活动队伍（刘忠群摄于 2016 年 8 月）

张：一开始我打杂，最初是旗手，最后成了乐班班首。

刘：现在有多少人在活动？

张：双桥的乐班一般由二十五至三十五人组成。领班人叫班师，负责乐队、服装、说唱的助手叫副班师。艺班有旌幡手八人、大鼓手一人、小鼓手一人、大锣手一人、小锣手一人、掌神楼掌手四人，大钹手、铙手、道白、领唱各一人，社交四人等。中卫地区的水会师班最早的在黄河南岸的宣和、永康地区，晚清以后传入县城。解放前，中卫的寺庙遍及城乡各地，每年几乎间隔三两日就有一地开庙会，故水会乐班比较忙。一般都是在庙会期间为众生献艺。

刘：噢！是这样传承下来的。

刘：队伍中的人主要集中在哪个年龄段？场面有多大？

张：多数是三四十岁的，也有五十多岁的，这个不一定。水会乐班赶庙会时，四位穿彩袈衣的师傅走在前面（正班在前、副班紧跟后），然后是八位打旌幡的左右各四人随后；接着，鼓手、锣手、钹手、铙手两面跟上，领唱、道白者也左右各一，最后是抬神楼子者四人。这种队式是对称性的双人长蛇形，艺班边走边敲打器乐，再加上唢呐和竹笛，连唱带喝，场面十分热闹。届时水会献水队伍张旗结彩，鸣金击鼓，队伍最前面是两面虎头牌开道，依次有灶香队、仪仗队、乐队、献水队，紧接着是龙风旗及十二灵宫彩旗和一面北斗七星大黑旗，后面又有全驾执事。献水队伍在气势磅礴的古乐声中浩浩荡荡行进。

刘：听着非常得隆重。说说主要的仪程。

张：全过程分为取水、过关、献水三部分，场面热烈壮观。它表达了人们对甘霖的期盼，对美好幸福生活的追求。中卫香山水会活动影响甚广，辐射到周边的中宁、海源等县，参与群众万余人。经过长期的发展，香山水会已经注入了时代气息，已经是集求雨、祁福、娱乐、休闲、商品交易等融为一体的盛大的传统民俗活动。

刘：您招收过徒弟吗？您觉得香山水会活动还好往下传吗？主要的问题是什么？

张：现在主要是没有人学，也不好招。再下一代可能会失传。

刘：您理想中的徒弟是什么样的？

张：接班人的条件不能太高，最主要的是要喜欢这个事。

刘：中卫香山水会源远流长，在晚清就很盛行，代代相延。虽然由于历史动荡不安，也屡遭破坏，几经兴衰，但因为求雨祁福与人们的生活息息相关，香山水会的文化内涵在民间得到了很好的传承与保护。您希望香山水会传下去吗？

张：我希望能原原本本地传承下去。因为我们民俗的东西越来越少了。你比方说过大年，没有社火就没有啥气氛，不像个过年（笑）。

刘：最近几年国家出台了一些保护民间文化的政策和措施，比如定期评选非物质文化遗产项目的传承人，申请成功后，国家每年都会给予一定的资金支持，对于政府的这些措施，您了解吗？

张：了解。我过去一年给着三千元补助费，现在是五千元，确实要感谢党和政府呢。

刘：您参加过非物质文化遗产传承人的评选活动吗？

张：没有参加过评选。

刘：这些年来当地政府有没有给过您一些支持和帮助？

张：我认为给发补助费就是最大的支持和帮助。

刘：您觉得现在和过去的生活最大的不同是什么？

张：就是过去所说的楼上楼下电灯电话，现在的生活太好了！日子越过越舒坦，过去想都不敢想，共产党对人民太好了！

刘：您更喜欢哪种生活方式？

张：当然喜欢现在的生活方式，生了一辈子的炉子，现在用上了天然气。以前用火炉子取暖，现在是暖气，又干净又卫生，太好了！

刘：您觉得现在的年轻人和过去的年轻人有哪些不一样？

张：什么时候说什么话，现在的年轻人吃苦精神比过去的年轻人差一些，还是要把书念下呢，没有文化干啥都不成。

刘：您有没有感觉遗憾的没有去做的事情，或还没有完成的心愿？

张：肯定有，但我一时说不上来。

刘：中卫的香山水会活动地域性非常强。水会的幸存，证明西北地区古老的民间乐种并没有完全消失，它传承着汉唐以来悠久的宗教音乐的血脉和多元的地方文化特征，极具艺术研究价值。我在2007年实地普查时，（对水会音乐）认真详细地进行了记录，从水会的内涵、记谱方法、演奏形式等方面，找到它的历史遗迹和鲜活血脉。历史上有许多优秀的传统音乐曾随时代的变迁而消逝。中卫地区的历代先师，他们口传心授，使各种“词”“谱”“曲”代代传承了下来。

张：现存的水会祭词有“玉皇大帝祭”“关圣帝君祭”“山门前祭”“大佛殿

⊥ 香山水会中的“耍楼子”（刘忠群摄于2016年8月）

祭”“观音殿祭”“水会祭”等三十多个篇目。现在水会活动已很少能吸引年轻人的兴趣，好多人认为时尚音乐才是好听的音乐，（认为）水会民间习俗是落后、守旧的，使其生存的空间变的越来越狭小了。

刘：由于种种的原因，香山水会一直没有得到社会各界的广泛关注。由于现在市场经济的繁荣与发展，人们为生活而奔波，阔别了田园生活，没有时间去背词念曲、学习吹拉弹唱，导致水会音乐流传至今，曲调传承无人后继，几乎濒于灭绝，有自然消亡的危险。希望张师傅您能好好地坚守，把接班人选好，把香山水会民俗活动传承下去。张师傅，今天我们就说到这里，下次有机会了再聊。希望您多多保重身体，宝刀不老！

中卫市非物质文化遗产代表性传承人一览表

（共29人）

市　县	姓　名	级　别	性别	民族	出生年份	项目名称	认定时间
沙坡头区（7人）	霍继良	自治区级	男	汉族	1941年	舞龙、祭河神	2010年
	张万宝	自治区级	男	汉族	1938年	香山水会	2010年
	高　勇	自治区级	男	汉族	1945年	羊皮筏制作技艺	2010年
	伏兆凤	自治区级	女	汉族	1963年	剪纸	2010年
	伏兆苗	自治区级	女	汉族	1970年	剪纸	2010年
	陈进德	自治区级	男	汉族	1960年	古建筑彩绘技艺	2017年
	侯思荣	自治区级	男	汉族	1956年	泥塑	2017年
中宁县（7人）	于振玲	自治区级	女	汉族	1968年	中宁蒿子面制作技艺	2017年
	刘秉国	自治区级	男	汉族	1957年	黄羊钱鞭	2013年
	张正洪	自治区级	男	汉族	1957年	舞狮	2013年
	李丰春	自治区级	男	汉族	1946年	舞狮	2013年
	蒋汉清	自治区级	男	汉族	1966年	隋唐秧歌	2013年
	张伟中	自治区级	男	汉族	1948年	中宁枸杞传统栽植技术	2017年
	刘家祥	自治区级	男	汉族	1959年	黄羊钱鞭	2017年
海原县（15人）	马生林	国家级	男	回族	1942年	山花儿	2008年
	马汉东	国家级	男	回族	1962年	山花儿	2018年
	张正国	自治区级	女	汉族	1959年	山花儿	2013年
	冶春英	自治区级	女	回族	1963年	山花儿	2013年
	伏兆娥	国家级	女	汉族	1960年	剪纸	2018年
	何生兰	自治区级	女	回族	1936年	口弦	2013年
	李成林	自治区级	男	汉族	1962年	打梭	2010年
	卢惠琴	自治区级	女	汉族	1968年	刺绣	2013年
	田义仁	自治区级	男	回族	1945年	砖雕	2017年
	妥　燕	自治区级	女	回族	1966年	山花儿	2010年
	魏善义	自治区级	男	汉族	1937年	皮影戏	2017年
	杨生财	自治区级	男	回族	1954年	山花儿	2013年
	杨生旺	自治区级	男	回族	1957年	山花儿	2010年
	杨世雄	自治区级	男	回族	1966年	砖雕	2020年
	杨志堂	自治区级	男	回族	1943年	擀毡	2010年

制表人：李勇

后　记

《宁夏非物质文化遗产代表性传承人口述史实录·中卫卷》是宁夏文化馆（自治区非遗保护中心）与北方民族大学民族学学院合作开展的“宁夏现有176名非遗代表性传承人研究”项目成果之一。该项目始于2018年，主要研究对象为宁夏前四批自治区级非遗传承人，研究成果为系列丛书五卷：银川卷、吴忠卷、中卫卷（上下册）、石嘴山卷和固原卷（上下册）。

本人作为中卫卷负责人，与课题组成员宁夏文化馆研究员冯小媛，中卫市文化馆原副馆长刘忠群、刘巍于2019年开展中卫市所辖一区两县共计二十九名非遗传承人的采录工作，通过实地对传承人的采录整理出一手资料，反映出传承人的生活环境、从艺经历、传承情况、技艺特点、家庭情况、性格秉性等内容，采录一直持续至2021年。

本书采访的二十九名传承人绝大多数学历不高，多数只有初高中文化程度，甚至还有一些传承人基本上没上过学。而且这些传承人中，六十五岁以上的有十五人，年龄整体偏大。所以在采访的过程中，经历了沟通不畅、方言晦涩难懂等诸多困难。但课题组成员迎难而上，努力完成视频、音频记录，花大力气进行文字整理，最终形成口述史文稿。本书倾注了采录者大量的心血，也受到社会各界人士的帮助，可以说没有大家的帮助就没有这本书的面世。在采录中，海原县文化馆副馆长陈瑜给予了大力的支持和帮助，中卫市文化馆副馆长王晓芹帮忙翻录传承人录音，各位传承人也给予了积极配合，在此表示衷心感谢。

李　勇

2024年8月8日